LOGÍSTICA DE ALMACENAMIENTO

2ª edición

Virginia Sáenz de Miera

Maria Clara Gutiérrez Gómez

LOGÍSTICA DE ALMACENAMIENTO

2ª edición

Virginia Sáenz de Miera

Maria Clara Gutiérrez Gómez

Marcombo

Logística de almacenamiento

Segunda edición, 2018

Maquetación: cuantofalta
Corrección y edición: Laura Mor Iriarte
Fotografías: Thinkstock
Diseño de cubierta: ENEDENÚ DISEÑO GRÁFICO

ISBN: 978-84-267-2626-1

D.L.: B-14343-2018

Impreso en Grafo
Printed in Spain

Índice general

Unidad 5

Gestión de las operaciones sujetas a logística inversa 153

Unidad 6

Supervisión de los procesos realizados en almacén....................... 173

Unidad 1 Normativa específica del almacenaje

En esta unidad veremos

1.1. Marco legal del contrato de depósito y actividad de almacenaje-distribución

1.2. Interpretación de normativa nacional y europea aplicable al almacén y al almacenaje de mercancías

1.3. Normativa específica para mercancías especiales: peligrosas y perecederas, entre otras

1.4. Regímenes de almacenamiento en comercio internacional

1.5. Implantación de sistemas de calidad en el almacén reconocidos a escala nacional y europea

Recuerda . . .

La principal diferencia entre la propiedad y la posesión es que quien ostenta la posesión no puede disponer libremente del bien.

1.1. Marco legal del contrato de depósito y actividad de almacenaje-distribución

Las actividades de almacenaje se reflejan en el **Reglamento y la Ley de Ordenación del Transporte Terrestre, además del Código de Comercio** en lo que se refiere al contrato de depósito.

Se va a tratar cada una de ellas.

1.1.1. Marco legal del contrato de depósito

Concepto y naturaleza

El contrato de depósito es un contrato mediante el cual el depositante cede la posesión de un bien al depositario para que se encargue de guardarlo y custodiarlo, debiendo este restituirlo cuando el depositante lo requiera. El depósito quedará constituido mediante la entrega, al depositario, del bien que constituya su objeto.

Los artículos 303 y siguientes del Código de Comercio son los que regulan dicha materia. Así se establecen los siguientes requisitos para que el depósito sea mercantil:

- Que el depositario, al menos, sea comerciante.
- Que los objetos depositados sean objeto de comercio.
- Que el depósito constituya por sí una operación mercantil, o se haga como causa o a consecuencia de operaciones mercantiles.

El depositario tendrá derecho a exigir retribución por el depósito, si no existe pacto expreso en contrario.

Si las partes contratantes no hubieren fijado la cuota de la retribución, se regulará según los usos del lugar en que el depósito se hubiere constituido.

Figura 1.1. Los acuerdos y/o pactos alcanzados puede ser orales o escritos, el documento que lo acredita es el contrato.

Clases contrato depósito

- **Contrato de depósito regular.** Por este contrato el depositante entrega al depositario la mercancía a almacenar para que se la guarde y la restituya al término del mismo. Para que el depósito sea mercantil deben cumplirse las características ya mencionadas.
- **Contrato de depósito irregular.** A diferencia del anterior, el depositante entrega un objeto al depositario para que al término del contrato devuelva otro objeto de la misma especie y cantidad. Las características para que se considere mercantil son las mismas.

Obligaciones de las partes

El depositario está obligado a conservar la mercancía objeto del depósito según la reciba, y a devolverla con sus aumentos, si los tuviere, cuando el depositante se la pida.

En la conservación del depósito, responderá el depositario de los menoscabos, daños y perjuicios que las cosas depositadas sufrieren por su malicia o negligencia, y también de los que provengan de la naturaleza o vicio de las cosas, si en estos casos no hizo por su parte lo necesario para evitarlos o remediarlos, dando aviso de ellos además al depositante, inmediatamente que se manifestaren.

Ejemplo

Considera que el Sr. Martínez ha realizado un contrato de depósito con el Sr. Pérez sobre muebles de un salón. El Sr. Pérez los ha guardado en un lugar con humedad y el mobiliario se ha deteriorado. El Sr. Pérez responderá de estos perjuicios ocasionados al no llevar a cabo de forma correcta la custodia de la mercancía entregada.

Ejercicio

1. Realiza un contrato de depósito regular. Para ello deberás tener en cuenta ciertas cláusulas a añadir como: identificación de las partes contratantes, obligaciones de las mismas, identificación de los bienes objeto de depósito, fecha de efectos, precio, regulación legal, jurisdicción aplicable... Consulta si lo crees necesario alguna página web de contenido legal.

1.1.2. Marco legal de la actividad de almacenaje-distribución

Definición, funciones y modalidades

La actividad de los almacenistas-distribuidores consiste fundamentalmente en:

- Recibir en depósito en sus almacenes o locales mercancías o bienes.

Figura 1.2. Vista de pasillo de almacén, las mercancías se depositan en las ubicaciones definidas por las estanterías.

- Realizar en relación con estas mercancías, funciones de almacenaje, custodia, manipulación, administración, control de existencias, preparación de pedidos y cualquier otra que pudiera establecerse.
- Gestionar la distribución de las mercancías o bienes a las personas, en la forma, tiempo y lugar que los depositantes determinen, para lo que podrán utilizar vehículos propios, contratar transportes en nombre propio con transportistas autorizados o recurrir a la colaboración de agencias de transportes.

Hay otra modalidad similar a los almacenistas-distribuidores. Estos son los denominados «operadores logísticos» que realizan actividades más completas que los meros almacenistas. Así los operadores logísticos pueden gestionar las materias primas y abarcan todos los medios de transporte posibles.

Recuerda . . .

El contrato de depósito está regulado en el Código de Comercio y, en él, el depositante cede la posesión al depositario para que éste la cuide. Existen dos clases: regular e irregular.

Los almacenistas-distribuidores reciben en depósito las mercancías o bienes, manipulan la mercancía, realizan funciones de preparación de pedidos y gestionan su distribución.

Sin embargo, en el caso del operador logístico se presenta una dificultad añadida: no existe para esta figura una regulación legal como tal, por lo que es imprescindible, en la redacción del contrato, determinar todas las cláusulas a aplicar, incidiendo especialmente en las responsabilidades de las partes. El contrato de prestación de servicios logísticos persigue la prestación de estos servicios a cambio de un precio teniendo como soporte la plataforma logística determinada (almacén, terminal...).

Condiciones de acceso a la profesión de almacenista-distribuidor

Los requisitos para otorgar autorización administrativa para ejercer las actividades de agencia de transporte de mercancías, transitario o almacenista-distribuidor son:

- Capacitación profesional y capacidad económica suficiente acreditadas mediante el correspondiente certificado de capacitación.
- También deberá disponer de un local adecuado en cuanto a superficie y con los medios técnicos necesarios, distinto al de su domicilio, abierto al público, dedicado en exclusiva a actividades de transporte.
- El almacenista-distribuidor deberá contratar seguro de las mercancías que cubra los posibles daños que estas pudieran sufrir durante el almacenamiento.

La existencia de sanciones pendientes de pago por infracciones en materia de transporte impide la realización de cualquier trámite relativo a cualquier autorización de transporte de la empresa infractora, incluido el otorgamiento de nuevas autorizaciones y la transmisión de las que ya fuera titular.

Esta autorización administrativa es otorgada por la Consejería de Transporte de cada comunidad autónoma respectiva, según determina la Ley Orgánica 5/1987, de 30 de julio, de delegación de facultades del Estado en las CCAA en relación con los transportes por carretera.

1.1.3. El contrato de prestación de servicios logísiticos

Debido a la necesidad de abaratar costes y ser más eficientes, cada vez más empresas realizan contratos de servicios logísticos. La empresa contrata, con los operadores logísticos, las operaciones logísticas de la misma, a cambio – evidentemente– de una contraprestación económica.

El operador logístico asume las obligaciones siguientes:

- Recepción de productos.
- Transporte desde la fábrica hasta la plataforma del operador logístico.
- Almacenaje de la mercancía recibida.
- Control del stock.
- Picking.
- Distribución.

En numerosas ocasiones y dado el carácter de las operaciones que el operador debe llevar a cabo, se pacta una clausula de exclusividad, tanto del operador, como de la empresa, o bien de ambos.

Ejercicio

2. Lee y comenta el artículo ubicado en el siguiente enlace: http://blogdelogistica.es/principales-predicciones-en-logistica-para-2018/ (Puede acceder al enlace en la carpeta de descargas correspondiente a este libro. Para descargar dicha carpeta, véase la primera página del libro.)

3. Busca qué es un operador 3PL.
4. El Observatorio del Transporte y la Logística en España (OTLE) es un marco de referencia para la consulta, el análisis y la toma de decisiones de los agentes relacionados con el transporte. El Observatorio cuenta con una batería de indicadores en los que se relacionan varios elementos de la Base de Datos y se interpretan aspectos transversales del sistema. Elige alguno de ellos y haz un comentario al respecto. Puedes encontrarlo en: http://observatoriotransporte.fomento.es/OTLE/LANG_CASTELLANO/TRNSINDICA/

1.2. Interpretación de normativa nacional y europea aplicable al almacén y al almacenaje de mercancías

Al igual que en infinidad de materias, la normativa europea es fundamental en la regulación de cuestiones específicas de almacenaje (que veremos en los siguientes puntos), en temas logísticos y de transporte.En primer lugar es conveniente recordar las diferentes normas europeas (http://europa.eu/eu-law/decision-making /legal-acts/index_es.htm) (Puede acceder al enlace en la carpeta de descargas correspondiente a este libro que se halla en www.marcombo.info):

- **Reglamentos.** Un reglamento es un acto legislativo vinculante. Debe aplicarse completamente en toda la UE.
- **Directivas.** Una directiva es un acto legislativo en el cual se establece un objetivo que todos los países de la UE deben cumplir. Pero cada país debe decidir individualmente cómo hacerlo.
- **Decisiones.** Una decisión es vinculante para aquellos a quienes se dirige (un país de la UE o una empresa concreta) y es directamente aplicable.
- **Recomendaciones.** Una recomendación permite a las instituciones dar a conocer sus puntos de vista y sugerir una línea de actuación sin imponer obligaciones legales a quienes se dirige. No son vinculantes.
- **Dictámenes.** Son un instrumento que permite a las instituciones hacer una declaración de manera no vinculante, es decir, sin imponer obligaciones legales a quienes se dirige. Pueden emitirlo las principales instituciones de la UE (Comisión, Consejo y Parlamento), el Comité de las Regiones y el Comité Económico y Social Europeo.

En la web de la UE: http://europa.eu/pol/trans/index_es.htm aparece la política de transportes de la Unión. Se establece que el transporte es un sector clave de actividad: aporta una importante contribución a la economía (4,8% del valor añadido bruto para el conjunto de los Veintiocho, equivalente a 548.000 millones de euros) y genera más de 11 millones de puestos de trabajo en Europa.

La Comisión Europea tiene como objetivo desarrollar y promover unas políticas de transporte eficientes, seguras y sostenibles, que creen las condiciones para una industria competitiva y generadora de empleo y prosperidad.

Principales retos para el transporte europeo

A medida que crecen las necesidades de movilidad de nuestra sociedad, las políticas de la UE contribuyen a superar los principales retos a los que se enfrentan los sistemas de transporte.

- **Congestión** de las carreteras y el tráfico aéreo: ya tiene un coste cercano al 1% del PIB anual europeo y las previsiones anuncian un aumento del transporte de pasajeros y mercancías.
- **Dependencia del petróleo:** a pesar del incremento de la eficiencia, el transporte todavía depende del petróleo para cubrir el 96% de sus necesidades de energía.

Recuerda ...

La figura normativa de ámbito europeo equivalente a la ley española es el reglamento.

En el futuro, el petróleo será cada vez más escaso y deberá obtenerse en regiones inestables del planeta. Se prevé que para 2050 el precio habrá aumentado en más del doble con respecto a 2005.

- **Gases de efecto invernadero:** de aquí a 2050 la UE tendrá que reducir las emisiones del sector del transporte un 60% en comparación con los niveles de 1990, si se quiere que el calentamiento global no supere los 2 grados.
- Las **infraestructuras** presentan una calidad desigual en la UE.
- **Competencia:** el sector de los transportes de la UE se enfrenta a una competencia creciente en los mercados de transporte de otras regiones del mundo, en rápida expansión.

Gracias a las políticas de la UE, en los últimos 20 años se ha observado un progreso considerable en el sector europeo de los transportes, que se traduce en:

- **más seguridad** en el transporte aéreo, marítimo y por carretera,
- **jornadas laborales** dignas para los trabajadores del sector,
- **más opciones** de transporte para viajeros y empresas,
- **menos contaminación**,
- **avances tecnológicos** hacia un transporte más limpio,
- **más competencia**.

Transporte por carretera: ahora los camiones pueden prestar servicios fuera de sus países de matriculación, lo que reduce los viajes de vuelta sin carga. Esta nueva flexibilidad fomenta la competencia, aumenta la calidad de los servicios de mercancías y de pasajeros, reduce costes e incrementa la eficiencia de los desplazamientos, reduciendo con ello la contaminación. Además, la adopción de normas técnicas comunes ha permitido mejorar la seguridad.

Figura 1.3. El transporte por carretera es el modo de transporte mas relevante para el tráfico de mercancías en la Unión Europea.

Transporte aéreo: viajar en avión es cada vez más sencillo y barato, pues surgen nuevas compañías aéreas, aumenta el número de rutas y se prestan cientos de servicios de conexión entre un gran número de aeropuertos europeos. La UE contribuirá a mantener esa evolución a través de su iniciativa de Cielo Único Europeo. Los acuerdos de "cielos abiertos" hacen posible que las compañías aéreas de la Unión Europea vuelen desde cualquier aeropuerto de la UE destino a otros países. También existen acuerdos de este tipo con EEUU, Canadá, Israel, los países de los Balcanes, Marruecos, Jordania, Georgia y Moldavia, y seguirán otros más.

Transporte ferroviario: toda empresa que cuente con una licencia ya puede prestar servicios ferroviarios en cualquier lugar de la UE. La red de alta velocidad se ha desarrollado enormemente en los últimos años, lo que permite a los pasajeros ahorrar tiempo y dinero. Otras mejoras están en camino.

Transporte marítimo: el 75% del comercio europeo con otros países y el 40% del transporte europeo de mercancías se hacen por vía marítima. Además, unos 400 millones de pasajeros utilizan cada año las vías navegables europeas. La apertura del mercado marítimo ha hecho posible que las compañías del sector operen libremente en otros países, además de en los suyos. En 2014, el Consejo de la UE y el Parlamento Europeo acordaron impulsar para 2025 el desarrollo de una red principal de puntos de repostaje de gas natural licuado en los puertos marítimos clave de la red transeuropea, además del suministro de electricidad desde la red terrestre.

La UE apoya la investigación e innovación así como el despliegue eficaz de nuevas tecnologías ecológicas de transporte. Por ejemplo, las nuevas normas obligan a los países de la UE a fomentar las tecnologías limpias (como los coches eléctricos o de hidrógeno y los camiones, barcazas y barcos con motor de gas) mediante la instalación de un número mínimo de **estaciones de recarga y repostaje.**

En los siguientes apartados se tratarán temas más concretos con la regulación específica, tanto de la UE como a escala nacional.

1.3. Normativa específica para mercancías especiales: peligrosas y perecederas, entre otras

1.3.1. Mercancías peligrosas

Por materia peligrosa entendemos toda sustancia o producto que durante su fabricación, manejo, transporte, almacenamiento o uso pueda generar o desprender vapores, humos, polvos, gases o fibras capaces de producir efectos infecciosos, irritantes, inflamables, explosivos, corrosivos, asfixiantes, tóxicos o de cualquier otra naturaleza peligrosa, o que pueda generar radiaciones ionizantes, en cantidades o concentraciones que tengan alguna probabilidad de lesionar la salud de las personas que entren en contacto con ellas o que puedan causar daños materiales en instalaciones o al medio ambiente, según se recoge en el Real Decreto 387/1996 de 1 de marzo, por el que se aprueba la Directriz Básica de Planificación de Protección Civil ante el riesgo de accidentes en los transportes de mercancías peligrosas por carretera y ferrocarril.

Dichos materiales han sido clasificados por la ONU en diferentes clases de peligrosidad. Cada clase se divide en tipos de objetos, correspondiendo un código de cuatro caracteres a cada uno.

Asimismo, a cada clase corresponden diversos métodos de embalaje (todos ellos codificados con hasta cuatro dígitos alfanuméricos) y distintas condiciones de envasado y embalaje (codificadas con dos dígitos):

- Clase 1. Materias y objetos explosivos.
- Clase 2. Gases comprimidos, licuados o disueltos a presión.
- Clase 3. Materias líquidas inflamables.
- Clase 4.1. Materias sólidas inflamables.
- Clase 4.2. Materias sujetas a inflamación espontánea.
- Clase 4.3. Materias que al contacto con el agua desprenden gases inflamables.
- Clase 5.1. Materias comburentes.
- Clase 5.2. Peróxidos orgánicos.
- Clase 6.1. Materias tóxicas.
- Clase 6.2. Materias infecciosas.
- Clase 7. Materias radiactivas.
- Clase 8. Materias corrosivas.
- Clase 9. Materias y objetos peligrosos diversos.

Ejemplo

Las pinturas y disolventes son de la clase 3: Líquidos inflamables.

Los insecticidas y raticidas son del grupo 6.1: Sustancias tóxicas.

Ejercicio

5. Consulta el siguiente enlace para profundizar en cada tipo de mercancía peligrosa. Realiza un esquema. http://www.unizar.es/guiar/1/MMPP/Clas_MMPP.htm (Puede acceder al enlace en la carpeta de descargas correspondiente a este libro que se halla en www.marcombo.info).

En cuanto a la normativa aplicable, cabe citar los siguientes convenios internacionales:

- **Por carretera**: es el llamado Acuerdo ADR, firmado en Ginebra el 30 de septiembre de 1957.
- **Por vía marítima**: se refiere a las materias peligrosas con las fichas de identificación numérica de los productos a través del Libro Naranja de las Naciones Unidas, que establece los códigos IMDG/IMCO (International Maritime Dangerous Goods/InterGovernamental Maritime Consultative Organization) y OMI (Organización Marítima Internacional).
- **Por medio aéreo**: se legisla a través de la IATA (Asociación Internacional de Transporte Aéreo) y la OACI (Organización Internacional de Aviación Civil).
- **Por ferrocarril**: es muy similar a la reglamentación por carretera (Convenio ADR). El reglamento entró en vigor el 1 de mayo de 1985 (BOE del 20 al 26 de agosto de 1986).

En el ámbito nacional podemos consultar la siguiente normativa:

- **RD 379/2001 de 6 de abril:** por el que se aprueba el reglamento de almacenamiento de productos químicos y sus instrucciones técnicas complementarias.

Para almacenar materias peligrosas deben tenerse en cuenta diferentes variables tales como:

- El almacén debe estar alejado de cursos de agua y deben evitarse posibles inundaciones.
- Si se almacenan productos tóxicos o inflamables, no podrán estar ubicados en plantas elevadas de edificios habitados. Es preferible que los almacenes se encuentren en zonas industriales y no en zonas urbanas.
- Se debe disponer de medios de seguridad que minimicen el riesgo tanto por agentes externos como por los derivados de su propio funcionamiento.
- Evitar la existencia de productos y envases combustibles cercanos a la parte externa del almacén (palés, envases de cartón, maderas...).
- Es preferible que los almacenes sean de una sola planta y que posean ventilación con salida al exterior. Las oficinas tendrán acceso independiente del almacén.

Recuerda . . .

Materia peligrosa es toda sustancia que durante su fabricación, manejo, transporte, almacenamiento o uso pueda generar o desprender vapores, humos, polvos, gases o fibras capaces de producir efectos infecciosos, irritantes, inflamables, explosivos, corrosivos, asfixiantes, tóxicos o de cualquier otra naturaleza peligrosa, o que pueda generar radiaciones ionizantes, en cantidades o concentraciones que tengan alguna probabilidad de lesionar la salud de las personas que entren en contacto con ellas o que puedan causar daños materiales en instalaciones o al medio ambiente.

- El almacén debe estar construido con materiales no combustibles, y de modo que permita la protección de la humedad y de temperaturas extremas.
- Debe cumplirse toda la normativa recogida en la Ley de Prevención de Riesgos laborales y RD de Desarrollo (RD 486/97 de 14 de abril sobre disposiciones mínimas de seguridad y salud en lugares de trabajo).

Así:

- La instalación eléctrica se ajustará a la normativa correspondiente.
- La iluminación de los lugares de trabajo deberá permitir que los trabajadores dispongan de condiciones de visibilidad adecuadas para poder circular por los mismos y desarrollar en ellos sus actividades sin riesgo para su seguridad y salud.
- Los lugares de trabajo dispondrán del material y, en su caso, de los locales necesarios para la prestación de primeros auxilios a los trabajadores accidentados.
- Los suelos de los locales de trabajo deberán ser fijos, estables y no resbaladizos, sin irregularidades ni pendientes peligrosas.
- Las aberturas o desniveles que supongan un riesgo de caída de personas se protegerán mediante barandillas u otros sistemas de protección de seguridad equivalente, que podrán tener partes móviles cuando sea necesario disponer de acceso a la abertura. Deberán protegerse, en particular:
  - Las aberturas en los suelos.
  - Las aberturas en paredes o tabiques, siempre que su situación y dimensiones suponga riesgo de caída de personas, y las plataformas, muelles o estructuras similares. La protección no será obligatoria, sin embargo, si la altura de caída es inferior a 2 metros.
  - Los lados abiertos de las escaleras y rampas de más de 60 centímetros de altura. Los lados cerrados tendrán un pasamano a una altura mínima de 90 centímetros, si la anchura de la escalera es mayor de 1,2 metros; si es menor, pero ambos lados son cerrados, al menos uno de los dos llevará pasamano.
- La anchura mínima de las puertas exteriores y de los pasillos será de 80 centímetros y de 1 metro, respectivamente.
- La anchura de las vías por las que puedan circular medios de transporte y peatones deberá permitir su paso simultáneo con una separación de seguridad suficiente.
- Las vías de circulación destinadas a vehículos deberán pasar a una distancia suficiente de las puertas, portones, zonas de circulación de peatones, pasillos y escaleras.
- Los muelles de carga deberán tener al menos una salida, o una en cada extremo cuando tengan gran longitud y sea técnicamente posible.
- Las puertas abrirán hacia fuera, serán cortafuegos de fácil manipulación desde el interior, deberán estar libres de obstáculos en todo momento y estarán perfectamente señalizadas.
- Los lugares de trabajo deberán ajustarse a lo dispuesto en la normativa que resulte de aplicación sobre condiciones de protección contra incendios.
- Según las dimensiones y el uso de los edificios, los equipos, las características físicas y químicas de las sustancias existentes, así como el número máximo de personas que puedan estar presentes, los lugares de trabajo deberán estar equipados con dispositivos adecuados para combatir los incendios y, si fuere necesario, con detectores contra incendios y sistemas de alarma.
- Los dispositivos no automáticos de lucha contra los incendios deberán ser de fácil acceso y manipulación. Dichos dispositivos deberán señalizarse conforme a lo dispuesto en el Real Decreto 485/1997, de 14 de abril, sobre disposiciones

mínimas de señalización de seguridad y salud en el trabajo. Dicha señalización deberá fijarse en los lugares adecuados y ser duradera.

En caso de almacenarse productos fitosanitarios inflamables:

- Los envases y material auxiliar combustible se almacenarán fuera del local.
- Los pasillos deberán permanecer libres de obstáculos en todo momento.
- Periódicamente se deberá revisar y comprobar que todos los medios de detección, protección y extinción de incendios estén en buen uso.

En cualquier caso, no se pueden almacenar en una misma sala más de 15.000 litros de productos inflamables, pudiendo introducir en la misma otros productos no inflamables que pueden emplearse como elementos separadores entre diferentes tipos de plaguicidas inflamables.

1.3.2. Almacenamiento de alimentos

En cuanto a **normativa europea** podemos hacer referencia a los siguientes reglamentos:

- Reglamento 37/2005, de 12 de enero de 2005, de la Comisión, relativo al control de las temperaturas en los medios de transporte y los locales de depósito y almacenamiento de alimentos ultracongelados destinados al consumo humano (DOCE 13.01.05), donde se determina que los medios de transporte, depósito y almacenamiento de alimentos ultracongelados deberán disponer de instrumentos de registro adecuados para controlar a intervalos regulares y frecuentes, la temperatura del aire a la que están sometidos los alimentos ultracongelados.
- Reglamento 852/2004, de 29 de abril de 2004, del Parlamento Europeo y del Consejo, relativo a la higiene de los productos alimenticios. El presente reglamento establece normas generales destinadas a los operadores de empresa alimentaria en materia de higiene de los productos alimenticios, teniendo particularmente en cuenta los principios siguientes:

  a) El operador de empresa alimentaria es el principal responsable de la seguridad alimentaria.

  b) La necesidad de garantizar la seguridad alimentaria a lo largo de la cadena alimentaria, empezando en la producción primaria.

  c) La importancia de que los alimentos que no pueden almacenarse con seguridad a temperatura ambiente, en particular los alimentos congelados, mantengan la cadena de frío.

  d) La aplicación general de procedimientos basados en los principios de análisis de peligros y puntos de control crítico (APPCC) que, junto con la aplicación de prácticas higiénicas correctas, debería reforzar la responsabilidad de los operadores de empresa alimentaria.

- Reglamento 853/2004, de 29 de abril de 2004, del Parlamento Europeo y del Consejo, por el que se establecen normas específicas de higiene de los alimentos de origen animal.

Respecto a la **normativa nacional** contamos con numerosas normas al respecto, entre ellas:

- RD 1202/2005, de 10 de octubre, sobre el transporte de mercancías perecederas y los vehículos especiales utilizados en estos transportes (BOE 21).
- R.D.1109/1991, de 12 de julio, por el que aprueba la Norma General relativa a los alimentos ultracongelados destinados a la alimentación humana. (BOE 170 de 17 de julio de 1991.)
- R.D. 176/2013, de 8 de marzo, por el que se derogan total o parcialmente determinadas reglamentaciones técnico-sanitarias y normas de calidad referidas a productos alimenticios. (BOE 76 de 29 de marzo de 2013.)

Ejercicio

6. Busca la información relativa a las diferencias entre alimentos ultracongelados, congelados y helados.

No podemos olvidarnos del Acuerdo ATP "ACUERDO SOBRE TRANSPORTES INTERNACIONALES DE MERCANCÍAS PERECEDERAS Y SOBRE VEHÍCULOS ESPECIALES UTILIZADOS EN ESOS TRANSPORTES (ATP)". Última versión de 2015, de la que España es país firmante y que el RD 1202/2005 asume.

La congelación, el envasado, el etiquetado y el control de los alimentos ultracongelados están armonizados a nivel europeo. Dichos alimentos deben llevar en su etiqueta la mención «ultracongelado» y la identificación del lote. La temperatura de congelación debe ser inferior o igual a -18 °C, salvo para su transporte o distribución. Las únicas sustancias congelantes autorizadas son el aire, el nitrógeno y el anhídrido carbónico.

En relación con el etiquetado de los alimentos ultracongelados, es de aplicación el Reglamento de la UE 1169/2011 que tiene como objetivo principal lograr un alto nivel de protección de la salud de los consumidores y garantizar su derecho a la información. Con este reglamento se simplifica y estandariza la normativa, se garantiza la seguridad jurídica, se reducen las cargas burocráticas y se favorece a los intereses de los ciudadanos, ya que establece la obligación de etiquetar los alimentos de forma clara, comprensible y legible. Además se intenta evitar acciones y omisiones de información engañosa.

Algunos de los cambios que propone el nuevo etiquetado de alimentación y bebidas son los siguientes:

- Aumento del tamaño de la letra: el tamaño de la letra debe ser igual o superior a 0,9 mm en envases menores a 80 cm^2.
- Fecha de congelación: en carne congelada, preparados cárnicos congelados y productos de pesca no transformados congelados, deberá aparecer la fecha de congelación o fecha de primera congelación.
- Fecha de descongelación: todos los productos alimentarios excepto los ingredientes presentes en producto final, los alimentos cuya congelación es necesaria en la producción y aquellos en los que la descongelación no tiene impacto negativo, deberán indicar la palabra "Descongelado".
- Información nutricional obligatoria: el valor energético, las cantidades de grasas, ácidos grasos saturados, hidratos de carbono, azúcares, proteínas y sal, aparecerán agrupados y expresados según la porción o unidad de consumo. Además podrán indicarse voluntariamente: los ácidos grasos monoinsaturados, ácidos grasos poliinsaturados, polialcoholes, almidón, fibra alimentaria, cualquier vitamina o mineral. No será obligatoria en productos como aditivos alimentarias, hierbas o productos sin transformar basados en un único elemento.
- Listado de alérgenos: se incluirá obligatoriamente la palabra «contiene» seguida del nombre de la sustancia o el producto en cuestión.
- Nanoingredientes: todos los ingredientes presentes en la forma de nanomateriales artificiales deberán indicarse claramente en la lista de ingredientes, precedidos de la palabra "(nano)".
- Menciones adicionales obligatorias: los alimentos tratados con radiaciones ionizantes llevarán la denominación "irradiado" o "tratado con radiación ionizante". Se indicará si los productos cárnicos, preparados cárnicos y productos pesqueros llevan proteínas añadidas. Igualmente, en los productos cárnicos o derivados

Figura 1.4. En los alimentos ultracongelados es preciso mantener la cadena de frpo.

Recuerda . . .

Los requisitos para que se consideren alimentos ultracongelados son:

- que hayan sido sometidos a un proceso adecuado de congelación denominado congelación rápida, o ultracongelación, que permita rebasar tan rápidamente como sea necesario en función de la naturaleza del producto la zona de máxima cristalización.
- que la temperatura del producto en todas sus partes, tras la estabilización térmica, se mantenga sin interrupción a temperaturas iguales o inferiores a −18° C.
- que sean comercializados de modo que indiquen que poseen esta característica.

se indicará la presencia de agua añadida en caso de que sea mayor al 5%. También se añadirá la denominación "elaborado a partir de piezas de carne" y "elaborado a partir de piezas de pescado" si los productos no proceden de una misma pieza. Además se añadirán otras menciones como: "Envasado en atmósfera protectora", "con edulcorantes" o "contiene aspartano".

- Agrupación de información: la denominación del alimento, la cantidad neta del alimento y el grado alcohólico aparecerán en un mismo campo visual.
- Grado alcohólico: será obligatorio indicarlo siempre que supere el 1,2%.

Además será obligatorio indicar la fecha de duración mínima o fecha de caducidad, la lista de ingredientes, país de origen, el nombre, razón social y dirección del operador de la empresa alimentaria.

El reglamento, que se aplicará en los 28 países miembros de la Unión Europea, no se opone a la presentación de la información nutricional mediante formas o símbolos gráficos, siempre que sean objetivas, estén destinadas a facilitar la comprensión del lector y estén respaldadas por pruebas científicas. De esta forma los sistemas de etiquetado más simples e intuitivos que han lanzado recientemente algunos países como Australia y pretende simplificar el proceso de compra al consumidor, estarían aceptados con ciertas modificaciones dentro de esta norma.

1.4. Regímenes de almacenamiento en comercio internacional

El pasado día 1 de mayo de 2016 entró en vigor el nuevo Código Aduanero de la Unión Europea (CAU), así como las normas complementarias que regularán los diversos procedimientos aduaneros.

A partir del 1 de mayo de 2016, los regímenes económicos serán:

a) Despacho a Libre Práctica

b) Exportación

c) Regímenes especiales:

- Tránsito: Externo e Interno
- Almacenamiento: Depósitos aduaneros y Zonas francas. (Desaparecen los depósitos francos.)
- Destinos especiales: Importación Temporal y destino Final.
- Transformación: Perfeccionamiento activo y pasivo. Desaparece la transformación bajo control aduanero.

En el marco de un régimen de depósito, las mercancías no pertenecientes a la Unión podrán ser almacenadas en el territorio aduanero de la Unión sin estar sujetas:

a) a derechos de importación;

b) a otros gravámenes prescritos por otras disposiciones pertinentes en vigor;

c) a medidas de política comercial en la medida en que no prohíban la entrada de mercancías en el territorio aduanero de la Unión o su salida de él.

Las mercancías de la Unión podrán incluirse en el régimen de depósito aduanero o de zona franca con arreglo a la legislación de la Unión reguladora de ámbitos específicos, o con el fin de beneficiarse de una decisión que conceda la devolución o condonación de los derechos de importación.

Cuando exista una necesidad económica y ello no comprometa la vigilancia aduanera, las autoridades aduaneras podrán autorizar el almacenamiento de mercancías de la Unión en un almacén que sirva de depósito aduanero. Dichas mercancías no se considerarán incluidas en el régimen de depósito aduanero.

Ejemplo

El empresario «W» decide importar un determinado producto y aún no sabe qué destino definitivo dar a dicha mercancía. Una opción que debe considerar es la inclusión de dicho producto en un depósito aduanero y así aprovecharse de sus ventajas; no pagará aranceles ni IVA.

El tiempo de permanencia de mercancías en un régimen de depósito no estará limitado.

En circunstancias excepcionales, las autoridades aduaneras podrán fijar un plazo máximo en el que deberá ultimarse el régimen de depósito, en particular, cuando en caso de almacenamiento de larga duración, el tipo y la naturaleza de las mercancías pueda constituir una amenaza para la salud pública, la sanidad animal o la fitosanidad o para el medio ambiente.

En relación con los depósitos aduaneros

Bajo el régimen de depósito aduanero, las mercancías no pertenecientes a la Unión podrán ser depositadas en instalaciones u otros lugares autorizados para dicho régimen por las autoridades aduaneras y bajo supervisión aduanera ("depósitos aduaneros").

Los depósitos aduaneros podrán estar a disposición de cualquier persona para el depósito aduanero de mercancías ("depósitos aduaneros públicos"), o para el almacenamiento de mercancías por el titular de una autorización de depósito aduanero ("depósitos aduaneros privados").

Las mercancías incluidas en el régimen de depósito aduanero podrán ser temporalmente retiradas del depósito aduanero. Excepto en caso de fuerza mayor, esa retirada deberá ser autorizada previamente por las autoridades aduaneras.

En relación con las zonas francas

Los Estados miembros podrán designar determinadas partes del territorio aduanero de la Unión como zonas francas. Los Estados miembros fijarán el perímetro de cada zona franca y definirán los puntos de acceso y de salida de ella. Los Estados miembros comunicarán a la Comisión información sobre las zonas francas en funcionamiento en sus respectivos territorios.

Las zonas francas estarán cercadas. El perímetro y los puntos de acceso y de salida de las zonas francas estarán sometidos a vigilancia aduanera. Las personas, las mercancías y los medios de transporte que entren en una zona franca o salgan de ella podrán ser sometidos a controles aduaneros.

En cuanto al depósito temporal

Las mercancías no pertenecientes a la Unión se mantendrán en depósito temporal a partir del momento de su presentación en aduana.

Las mercancías no pertenecientes a la Unión presentadas en aduana estarán cubiertas por una declaración de depósito temporal que contendrá todos los datos necesarios para la aplicación de las disposiciones que regulan el depósito temporal.

Los documentos relativos a las mercancías en depósito temporal deberán facilitarse a las autoridades aduaneras cuando así lo exija la legislación de la Unión o se estime necesario a efectos de control aduanero.

Salvo que se dispense de la obligación de presentar una declaración sumaria de entrada, la declaración de depósito temporal incluirá una referencia a toda declaración sumaria de entrada presentada para las mercancías presentadas en aduana, salvo si ya han estado en depósito temporal o han sido incluidas en un régimen aduanero y no han abandonado el territorio aduanero de la Unión.

Las autoridades aduaneras podrán aceptar que la declaración de depósito temporal adopte asimismo las siguientes formas:

a) una referencia a cualquier declaración sumaria de entrada presentada para las mercancías de que se trate, completada con los datos de una declaración de depósito temporal;

b) un manifiesto u otro documento de transporte, siempre que contenga los datos de una declaración de depósito temporal, incluida una referencia a cualquier declaración sumaria de entrada de las mercancías de que se trate;

Las autoridades aduaneras podrán aceptar que los sistemas de información comercial, portuaria o relativos al transporte se utilicen para presentar una declaración de depósito temporal siempre que contengan todos los datos necesarios para dicha declaración y se disponga de dichos datos.

La declaración de depósito temporal podrá utilizarse asimismo a efectos de:

a) notificación de la llegada;

b) presentación de las mercancías.

No será necesario presentar una declaración de depósito temporal cuando, a más tardar en el momento de su presentación en aduana, se haya establecido que las mercancías tienen el estatuto aduanero de mercancías de la Unión.

Las autoridades aduaneras conservarán la declaración de depósito temporal, o tendrán acceso a ella, con objeto de verificar que las mercancías a que se refiere se incluyen posteriormente en un régimen aduanero o se reexporten.

Las mercancías que se encuentren en depósito temporal se almacenarán únicamente en almacenes de depósito temporal o, en casos justificados, en otros lugares designados o autorizados por las autoridades aduaneras.

Las mercancías que se encuentren en depósito temporal no podrán ser objeto de más manipulaciones que las destinadas a garantizar que se conserven inalteradas, sin modificar su presentación o sus características técnicas.

El titular de la autorización prevista o la persona que almacene las mercancías cuando éstas se hayan depositado en otros lugares designados o autorizados por las autoridades aduaneras, será responsable de todo lo siguiente:

a) asegurar que las mercancías que se encuentren en depósito temporal no se sustraigan a la vigilancia aduanera;

b) cumplir las obligaciones derivadas del almacenamiento de las mercancías en depósito temporal.

Cuando, por cualquier motivo, las mercancías no puedan mantenerse en depósito temporal, las autoridades aduaneras tomarán sin demora todas las medidas necesarias para regularizar la situación de dichas mercancías.

Para la explotación de los almacenes de depósito temporal se requerirá la autorización de las autoridades aduaneras. Dicha autorización no será necesaria cuando el operador del almacén de depósito temporal sea la propia autoridad aduanera.

En la autorización figurarán las condiciones en las que se autoriza la explotación del almacén de depósito temporal.

Esta autorización sólo será concedida a personas que cumplan todas las condiciones siguientes:

a) estar establecidas en el territorio aduanero de la Unión;

b) ofrecer la seguridad necesaria en lo que respecta a la buena ejecución de las operaciones;

c) constituir una garantía. Cuando se constituya una garantía global, el cumplimiento de las obligaciones inherentes a esa garantía se verificará mediante una auditoría adecuada.

Sólo se concederá la autorización mencionada cuando las autoridades aduaneras puedan ejercer la vigilancia aduanera sin verse obligadas a poner en marcha un dispositivo administrativo que sea desproporcionado respecto de las necesidades económicas correspondientes.

El titular de la autorización llevará registros adecuados en una forma aprobada por las autoridades aduaneras.

Dichos registros contendrán la información y los datos que permitirán a las autoridades aduaneras supervisar la explotación del almacén de depósito temporal, particularmente en lo relativo a la identificación de las mercancías almacenadas, su estatuto aduanero y sus traslados.

Se considerará que los operadores económicos autorizados de simplificaciones aduaneras cumplen la obligación establecida en los párrafos primero y segundo en la medida en que sus registros resulten adecuados a efectos del depósito temporal.

Las autoridades aduaneras podrán autorizar al titular de la autorización a trasladar mercancías en depósito temporal entre diferentes almacenes de depósito temporal, a condición de que dichos traslados no aumenten el riesgo de fraude, de la manera siguiente:

a) el traslado se efectúa bajo la responsabilidad de una autoridad aduanera;

b) el traslado está amparado solamente por una autorización expedida a un operador económico autorizado de simplificaciones aduaneras; o

c) en los demás casos de traslado.

Cuando exista una necesidad económica y ello no comprometa la vigilancia aduanera, las autoridades aduaneras podrán autorizar el almacenamiento de mercancías de la Unión en almacenes de depósito temporal. Dichas mercancías no se considerarán mercancías en depósito temporal.

Las mercancías no pertenecientes a la Unión que se encuentren en depósito temporal se incluirán en un régimen aduanero o se reexportarán antes de que transcurran 90 días.

Figura 1.5.
El transporte de mercancías vía marítima se realiza en contenedores.

Ejercicio

7. Diferencia en un esquema zonas francas y depósitos francos. Puedes servirte del siguiente enlace: http://www.buenastareas.com/ensayos/Diferencias-Zona-Franca-y-Dep%C3%B3sito-Franco/4725068.html (Puede acceder al enlace en la carpeta correspondiente a este libro que se halla en: http://www.marcombo.info).

8. Comenta el siguiente artículo sobre los beneficios empresariales de las zonas y depósitos francos: https://www.blogbankia.es/es/blog/que-es-un-zona-franca-y-cuales-son-sus-ventajas.html (Puede acceder al enlace en la carpeta correspondiente a este libro que se halla en: www.marcombo.info).

1.5. Implantación de sistemas de calidad en el almacén reconocidos a escala nacional y europea

La calidad cobra especial importancia actualmente en las empresas y organizaciones de diversa índole, quedando desfasadas y obsoletas todas aquellas que no tienen en consideración estos sistemas de calidad.

El objetivo que se pretende es satisfacer las expectativas de los clientes y de nuestra propia empresa. Para ello se pueden adoptar diferentes sistemas de gestión de calidad.

Figura 1.6. Actualmente la Calidad es total, siendo responsabilidad de toda la organización.

Un primer paso para conseguir que una empresa ofrezca servicios o productos de calidad es la implantación de un sistema de calidad como las Normas ISO 9000. Estas proporcionan orientación y herramientas para las empresas y organizaciones que quieren asegurarse de que sus productos y servicios cumplen consistentemente los requerimientos del cliente, y que la calidad se mejora de forma constante.

Hay muchas normas de la familia ISO 9000, entre ellos:

- **ISO 9001:2008:** Establece los requisitos de un sistema de gestión de calidad. Es la única norma de la familia que puede ser certificada (aunque esto no es un requisito). Puede ser utilizada por cualquier organización, grande o pequeña, cualquiera que sea su campo de actividad. De hecho, la norma ISO 9001:2008 es utilizada por más de un millón de empresas y organizaciones en más de 170 países.

  Esta norma internacional promueve la adopción de un enfoque basado en procesos cuando se desarrolla, implanta y mejora la eficacia de un sistema de gestión de la calidad, basado a su vez en el ciclo de mejora continua PDCA (Planificar, Hacer, Comprobar, Actuar).

Recuerda . . .

Las diferentes figuras de almacenamiento en las que no se devengan derechos arancelarios, ni impuestos especiales, ni existen restricciones de cupos y contingentes son los depósitos aduaneros, zonas francas, depósitos francos...

Beneficios ante el mercado:

- Mejorar la imagen de los productos y/o servicios ofrecidos.
- Favorecer su desarrollo y afianzar su posición.
- Ganar cuota de mercado y acceder a mercados exteriores gracias a la confianza que genera entre los clientes y consumidores.

Beneficios ante los clientes:

- Aumento de la satisfacción de los clientes debido a que la certificación ISO 9000 garantiza una consistencia y estabilidad en la realización de las tareas y, en consecuencia, la calidad del producto/servicio realizado es estable.
- Eliminar múltiples auditorías con el correspondiente ahorro de costes.
- Acceder a acuerdos de calidad concertada con los clientes.

Beneficios para la gestión de la empresa:

- Servir como medio para mantener y mejorar la eficacia y adecuación del sistema de gestión de la calidad, al poner de manifiesto los puntos de mejora.
- Cimentar las bases de la gestión de la calidad y estimular a la empresa para entrar en un proceso de mejora continua.
- Aumentar la motivación y participación de personal, así como mejorar la gestión de los recursos.

• **ISO 9000:2005:** Abarca los conceptos y el lenguaje básicos.

• **ISO 9004:2009:** Se centra en cómo hacer un sistema de gestión de calidad más eficiente y eficaz.

• **ISO 19011:2011:** Establece orientaciones sobre las auditorías internas y externas de los sistemas de gestión de calidad.

• **ISO 2015.** Los cambios más relevantes son:

  - Se adopta un esquema común de organización de la estructura de la norma.
  - Se revisa el lenguaje y se amplía hacia la generación de servicios.
  - Se refuerza el enfoque a procesos.
  - Se introduce el pensamiento basado en riesgos.
  - Registros y documentos pasan a denominarse "información documentada".
  - Se amplía el concepto de cliente a parte interesada.
  - Se introduce el concepto de Control de Cambios muy ligado a modelos de Excelencia.
  - Se insta a las organizaciones al aprovechamiento de las oportunidades de mejora.

Figura 1.7. La Calidad es un concepto dinámico, sometido a una mejora continua.

Recuerda . . .

Los sistemas de calidad total en las organizaciones y empresas son importantes para mejorar los servicios y la satisfacción del cliente. Entre estos sistemas de calidad tenemos las normas ISO y el modelo EFQM.

Los principios de gestión de calidad

- Organización enfocada al cliente.
- Liderazgo.
- Participación del personal.
- Enfoque al proceso.
- Enfoque del sistema hacia la gestión.
- Mejora continua.
- Enfoque objetivo hacia la toma de decisiones.
- Relación mutuamente beneficiosa con el suministrador.

(Web http://www.iso.org/iso/home/standards/management-standards/iso_9000.htm) (Puede acceder al enlace en la carpeta de descargas correspondiente a este libro que se halla en www.marcombo.info).

También es necesario tener en cuenta, en todo este procedimiento, la forma de comprobar que el sistema de calidad de la organización está funcionando. Esta función se lleva a cabo a través de las auditorías.

Hay que señalar que ISO desarrolla estas normas internacionales; sin embargo, no está involucrado en la certificación de cualquiera de las normas que elabora. La certificación se lleva a cabo por organismos de certificación externos, que son en gran parte privados. Por lo tanto, una empresa u organización no pueden ser certificados por ISO.

En España, se cuenta con AENOR (Asociación Española de Normalización y Certificación) que es una entidad privada sin fines lucrativos que se creó en 1986. Su actividad contribuye a mejorar la calidad y competitividad de las empresas, sus productos y servicios.

AENOR, a través del desarrollo de normas técnicas y certificaciones, contribuye a mejorar la calidad y competitividad de las empresas.

En su web (http://www.aenor.es/aenor/aenor/historia/historia.asp#.Umo4XHC8DXA) se puede observar su historia y funcionamiento. (Puede acceder al enlace en la carpeta de descargas correspondiente a este libro que se halla en www.marcombo.info).

Otro sistema de gestión de calidad es el denominado modelo EFQM que permite avanzar en la gestión de la calidad total.

El modelo EFQM de excelencia está compuesto por nueve criterios diferenciándose claramente dos partes: el grupo formado por los llamados «agentes facilitadores», que se refiere a lo que hace la organización y cómo lo hace; y el grupo de criterios «resultados», que dan cuenta de los éxitos obtenidos por la organización respecto a todos los grupos de interés (clientes, trabajadores, sociedad, proveedores) y en relación al cumplimiento del plan estratégico.

Figura 1.8. Esquema del modelo EFQM.

El sistema de reconocimiento otorga a las organizaciones:

- Prestigio y confianza para la sociedad, ya que sólo se reconoce a las organizaciones realmente excelentes en su gestión y que cumplen con los exigentes requisitos.
- Seguridad y profesionalidad, porque los agentes y el personal que intervienen e interactúan con las organizaciones están cualificadas al máximo nivel.
- Reconocimiento europeo de la European Foundation for Quality Management (EFQM). Junto al reconocimiento español otorga, automáticamente, el reconocimiento de la EFQM.

El modelo de la EFQM se basa en la autoevaluación y, para aquellas empresas que desean optar al premio europeo a la calidad, en una auditoría externa.

La autoevaluación es entendida como un examen global y sistemático de las actividades y resultados de una organización que se compara con un modelo de excelencia empresarial.

Ejercicio

9. Busca en la página web de Aenor la base asociativa de AENOR y sus órganos de gobierno: http://www.aenor.es/aenor/aenor/miembros/miembros.asp

10. Lee y resume el siguiente artículo: http://www.guiadelacalidad.com/modelo-efqm/modelo-efqm

Resumen

- El contrato de depósito está regulado en el Código de Comercio y, en él, el depositante cede la posesión al depositario para que cuide el bien. Existen dos tipos: regular e irregular. En el primero debe entregarse el bien que se custodia; en el irregular es válido entregar un bien de la misma especie y cantidad; pero no tiene por qué ser el mismo bien.
- Los almacenistas-distribuidores reciben en depósito las mercancías o bienes; manipulan la mercancía, realizan funciones de preparación de pedidos y gestionan su distribución.
- Las figuras normativas más importantes en la UE son: reglamentos, directivas, decisiones, recomendaciones y dictámenes. Los primeros son de directa aplicación en los estados miembros, mientras que las directivas necesitan ser desarrolladas por cada Estado.
- Materia peligrosa es toda sustancia que durante su fabricación, manejo, transporte, almacenamiento o uso pueda generar o desprender vapores, humos, polvos, gases o fibras capaces de producir efectos infecciosos, irritantes, inflamables, explosivos, corrosivos, asfixiantes, tóxicos o de cualquier otra naturaleza peligrosa, o que pueda generar radiaciones ionizantes, en cantidades o concentraciones que tengan alguna probabilidad de lesionar la salud de las personas que entren en contacto con ellas o que puedan causar daños materiales en instalaciones o al medio ambiente.
- Los alimentos ultracongelados son productos alimenticios que han sido sometidos a un proceso adecuado de congelación denominado congelación rápida, o ultracongelación; su temperatura en todas sus partes, tras la estabilización térmica, se debe mantener sin interrupción a temperaturas iguales o inferiores a –18° y deben ser comercializados de modo que indiquen que poseen esta característica.
- Existen áreas que permiten que los productos importados queden exentos temporalmente (mientras permanezcan en las mismas) del pago del arancel de importación, así como del IVA y otros impuestos especiales. Estas son las zonas francas y/o los depósitos aduaneros.
- Entre los sistemas de gestión de calidad que la mayoría de empresas y organizaciones utilizan está la norma ISO 9001:2008 que establece los requisitos de un sistema de gestión de calidad. Esta norma persigue obtener beneficios ante el mercado mejorando la imagen de los productos y/o servicios ofrecidos y ganando cuota de mercado. Igualmente se pretende obtener beneficios ante los clientes como es el incremento de su satisfacción; y también se desea obtener beneficios para la gestión de la empresa. Otro modelo de gestión es el EFQM.

Test de evaluación

1. Para que un depósito sea mercantil:

a) El depositario, al menos, debe ser comerciante.

b) Las cosas depositadas deben ser objeto de comercio.

c) El depósito debe constituir por sí una operación mercantil.

d) Todas son correctas.

2. El depósito en el que el depositante entrega un objeto al depositario para que al término del contrato devuelva otro objeto de la misma especie y cantidad se denomina:

a) Depósito regular.

b) Depósito irregular.

c) Depósito artificial.

d) Depósito complejo.

3. La norma europea que obliga en cuanto al objetivo final pero que debe ser adaptada a la normativa de cada país se denomina:

a) Decisión.

b) Recomendación.

c) Directiva.

d) Reglamento.

4. El almacenista-distribuidor deberá poseer:

a) Capacidad económica adecuada.

b) Local para ejercer su actividad.

c) 2.000 euros.

d) La a) y b) son correctas.

5. La clase 1 de materias peligrosas se refiere a:

a) Materiales explosivos.

b) Materiales inflamables.

c) Materiales comburentes.

d) Gases licuados.

6. Son sustancias congelantes permitidas:

a) El aire.

b) El nitrógeno.

c) El anhídrido carbónico.

d) Todas son correctas.

7. Los beneficios de los depósitos aduaneros son:

a) No aplicación de los derechos arancelarios.

b) No aplicación de las medidas de política comercial.

c) No aplicación del IVA.

d) Todas son correctas.

8. El nuevo Código Aduanero de la UE entra en vigor:

a) Mayo 2016.

b) Mayo 2017.

c) Junio 2016.

d) Ninguna es correcta.

9. Una zona franca se encuentra en:

a) Málaga.

b) Cádiz.

c) Almería.

d) Jaén.

10. La norma de calidad que establece los requisitos de un sistema de gestión de calidad es:

a) ISO 9001:2008.

b) ISO 9000:2005.

c) ISO 9004:2009.

d) Ninguna es correcta.

Actividades

1. Haz un esquema de la documentación a presentar para la autorización de operador de transporte de mercancías en la Comunidad de Madrid. Utiliza el siguiente enlace:

   http://www.madrid.org/cs/... (disponible en www.marcombo.info)

2. Cita y explica al menos 4 obligaciones del operador logístico dentro del contrato de la prestación de servicios logísticos.
3. En el siguiente enlace http://europa.eu/eu-law/decision-making/procedures/index_es.htm encontrarás cómo se toman las decisiones dentro del UE. Realiza un esquema del proceso (enlace en www.marcombo.info).
4. Lee:

   https://contrataciondelestado.es/wps/portal/... (enlace en www.marcombo.info).

5. La nueva edición del Estudio Anual de Logística realizado por Capgemini Consulting, señala que un 65% de los operadores logísticos han aumentado sus ingresos globales durante el pasado año. Busca dentro de su web y localiza al menos 5 ofertas de empleo de «operador logístico».
6. Busca en internet cuál será la quinta zona franca de España.
7. Analiza el siguiente artículo y la comparativa de las modificaciones en ISO 2008 y 2015. Haz un comentario al respecto: http://www.nueva-iso-9001-2015.com/
8. Haz un cuadro resumen con las características de las normas ISO y del modelo EFQM.
9. ¿Consideras importante que las empresas y/u organizaciones sigan un sistema de gestión calidad? Justifica tu respuesta.
10. Lee y comenta el siguiente artículo:

    http://www.mecalux.es/navigation/event/Detailinterview.do?idinterview=9223516
    (enlace en www.marcombo.info).

Unidad 2 Organización del proceso de almacén

En esta unidad veremos

2.1. Logística. Conceptos y objetivos

2.2. El almacén. Definición, funciones y tipos

2.3. Organización de los almacenes en empresas de fabricación, distribución y servicios

2.4. Modelos para la elección de la ubicación de almacenes

2.5. Diseño del edificio y zonas externas

2.6. Distribución interior o *layout*. Zonas del almacén

2.7. Organización de actividades y flujos de mercancías en el almacén

2.8. Equipos de manipulación y mantenimiento

2.9. Sistemas modulares. Unidades de carga: palés y contenedores

2.10. Sistemas de seguimiento de las mercancías

2.11. Aplicación y gestión de un sistema de trazabilidad

2.12. Gestión del embalaje

2.13. Normativa de seguridad e higiene en almacenes

Recuerda . . .

La logística es la función de la empresa cuya función es satisfacer las necesidades del cliente, proporcionando los productos en el momento, lugar y cantidad solicitada por éste minimizando costes.

2.1. Logística. Conceptos y objetivos

Los orígenes de la logística provienen del campo militar.

A nivel empresarial y tras la II Guerra Mundial surge la necesidad de hacer frente a la distribución de bienes tras el incremento de la demanda en países industrializados. Esta distribución presentaba grandes carencias que debían ser subsanadas.

En ese momento se toma conciencia de la importancia de la logística empresarial siguiendo una evolución ascendente dada la relevancia de su objetivo principal actual: proporcionar al cliente el producto que necesita en la forma, cantidad y momento requeridos.

Se puede considerar la logística como el fruto de la evolución de dos áreas empresariales:

a) La dirección de materiales, es decir, la planificación de la producción, de las compras, de la recepción de los materiales, del almacenamiento y de la alimentación a fábrica.

b) La gestión de la distribución o logística de distribución, es decir, la coordinación de los transportes, almacenes y manipulación de los productos desde el punto de producción hasta el punto de consumo.

Hoy día habría que añadir a todas estas actividades el servicio al cliente.

Así pues, la logística puede ser definida como la función que optimiza los recursos y el flujo de materiales desde el origen hasta el usuario final y su correspondiente información, al menor coste, de tal manera que satisfaga las necesidades del cliente en cuanto a cantidad, tiempo y lugar, de acuerdo con los objetivos de servicio establecido en la política general de la empresa.

Las principales actividades de la función logística en empresas industriales son:

- Logística de aprovisionamiento:
  - Previsiones de demanda.
  - Aprovisionamiento de materias primas decidiendo sobre el volumen de pedido, el momento del mismo, etc.
  - Realización de pedidos y recepción de los mismos.
  - Planificación de operaciones.
  - Tratamiento de rechazo de clientes.

Figura 2.1. La logística, actualmente para muchas empresas, desempeña un papel estratégico.

- Logística en la propia planta y logística de distribución:
  - Almacenes de materias primas.
  - Gestión de *stocks* de materias primas.
  - Transportes de productos entre niveles de almacenes y, en su caso, de la fábrica a los almacenes.
  - Acondicionamiento y almacenaje.
  - Planificación y programación de fabricación.
  - Almacenaje de fábrica.
  - Control de materiales de producción.
  - Distribución a clientes.
  - Expedición de productos de la empresa al consumidor.
  - Gestión de existencias de productos acabados.
  - Manutención y almacenaje en los centros de distribución.

En empresas comerciales, las actividades logísticas son menos numerosas ya que no tienen actividades productivas y los procesos realizados están referidos a compras de mercancías, pedidos, transporte, almacenaje y distribución.

El objetivo de la logística es planificar, ejecutar y controlar los procesos, para que los bienes lleguen a los usuarios en el momento en el que los precisan, con el menor coste posible; es decir, se pretende la optimización de la cadena de suministros, mejorando en el aprovisionamiento de las materias, en la elección de proveedores, en el proceso productivo y en la distribución de las mercancías; todo ello con el fin último de procurar la satisfacción global del cliente obteniendo lo que desea en el tiempo requerido y de la manera solicitada minimizando los costes.

Una correcta planificación logística proporcionará a la empresa un incremento de clientes, menores costes, crecimiento del control operativo, agilización del proceso de compra y gestión eficaz de las existencias frente a imprevistos. En resumen, un aumento de la competitividad.

Ejercicio

1. Lee acerca de la cobertura geográfica del tejido empresarial logístico en el siguiente enlace del Observatorio de la Logística, publicado por el Ministerio de Fomento: http://www.fomento.es/NR/rdonlyres/48EBC5C2-F283-4A4B-9864-CDCC28FEC67F/111835/ObservatoriodelalogisticaenEspa%C3%B1a.pdf (Puede acceder al enlace en la carpeta de descargas correspondiente a este libro que se halla en www.marcombo.info).
2. Selecciona algún caso práctico del siguiente enlace https://www.mecalux.es/casos-practicos y comprueba su método de almacenaje.
3. ¿Consideras importante la logística en una época de crisis como la actual? Justifica tu respuesta.

2.2. El almacén. Definición, funciones y tipos

El almacenaje puede ser definido como la función de mantener artículos en inventario entre el momento de su fabricación o adquisición y el de su utilización. El almacenaje contribuye a proporcionar al cliente el nivel de servicio establecido, incurriendo en los menores costes posibles.

El término «almacén» proviene del árabe «*almaizan*» y es una casa o edificio donde se guardan géneros de cualquier clase; así pues en logística se corresponde con el recinto dónde guardamos las mercancías y no sólo eso, sino que en el almacén realizamos o podemos realizar distintas operaciones como acondicionamiento de las mercaderías, preparación de las mismas, etc.

¿Cuál es la utilidad de los almacenes?

- Coordinar los desequilibrios entre la oferta y la demanda ofreciendo soluciones a la demanda estacional, a las compras especulativas y otorgando mayor calidad en el servicio al evitar las roturas de existencias.

Ejemplo

Supongamos una empresa productora de turrones. Es necesario utilizar los almacenes al presentar esta actividad carácter estacional y no ser necesario mantener todas las estructuras de producción durante todo el año.

- Reducir costes. Puede ser más rentable fabricar grandes lotes y almacenarlos, que no tener mercancías en depósito y fabricar en pequeños lotes.
- Complementar al proceso productivo. Algunos productos alimenticios (quesos, licores, embutidos) precisan de un período de maduración o almacenamiento previo a su consumo.

Figura 2.2. Los almacenes de alimentos y productos alimentarios para el consumo humano deben cumplir requisitos técnicos y sanitarios.

Ejercicio

4. Lee y comenta la solución al almacenaje de ciertos productos de temporada contenido en este enlace: http://grupov10.com/gestion-logistica/almacen-temporal-gestion-logistica/

Entre las funciones de los almacenes se pueden destacar:

- **Función de mantenimiento de *stock*.** Consiste en proporcionar protección a los productos y tenerlos ubicados, de forma ordenada, en un lugar apropiado. El tiempo medio de permanencia de la mercancía en el almacén y los requisitos bajo los que se debe efectuar el almacenaje determinan la configuración y el diseño de la instalación. Se diferencian:

– Instalaciones para un almacenaje prolongado (envejecimiento de licores, de tipo general).

– Instalaciones de almacenaje temporal (como las existentes en una terminal de carga).

- **Función de consolidación de cargas.** Consiste en servir como punto de concentración de mercancías destinadas al mismo cliente, transportista o zona geográfica.

Figura 2.3. Vista general de un pasillo de un almacén.

- **Función de descomposición de cargas.** Mediante esta función se reciben las mercancías en grandes cargas y se descomponen en otras más pequeñas que se alojan en vehículos ligeros que recorren las rutas de entrega o reparto.

Ejemplo

Imagina un almacén al que llegan grandes cantidades de mercancía que se deben dividir en cantidades más pequeñas para poder repartirlas a clientes que solicitan las mismas.

- **Función de rapidez de respuesta.** Se trata de conseguir una mayor rapidez en la respuesta a los pedidos de los clientes, acortando la duración del ciclo pedido-entrega.
- **Función de presencia regional.** Consiste en utilizar almacenes regionales para conseguir una presencia mayor de la empresa en una determinada zona.

En cuanto a los tipos de almacenes, se pueden agrupar de varias formas: según su situación geográfica, según la naturaleza de los artículos almacenados y según su régimen jurídico. Veámoslas:

- Según su situación geográfica:

  – Almacenes centrales (de fábrica o centros de distribución). Albergan los diferentes inventarios (cíclicos, *stocks* de seguridad, estacionales). A ellos llegan los productos procedentes de la planta de fabricación y desde allí se envían a los clientes.

  – Almacenes regionales. Se distribuyen por una zona geográfica y permiten conseguir una mayor rapidez en la respuesta a los pedidos de los clientes, al colocar más cerca de ellos el producto, abaratando por consiguiente los costes de transporte al recibir cargas completas.

Recuerda ...

El almacén es el lugar dónde guardamos las mercancías. Sus principales funciones son: coordinar los desequilibrios entre la oferta y la demanda, solventando la demanda estacional; reducir costes; y complementar al proceso productivo (por ejemplo, proceso de curación del producto en embutidos).

- Centros o puntos de tránsito. La diferencia con los anteriores es que en ellos no se efectúa un almacenaje propiamente dicho. Su función básica es recibir, en grandes cargas, las mercancías procedentes del almacén central o de la fábrica, destinadas a los clientes de la región que cubre cada uno de ellos; y, por otro lado, facilitar la descomposición de estas cargas agregadas en varias más pequeñas que se alojarán en los vehículos más ligeros que recorren las distintas rutas de reparto o entrega.

- Según la naturaleza de los artículos almacenados:
  - Almacén de materias primas. (Por ejemplo, almacén de cobre, algodón, madera).
  - Almacén de productos semielaborados.
  - Almacén de productos terminados. (Por ejemplo, almacén de zapatos listos para su distribución).
  - Almacén de materiales auxiliares.
  - Almacén de piezas de recambio de los productos vendidos.
  - Archivos de información, puesto que también se almacena información.

  También en este sentido se podría diferenciar almacenes de materias que precisan condiciones de almacenaje o mantenimiento especiales, tales como materias perecederas o peligrosas.

- Según su régimen jurídico:
  - Almacén propio. Las ventajas que presenta el poseer un almacén propio son:
    a) Rentabilidad, si su utilización es intensiva.
    b) Capacidad de decisión en el uso de espacios y en su utilización futura. El alto coste de adquisición sería uno de sus principales inconvenientes.
  - Almacén en alquiler. Ofrece gran variedad de servicios y otorga mayor flexibilidad. Además, o supone un coste excesivo, en contraposición al almacén en propiedad:
    a) Arrendamiento de naves industriales.
    b) Almacenes públicos.
    c) Alquilados en función de los volúmenes ocupados.
  - Almacén en *leasing*. Es una alternativa intermedia; tras el plazo oportuno, se puede ejercitar la opción de compra y mientras tanto el coste no es elevado presentando las ventajas del alquiler.

Ejercicio

5. En el siguiente enlace aparecen las ventajas del leasing inmobiliario.

http://blog.bancsabadell.com/2016/08/las-ventajas-del-leasing-inmobiliario-.html

(Puede acceder al enlace en la carpeta de descargas correspondiente a este libro. Para descargar dicha carpeta, véase la primera página del libro.)

- Según la regulación internacional. Se puede diferenciar aquí también determinados centros logísticos y almacenes según la normativa internacional ya vistas en la unidad anterior (zonas francas, depósitos aduaneros, depósitos francos...).

2.3. Organización de los almacenes en empresas de fabricación, distribución y servicios

Evidentemente la organización de un almacén está en consonancia con el tipo de actividad realizada por la empresa.

Así las empresas que producen bienes, que fabrican, necesitarán adquirir materias primas y otros productos a sus proveedores que posteriormente transformarán en sus instalaciones. Es decir, existirá el proceso de aprovisionamiento de materiales, adquiriendo las materias primas necesarias para el proceso productivo y utilizando los almacenes para dichas materias primas.

El siguiente paso en las empresas de fabricación sería este proceso precisamente transformando las materias primas en productos terminados; estos a su vez serán almacenados como paso previo a su distribución; incluso, en ocasiones, se puede observar el almacenamiento de productos semielaborados a los que les falta alguna fase del proceso de producción.

En empresas de distribución no se realiza proceso productivo, se compra el producto y tal cual se entrega; no se realizan transformaciones en él por lo que se eliminan distintas fases de actividades logísticas.

Habitualmente en la distribución se prepara el pedido adecuándolo a las necesidades de los clientes.

En empresas de servicios de bienes intangibles no se requiere almacén; si se considera una asesoría que ofrece sus servicios; lógicamente no produce productos físicamente, no tiene que adquirirlos ni distribuirlos, por lo que en todo caso podrá tener un almacén utilizado como archivo o con los materiales que requiere su trabajo.

Por todo ello, el almacén, su propia existencia y su *layout* dependen totalmente de la actividad de la empresa siendo necesario que sea moldeable a esta para conseguir una eficacia en la gestión.

Ejemplo

Imagina una empresa de distribución de zapatos; solo adquiere los productos y los comercializa pero no es la encargada de fabricarlos. Su almacén guardará dichos zapatos como producto elaborado que se encarga de repartir.

2.4. Modelos para la elección de la ubicación de almacenes

El emplazamiento de cualquier actividad económica (fábrica, almacén, punto de venta...) es una decisión crucial para el éxito de la misma.

Una buena ubicación se convierte en una ventaja competitiva (un punto de venta en una zona comercial). En cambio, una localización inadecuada puede repercutir negativamente en las ventas e incluso puede llevar al cierre de la actividad.

Cuando se toma la decisión de ubicar un almacén se debe tener en cuenta la influencia de varios factores:

- proximidad de los suministradores
- coste de los terrenos

- autorizaciones y permisos
- trámites administrativos
- normativa medioambiental
- ordenanzas municipales

Figura 2.4. En la elección de la ubicación de un almacén deben considerarse diversos factores.

- coste de construcción
- coste de transporte
- accesibilidad del emplazamiento
- situación del mercado laboral
- disponibilidad de suministros (agua, luz, etc.)
- relieve del terreno
- cercanía con los clientes
- disponibilidad de servicios

Todos estos factores se pueden analizar de forma cuantitativa o cualitativa:

- **Análisis cuantitativo:** comparando datos objetivos, como distancias con proveedores y clientes, precio del suelo, coste de la construcción, etc.
- **Análisis cualitativo:** asignando mayor o menor importancia a cada uno de los factores a tener en cuenta.
- Para facilitar la decisión sobre un emplazamiento se valoran aquellos factores que la empresa considere determinantes, otorgando valores de 0 a 10, y se elige como localización idónea aquel emplazamiento que obtenga mayor puntuación.

Figura 2.5. Los almacenes deben ajustarse a un diseño que garantice el adecuado tratamiento de los productos, según sean sus características.

Ejercicio

6. Busca en la web de tu Ayuntamiento normativa al respecto de instalación de almacenes y valora los distintos factores que entran en juego:

Factores \ Emplazamiento	A	B	C
Proximidad proveedores			
Coste terrenos			
Autorizaciones y permisos			
...			
...			
Puntuación total			

También existen una serie de métodos matemáticos para el cálculo del emplazamiento adecuado:

a) Localización por la mediana. Se trata de calcular el coste mínimo del transporte correspondiente a la distribución de los productos solicitados por los clientes.

Así: coste transporte = $\sum_i (P_i \times d_i)$

P_i = unidades del producto a distribuir

d_i = distancia entre cliente *i* y su almacén

Ejemplo

Considera que deseamos distribuir a nuestros clientes las siguientes unidades de producto:

- Cliente A: 500 unidades
- Cliente B: 100 unidades
- Cliente C: 75 unidades
- Cliente D: 9 unidades

Posibles ubicaciones y distancias:

A —10 km— B —25 km— C —15 km— D

Solución:

Ubicación A:

Cte_T A = (500 × 0) + (100 × 10) + (75 × 35) + (9 × 50) = 4.075

Ubicación B:

Cte_T B = (500 × 10) + (100 × 0) + (75 × 25) + (9 × 40) = 7.235

Ubicación C:

Cte_T C = (500 × 35) + (100 × 25) + (75 × 0) + (9 × 15) = 20.135

Ubicación D:

Cte_T D = (500 × 50) + (100 × 40) + (75 × 15) + (9 × 0) = 30.125

Según este método, la ubicación idónea sería la A, puesto que en ella se minimizan los costes de distribución a los clientes.

Recuerda . . .

Para ubicar un almacén debemos tener en cuenta varios factores: proximidad de los suministradores, coste de los terrenos, trámites administrativos y normativa, costes...

Para facilitar la decisión sobre un emplazamiento se consideran aquellos factores que la empresa considere determinantes, dándoles valores de 0 a 10, y se elige como localización idónea aquel emplazamiento que obtenga mayor puntuación.

También existe una serie de métodos matemáticos para el cálculo del emplazamiento adecuado: localización por la mediana, localización a través de la longitud euclídea y Ley de Reilly.

b) Ley de Reilly. Pretende fijar el punto de indiferencia entre dos poblaciones para definir la zona comercial de cada una. En dicho punto, a un comprador le daría igual acudir a comprar a cualquiera de las dos poblaciones.

Reilly contempla como aspectos prioritarios la distancia y el número de habitantes de cada población para determinar el área de influencia.

Fórmula de la Ley de Reilly:

$$Dab = \frac{d}{1 + \sqrt{\frac{Pb}{Pa}}}$$

Donde:

d = distancia entre las poblaciones A y B

Pa = nº habitantes de la población A

Pb = nº habitantes de la población B

Dab = punto de indiferencia entre las poblaciones A y B

c) **Localización a través de la longitud euclídea.** En este modelo se colocan los puntos de demanda en una cuadrícula o plano, de tal manera que para cada uno de ellos existen unas coordenadas dadas por (X_0, Y_0), donde:

$$Xo = \frac{\sum XiPi}{\sum Pi} \qquad Yo = \frac{\sum YiPi}{\sum Pi}$$

Siendo:

Xi, Yi = coordenadas de los distintos establecimientos

Pi = productos a distribuir a cada establecimiento

Considerar este supuesto de distribución a los siguientes establecimientos:

	Unidades	Coordenadas
Sepúlveda	11.000	(3’0, 7’2)
Puertollano	2.500	(3’4, 2’3)
Madrid	3.000	(4’1, 6’0)
Toledo	1.000	(3’3, 4’7)
Cuenca	7.500	(7’6, 5’0)

Solución:

$$Xo = \frac{\langle 3'0.11000\rangle + \langle 3'4.2500\rangle + \langle 4'1.3000\rangle + \langle 3'3.1000\rangle + \langle 7'6.7500\rangle}{11000 + 2500 + 3000 + 1000 + 7500} = 4{,}6$$

$$Yo = \frac{\langle 7'2.11000\rangle + \langle 2'3.2500\rangle + \langle 6'0.3000\rangle + \langle 4'7.1000\rangle + \langle 5'0.7500\rangle}{11000 + 2500 + 3000 + 1000 + 7500} = 5'8$$

La ubicación ideal estaría en las coordenadas (4’6, 5’8)

2.5. Diseño del edificio y zonas externas

El diseño del almacén es un punto de especial relevancia para el funcionamiento del mismo y la optimización de costes.

Entre los objetivos a perseguir se encuentran:

- Aprovechar al máximo el espacio disponible
- Reducir el número de manipulaciones. Existen algunas teorías para estudiar este hecho; por ejemplo la de **los mínimos movimientos no contiguos** que consiste en analizar la cantidad de movimientos entre distintas áreas del almacén en una unidad de tiempo determinada.
- Para ello es necesario disponer de un plano del recinto con las ubicaciones de las áreas de trabajo y se elabora una tabla anotando los recorridos efectuados entre las distintas zonas durante un periodo de tiempo dado.
- Accesibilidad a las existencias.
- Facilitar el flujo de los productos, tanto en su recepción como en su expedición.
- Garantizar la conservación de los productos almacenados y la seguridad de los trabajadores.
- Posibilitar su ampliación en un futuro.

Ejercicio

7. En un almacén tenemos que ubicar hojas de papel, cuadernos, rotuladores, rollos de papel y gomas de borrar. El mayor número de manipulaciones semanales es el que se lleva a cabo con los cuadernos (10.000) y con los rotuladores (7.000). Los rollos de papel tienen 3.000 manipulaciones; las gomas de borrar 4.000; y las hojas de papel 1.000. ¿Cómo ubicarías los productos en el almacén para conseguir el menor número de recorridos en el mismo?

¿Cómo diseñar nuestro almacén? ¿En qué factores es necesario fijarse para ello? Evidentemente se estima, aparte del volumen y superficie de almacenamiento disponible, el número de referencias a almacenar, el *stock* máximo y la rotación de los productos almacenados.

Otros factores a considerar son: el movimiento de los productos, su recorrido por el almacén, los sistemas de manipulación de los productos y sistemas de almacenaje que utilizamos; los medios de transporte internos y externos...

La infraestructura exterior del almacén abarca:

1. **Vías de acceso y cerramientos.** La planificación de accesos y cerramientos se debe enfocar para evitar posibles accidentes e interferencias entre camiones, medios de carga y descarga y personal del almacén.

Figura 2.6. La distancia a vías de acceso importantes para muchas empresas constituyen un factor determinante.

Subdivisión del almacén en zonas	
Zona de expedición	• Área de consolidación • Área de embalajes • Área de control de salidas
Zonas auxiliares	• Área de devoluciones • Área de envases o embalajes • Área de materiales obsoletos • Área de oficinas o administración • Área de servicios

Recepción. Debe estar muy próxima a la zona de entrada y lo más independiente posible del resto del almacén.

- **Área de control de calidad:** se destina a comprobar que las mercancías recibidas se corresponden con las solicitadas en el pedido.
- **Área de clasificación:** se clasifican y codifican las mercancías recibidas con objeto de ubicar de la manera más eficiente posible el producto dentro del almacén.

Figura 2.9.
En ocasiones las mercancías permanecen temporalmente en la Zona de Recepción.

Almacenamiento. La subdivisión del espacio destinado a almacenamiento, en el almacén central, se hace en función del índice de rotación de la mercancía o las características del producto.

- **Zona de baja rotación:** las mercancías de baja rotación se solicitan en grandes cantidades pero pocas veces. Para este tipo de productos se necesita un espacio de almacenamiento grande; pero no es necesario que sea de gran accesibilidad, ya que las salidas no son muy frecuentes.
- **Zona de media rotación:** las mercancías de media rotación necesitan también de espacio en almacén y que sea accesible.
- **Zona de alta rotación:** las mercancías de rotación alta se solicitan muchas veces pero en pequeñas cantidades. Necesitan una zona con alta velocidad de extracción o muy accesible. Generalmente, cuentan con estanterías para *picking* o preparación de pedidos.
- **Zona de productos especiales:** para mercancías que por sus propiedades necesitan un cuidado o mantenimiento especial, como productos perecederos, mercancías inflamables o peligrosas, productos frágiles o de gran valor.

Preparación de pedidos. Es imprescindible cuando la mercancía sale del almacén con una configuración diferente a la de su almacenamiento. Esta zona puede ser de dos tipos:

- **Zona de preparación de pedidos integrada:** el *picking* se hace en las estanterías de almacenaje y puede ser mecánico (utilizando carretillas recoge-pedidos o máquinas elevadoras) o manual (sin la intervención de medios mecánicos).
- **Zona de preparación de pedidos independiente:** existe una zona dedicada exclusivamente al *picking*.

Recuerda . . .

Es importante el diseño de la estructura exterior del almacén y del interior. Este dependerá del tipo de mercancías que almacenamos; peso, volumen, forma, cantidad que recibiremos en un suministro y su frecuencia, carga máxima de los medios de transporte, tanto externos como internos, unidades máximas y mínimas a almacenar de cada uno de los productos...

Las zonas que suelen existir en los almacenes son: zona de recepción, almacenamiento, zona de preparación de pedidos, zona de expedición y zonas auxiliares.

Expedición. Se destina para ubicar, temporalmente, las mercancías que salen del almacén. Tiene que estar situada cerca de la zona de carga para que la velocidad de movimiento sea la correcta. La zona de expedición se puede dividir en varias áreas:

- **Área de consolidación:** se utiliza para agrupar y preparar las cargas de un mismo destino y cuando la mercancía se entrega con una configuración diferente a como ha estado almacenada.
- **Área de embalaje:** se destina a preparar mercancías que por las características propias del embalaje se precise bien éste o uso de flejes.
- **Área de control de salida:** es donde se hace la comprobación de las mercancías preparadas, para asegurarnos que se corresponden con las solicitadas y que el embalaje es el adecuado al medio de transporte utilizado.

Zonas auxiliares. Son zonas que no tienen relación directa con el almacenaje, pero en ellas se realizan actividades de apoyo. Las más importantes son:

- **Área de devoluciones:** en ella se depositan las mercancías que devuelve el cliente o las que remitimos de nuevo a los proveedores, en zonas diferenciadas.
- **Área de materiales obsoletos:** para materiales que no están en condiciones de venta. Posteriormente se venderán como chatarra o se llevarán a un depósito de basura.
- **Área de oficinas o administración:** para gestionar la documentación propia de las operaciones de almacenaje.
- **Área de servicios:** zonas de descanso para los trabajadores, vestuarios, aseos, etc.

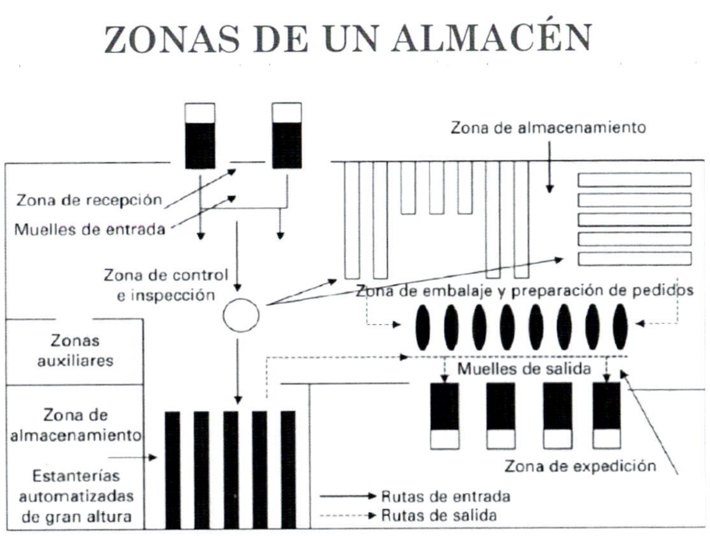

Figura 2.10. Ejemplo de layout de un almacén.

Ejemplo

Esta figura es un ejemplo de un posible layout de un almacén tipo en donde existen zonas de almacenamiento propiamente dichas, zonas de picking, zonas auxiliares, muelles de entrada y salida...

Ejercicio

8. Una empresa dedicada a la construcción va a construir su almacén para ubicar los productos que comercializa que son fundamentalmente azulejos y ladrillos. Trabaja siempre con palés completos. Describe las operaciones que se tendrán que hacer en el almacén.

2.7. Organización de actividades y flujos de mercancías en el almacén

2.7.1. Flujo administrativo de documentos y justificantes de carácter externo e interno

Existen diferentes documentos tanto a nivel interno como externo relacionados con las mercancías en el almacén. Evidentemente la documentación interna dependerá de cada empresa y cómo esta desee llevarla a cabo. Otro tipo de documentación oficial, como las facturas, deberá regirse por la normativa al respecto.

Lo que resulta evidente es que el proceso de comunicación entre los diferentes departamentos de la empresa debe ser perfecto y acompasado, evitando duplicidades innecesarias y siendo eficaces en la gestión.

Entre documentos internos de la empresa se pueden encontrar:

- Hojas de solicitud de la mercancía. Hoy día suelen realizarse vía intranet de empresa y consiste en solicitar materiales de una sección a otra de la empresa o de un departamento al almacén de la misma.
- Hojas de recepción. Se realiza para demostrar que se han recibido los productos solicitados y controlar las posibles incidencias de la mercancía.
- Hojas de expedición.

También existen documentos que se utilizan entre las empresas:

- **Pedido.** Mediante el mismo el comprador solicita al vendedor las mercancías que necesita. Habitualmente se envía por correo electrónico o fax con objeto de que quede constancia de la cantidad solicitada y las condiciones de venta pactadas.

Ejemplo

Un modelo de pedido puede ser:

Membrete de la empresa emisora:
Destinatario:
Pedido nº:
Ref.:
Forma de envío:
Plazo y lugar de entrega:
Forma de pago:

Referencia	Descripción	Cantidad	Precio	Cantidad

Condiciones: Observaciones:

Aceptado por:

Recuerda . . .

Existen documentos administrativos internos de cada empresa y otros que se realizan entre distintas empresas tales como pedidos o albaranes.

Suele existir un registro de pedidos en el que consta el número de pedido, la fecha, el importe, el proveedor, la fecha de entrega, la de recepción...

- Otro documento importante es el **albarán**. Este lo realiza el vendedor, quien lo entrega junto con la mercancía al comprador. Su objetivo es acreditar que la mercancía se ha entregado al cliente. Se realizan distintas copias: el original y una copia se entregan al cliente; este firma el documento; normalmente otra copia se queda en el almacén para controlar la salida de mercancía y otra copia se remite al departamento de ventas.

  El albarán contiene los siguientes datos:

  - datos del vendedor y cliente con sus respectivos domicilios e identificaciones fiscales
  - nº de albarán
  - forma de envío
  - descripción de la mercancía (código del producto, cantidad y precio; si el albarán es valorado también constará el importe)
  - observaciones
  - firma del cliente

En un mundo cada vez más informatizado y virtual es necesario saber que existen otros medios adaptados a las empresas que facilitan la labor administrativa.

Por ejemplo, el sistema EDI, implantado por Asociación Española de Codificación Comercial (AECOC), es utilizado ya por pequeñas y medianas empresas para ganar productividad y reducir la presencia física de documentación. Consiste en el intercambio de datos y documentos de ordenador a ordenador (como órdenes de compra o facturas).

Ejercicio

9. La empresa Pérez S.A. realiza un pedido a la empresa Marcos S.A. de 100 palés de pellet para el frío invierno. El precio unitario es de 4 €/saco. En cada palé entran 70 sacos.

Formaliza el pedido y el albarán correspondiente; sabiendo que se entregará la mercancía en el domicilio del comprador c. Luz 35- 09006 de Burgos; mediante la agencia de transportes Renos, S.A.

2.7.2. Estanterías y pasillos. Sistemas de almacenaje

Al igual que el diseño del almacén, la ubicación de estanterías y la forma de los pasillos también tienen importancia en la eficacia de la gestión del local.

Dentro del almacén, los pasillos tienen una doble finalidad:

- Establecer la separación entre las distintas estanterías y zonas del almacén.
- Acceder fácilmente al lugar donde están depositadas las mercancías cuando hay que trasladarlas.

Entre los diferentes tipos de pasillo destacan:

- Calle principal: anchura superior a 3,80 m.
- Calle ancha: entre 2,50 m y 3,80 m.
- Pasillo estrecho para máquinas: en almacenes automatizados, con una anchura máxima de 1,70 m.
- Pasillo estrecho manual: anchura máxima de 1,20 m.

Recuerda . . .

Es importante la ubicación de las estanterías y el diseño de los pasillos en el almacén.

- Paso de personas: anchura mínima de 0,80 m.

Estanterías. Habitualmente deben encontrarse entre pasillos principales y secundarios. Las anchuras estarán en función de los medios de transporte empleados. Además, si los medios de manutención son automatizados, se dispondrán las estanterías a lo largo del edificio.

También se colocarán estanterías junto a la pared.

Existen diversos tipos; así:

- **Estanterías de paletización convencional.** Diseñadas para almacenar mercancías paletizadas y, por tanto, las operaciones de carga y descarga se efectúan mediante carretillas o transelevadores. (Estos conceptos se encuentran en el punto 2.9.).

- **Estanterías convencionales fijas.** Es el sistema más universal para productos paletizados o no. Se basa en estanterías que permiten el acceso directo, a través de pasillos, a los productos almacenados en ellas. Es fácil realizar una ulterior ampliación en la empresa.

Ventajas:

- Se pueden emplear con mercancía diversa.
- La localización de productos es sencilla.
- Permite sistemas FIFO, LIFO o cualquier otro ya que se puede acceder a todos los productos.

Desventajas:

- No aprovecha suficientemente el espacio.

Figura 2.11. Estanterías convencionales.

Otros sistemas de almacenamiento son:

- **Sistema *drive in*.** Sistema de almacenaje sin pasillos, en el cual se eliminan los travesaños de las estanterías, por lo que se pueden introducir las carretillas en el interior de las mismas.

Ventajas:

- Es un sistema que requiere menos inversión que otros.
- Optimiza el espacio.
- Permite almacenar a buenas alturas y no necesita grandes costes.

Desventajas:

- Su funcionamiento es lento.
- Solo permite emplear un sistema LIFO (es decir, *Last In, First Out*).
- Requiere el uso de paletización y mercancía muy homogénea.

Figura 2.12. Sistema *drive in*.

- **Sistema dinámico.** En este sistema las estanterías están compuestas por túneles ligeramente inclinados y con rodillos. Los palés entran por un extremo, colocándose por su propio peso y para extraerlos se realiza la operación por el lado contrario.

Ventajas:

- Es un sistema que aprovecha el espacio.
- Sigue un sistema FIFO (*First In, First Out*).

Desventajas:

- Requiere mercancía homogénea.
- Coste elevado.

Figura 2.13.
Sistema dinámico.

- **Estanterías móviles.** Estanterías convencionales sobre raíles colocadas unas junto a otras, pudiendo moverse lateralmente.

Ventajas:

- Buena utilización del espacio.
- Se puede almacenar mercancía no homogénea.

Desventajas:

- Alto coste.
- Necesidad de mover las estanterías para alcanzar el producto deseado.

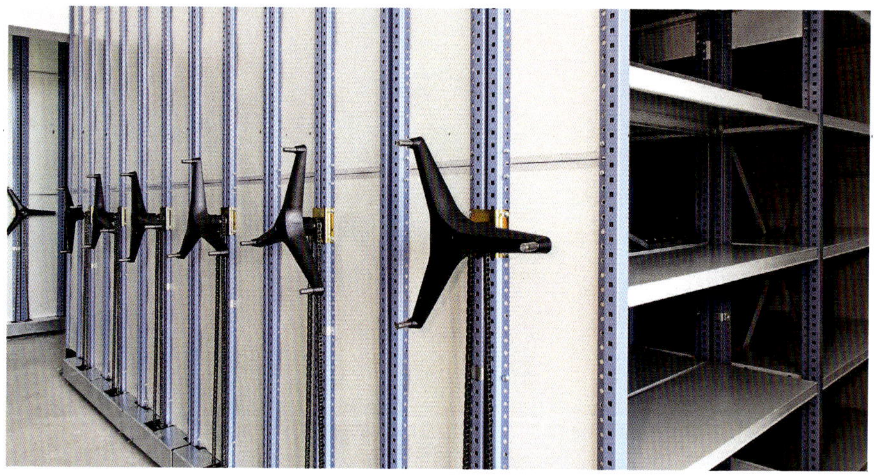

Figura 2.14.
Estanterías móviles.

- **Sistemas robotizados.** Son sistemas pensados para aprovechar al máximo el espacio de almacenaje; usando la robótica se consigue una mayor productividad permitiendo la mejora constante de la operatividad en los almacenes.

Ventajas:

- Reducción de accidentes.
- Aprovechamiento del espacio.
- Se necesitan menos operarios.
- Se gana en productividad y eficacia.

Desventajas:

- Alto coste.

Ejercicio

10. ¿Qué sistema de almacenaje podemos utilizar en un almacén de frutas? ¿Por qué?

Recuerda . . .

Existen diferentes sistemas de almacenaje: estanterías convencionales, sistemas de almacenaje *drive in* (sin pasillos), sistemas dinámicos (las estanterías están formadas por túneles inclinados), estanterías móviles, sistemas robotizados...

2.7.3. Preparación de pedidos. *Cross docking*

La **preparación de pedidos o *picking*** es una actividad importante en cada empresa que depende de su organización, la disponibilidad de trabajadores, las cantidades y los tipos de pedido; el tiempo de entrega pactado con el cliente; los sistemas de almacenaje...

El *picking* suele suponer en términos de costes entre un 40 y 60% de la mano de obra directa de un almacén. Por ello hay que valorar si la empresa requiere un *picking* manual o automático.

En el manual el operario se desplaza al almacén a recoger el producto. Tiene altos costes de personal y la posibilidad de errores se eleva. Sin embargo, hay poca inversión.

En el *pincking* automático o inteligente el grado de automatización es total minimizando las operaciones del operario que sólo se dedica a controlar y verificar. Supone un alto coste en herramientas, que se ve compensado por reducción en costes de personal y en errores.

Algunos medios usados en esta tarea de picking son:

- **Carruseles.** El almacén automático carrusel horizontal funciona con el principio de producto al operario y permite aumentar la productividad, alcanzando velocidades de preparación entre 200 a 400 *pickings* por hora.

  El carrusel horizontal es adecuado para el almacenaje de productos pequeños y medianos; permite almacenar volúmenes muy importantes con multitud de referencias.

Figura 2.15. Carrusel horizontal.

- **Paternóster.** Son almacenes rotativos verticales; tienen un conjunto de bandejas que giran verticalmente para facilitar el acceso de la mercancía al operario.

  Es muy utilizado en la industria, productos de alimentación...

Figura 2.16.
Ejemplo de paternóster.

- ***Cross docking.*** Es un sistema de distribución en el que la mercancía recibida en un centro de distribución no es almacenada sino preparada inmediatamente para su próximo envío. El tiempo de almacenaje es limitado o inexistente. El *cross docking* se caracteriza por manejar plazos muy cortos, por lo que es necesaria una alta sintonía y sincronización entre las distintas fases de la cadena logística.

  Dónde ubicar la plataforma de *cross docking* es fundamental para minimizar el coste global de transporte proveedor-clientes finales.

  Entre sus ventajas se puede destacar la reducción de costes al no tener que colocar el *stock* en el almacén. Además suele acordarse con los proveedores una preparación de la mercancía con el mismo objetivo de ahorro de costes. Los productos generalmente no permanecen más de 24 horas en la plataforma logística.

2.8. Equipos de manipulación y mantenimiento

Recuerda . . .

La actividad de picking es muy importante en las empresas y su correcta organización redundará en la reducción de costes.

Cross docking es un sistema de distribución en el que la mercancía recibida en un centro de distribución no es almacenada sino preparada inmediatamente para su próximo envío.

Los medios de manutención son instrumentos que posibilitan el traslado y movimientos de las mercancías en el almacén. Los equipos de manutención empleados en las actividades del almacén forman parte del sistema de almacenaje.

Siempre se debe buscar la simplificación y la reducción de manipulaciones en el almacén; para ello se intentará reducir las distancias a recorrer ubicando las secciones y los productos según su rotación. Además se debe procurar mover en cada operación la mayor carga posible, evidentemente utilizando los medios adecuados y garantizando la salud laboral del trabajador.

El tiempo requerido para realizar las manipulaciones también deberá ser minimizado en aras de una mayor productividad.

Entre los equipos de manutención encontramos:

- **Transpaletas.** Pueden ser manuales o motorizadas.

  La **transpaleta manual**, es el equipo más sencillo, eficaz y económico para la manutención de cargas unitarias y transporte de paletas a nivel de suelo y que tengan que recorrer distancias cortas al ser manuales (15-25 m).

  La capacidad máxima es de 1.500 kg (un rodillo) o 2.000 kg (dos rodillos).

  Consta de una horquilla de dos brazos paralelos y horizontales unidos a un cabezal provisto de ruedas. En el cabezal se articula una barra-timón que sirve como mecanismo de dirección.

Figura 2.17.
Transpaleta manual.

La horquilla puede elevarse unos centímetros mediante el accionamiento manual, con el timón, de una bomba hidráulica, soportando así la carga de la paleta hasta que esta pierde contacto con el suelo y permite, con ello, ser trasladada y depositada de nuevo en el suelo.

- **Transpaleta motorizada.** Muy similar a la transpaleta manual, pero, en este caso, el movimiento de traslación es autopropulsado mediante un motor eléctrico. En ocasiones el conductor va montando en la transpaleta.

  Su capacidad máxima oscila entre 2.000 kg y 6.000 kg.

- **Apiladoras.** Es similar a una transpaleta con un mástil elevador, sobre el que se desliza la horquilla. Permite elevar y apilar cargas. Dependiendo del tipo de elevadora puede alcanzar alturas de hasta 5 metros.

  Existen distintas clases de apiladoras:

  - De tracción manual; poco usadas ya que requieren gran esfuerzo.
  - Con sistema de elevación de accionamiento manual o eléctrico.
  - Tracción autopropulsada. Las apiladoras autopropulsadas están provistas de motores eléctricos accionados por baterías. El mismo motor es el que proporciona la elevación.
  - Con motor eléctrico.

Figura 2.18.
Carretilla contrapesada. Fuente: Logismarket.

- **Carretillas.** Son los medios más usados para elevar palés y también para realizar movimientos de carga y descarga.

  Existen diferentes tipos:

  - **Carretillas contrapesadas.** Es la carretilla convencional. La altura de elevación es de 6-9 metros y la capacidad de carga oscila de 1 a 50 toneladas.

    Pueden ser accionadas por motores **térmicos** (diésel, gas) o **eléctricos**.

  - **Carretillas retráctiles.** Este tipo de carretilla cada vez es más empleada, sobre todo en el interior de los almacenes para la manipulación de paletas. La diferencia fundamental con otras carretillas es que no tiene movimiento de giro.

  - **Carretillas de toma lateral**. Este tipo de carretillas, de chasis convencional con mástil telescópico no retráctil, dispone de una horquilla que puede girar y desplazarse simultáneamente a derecha e izquierda 90 grados en el caso de las trilaterales; o recoger mercancía en ambos lados desplazándose a uno y otro extremo en el caso de las bilaterales. La carretilla no necesita girar en el pasillo para recoger o depositar su carga en el hueco que corresponda.

    La carretilla bilateral tiene un cabezal de diseño más sencillo que la trilateral y permite pasar de un lado a otro del pasillo una carga sin girarla. No obstante, no permite recoger, ni depositar, una paleta directamente del nivel del suelo, ya que la altura mínima requerida para salvar el espesor del cabezal telescópico es de unos 400 mm. En este caso se requiere una plataforma auxiliar.

Figura. 2.19.
Carretilla retráctil. Fuente: Directindustry.es.

  - **Carretillas multilaterales**. Este tipo de carretillas suele estar dotada de tres ruedas, dos sobre los brazos portantes y una central.

  - **Carretillas recogepedidos.** Diseñadas para labores de *picking*. Tienen una cabina donde se sitúa el conductor; delante de la cabina se encuentran las horquillas que posibilitan la elevación de la mercancía e ir cogiendo la mercancía.

- **Transelevadores.** Es un sistema rápido y cómodo que permite transportar y apilar cargas a altura máxima de 30 metros. Están construidos esencialmente por una viga vertical, guiada por un carril superior y otro inferior situado a lo largo del pasillo. Por toda la longitud de esta viga se desplaza la cabina del operario conjuntamente con las horquillas.

  Puede manejarse de forma manual, semiautomática o totalmente automática. Las cargas que deban manejarse fuera del área del transelevador, requieren máquinas complementarias.

Ejemplo

En un almacén pequeño es útil la carretilla retráctil frente a la convencional ya que requiere mucho menos espacio en su manipulación.

Tienen un elevado coste y lógicamente son imprescindibles en estanterías autoportantes.

Ejercicio

11. Busca en el siguiente enlace las ventajas de transelevadores para palés: http://www.mecalux.es/almacenes-automaticos-palets/transelevadores-palets (Puede acceder al enlace en la carpeta de descargas correspondiente a este libro que se halla en www.marcombo.info).

Puentes grúa. Cuando la altura del almacén lo permite, el sistema de manutención puede estar servido por un puente grúa, dotado de una horquilla. Manejan mercancías voluminosas y de varias toneladas de peso.

Una variante del puente grúa es la grúa pórtico.

- **Aparatos para la preparación de pedidos.** Para la salida de mercancía podemos recurrir a máquinas especializadas. Las operaciones de identificar, seleccionar y recoger artículos individualizados de su lugar de almacenamiento para su posterior expedición, es una tarea compleja que requiere la intervención intensiva de trabajo manual especializado.

Las máquinas que se emplean en estas manipulaciones tienen como misión principal **situar al operario**, de manera rápida y segura, delante de cada uno de los lugares del pasillo donde se hallan los artículos deseados, para que los separe y extraiga.

- Otros medios de manutención son:
  - **Montacargas**: es una variante industrial del ascensor. Se utiliza en almacén con distintos niveles.
  - ***Spreader***: carretilla elevadora de gran tonelaje, para contenedores de hasta 40 t.

2.9. Sistemas modulares. Unidades de carga: palés y contenedores

En primer lugar es hay que diferenciar dos conceptos: la **unidad de pedido** es la cantidad mínima que puede servirse a un cliente; y la **unidad de carga**, el conjunto de artículos que se agrupan para su manutención, transporte y almacenamiento. Se pretende que la carga así agrupada sea más fácil de manejar y resulte más resistente en su conjunto. Esta unidad de carga dependerá lógicamente del propio producto, de su volumen, peso, resistencia...

La unidad de carga más utilizada en casi todos los almacenes es el **palé** o paleta.

La paletización está prácticamente generalizada; un palé es una plataforma normalmente de madera que puede ser manejada por medios mecánicos de forma única, lo que permite ahorrar costes y ganar en eficacia.

Tipos de palé:

- **Palé abierto:** no tiene uniones entre sus tacos de esquina y puede ser utilizado por todo tipo de máquinas.

Recuerda . . .

Los principales medios de manutención en almacenes son las carretillas, los transelevadores, las transpaletas.

- **Palé cerrado**: solo podrá ser usado por máquinas con horquillas libres.

Por sus dimensiones (existen multitud de variantes. Solo se destacan los más usados):

- **Palé universal:** 1.000 x 1.200 mm (suele ser el más usado junto con el europeo).
- **Palé europeo:** normalizado en cuanto a resistencia y dimensiones. Sus dimensiones son 800 x 1.200 y tienen un lado cerrado, accesible con máquinas de horquilla libre y otro abierto accesible por todo tipo de máquinas. Resiste una carga máxima de 1.000 kg.

Por su base los podemos clasificar en:

- **Palé de dos** entradas reversible (soporta las cargas por ambos lados) o no.
- **Palé cuatro entradas** reversible o no.

Figura. 2.20.
Agrupación de palés vacíos.

Contenedores. Son recipientes con forma de cajón, cuyas dimensiones están normalizadas internacionalmente para facilitar su manipulación. Son utilizados para operaciones de carga en el transporte marítimo, terrestre o aéreo.

ISO (Organización Internacional de Estandarización) le otorga las siguientes características:

- De carácter permanente o suficientemente resistente para permitir su uso repetido.
- Especialmente diseñado para facilitar el transporte de mercancías, sin operaciones intermedias de cargas.

Suelen ser de un volumen no inferior a 1 metro cúbico.

Para medir la capacidad de transporte marítimo en contenedores se ha establecido el TEU, acrónimo de la expresión inglesa «Twenty-feet Equivalent Unit» (unidad equivalente a veinte pies). El TEU es el tamaño establecido como base, que parte de una capacidad de un contenedorde 20 pies.

Los contenedores más utilizados son los de 20 pies (aproximadamente de 6 metros de longitud) y los de 40 pies.

Están fabricados en acero corrugado, aluminio o madera contrachapada reforzada con fibra de vidrio. En el interior están tratados para evitar la humedad.

Entre las ventajas que aportan está la protección de la mercancía y el ahorro de costes.

Recuerda . . .

La paletización supone una ventaja competitiva para la empresa por lo que está prácticamente generalizado el uso de palés normalizados.

Figura. 2.21.
Contenedores.

Ejercicio

12. Para saber más, observa el siguiente enlace con los tipos de contenedores más usados en transporte aéreo:

http://www.noatummaritime.com/tipo-de-contenedores-aereos-estandar/

Existen diferentes tipos de contenedores:

- Contenedores comunes o *dry-van*. Aptos para cargas secas normales: palés, cajas...
- Contenedores refrigerados integrales para transportar cargas que requieren frío teniendo su propia unidad de enfriamiento (carne, pescado).
- Contenedores *open top*; es decir, abiertos en el techo.
- Contenedores *flat rack* para transporte de grandes mercancías como maquinaria.
- Contenedores tanque para transportar aceites, vinos, productos químicos...

Los contenedores deben llevar las marcas de identificación tales como:

- La **matrícula**. El propietario identifica cada unidad. La matrícula consta de cuatro letras y siete números. Las tres primeras letras las elige el propietario aleatoriamente y la cuarta suele ser la U que significa «unificado».

  La matrícula debe ir colocada en los cuatro laterales del contenedor y en el techo del mismo.

- La **placa de aprobación de Seguridad del CSC** (Convenio Internacional de Seguridad de los Contenedores). Debe de ser una placa permanente, incorrosible, de forma y tamaño estándar, en el que constan ciertos datos como:
  - País de aprobación y expediente de referencia, fecha de fabricación, peso máximo permitido...
  - Características de tara, volumen y pesos máximos autorizados. Generalmente van en la puerta y son facilitados por el constructor.
  - Logotipo de la sociedad clasificadora.

En el caso de que transporten mercancías peligrosas llevarán su correspondiente etiqueta.

Los contenedores aéreos están fabricados en materiales más ligeros.

Recuerda ...

Un palé es una plataforma normalmente de madera que puede ser manejada por medios mecánicos de forma única, lo que permite ahorrar costes y ganar en eficacia. Está prácticamente generalizado su uso. El palé universal es de 1.000 x 1.200 mm y el palé europeo tiene unas dimensiones de 800 x 1.200 mm.

Los contenedores son recipientes con forma de cajón, cuyas dimensiones están normalizadas internacionalmente para facilitar su manipulación. Son utilizados para operaciones de carga en el transporte marítimo, terrestre o aéreo.

2.10. Sistemas de seguimiento de las mercancías

Entre los sistemas de seguimiento de las mercancías hay que destacar: terminales de radiofrecuencia, codificación y lectores de barras, entre otros. Así como los terminales portátiles y sistemas de reconocimiento de voz.

2.10.1. Terminales de radiofrecuencia y codificación

La mayoría de empresas utilizan los sistemas de radiofrecuencias unidas a la codificación de mercancías para realizar el seguimiento de las mismas desde su entrada en el almacén hasta su salida del mismo.

De esta manera se reducen los errores minimizando costes.

Codificación de mercancías

En esta cuestión hay que hacer constar la información que AECOC proporciona desde su organización.

Los códigos de barras suponen una herramienta básica y fundamental para poder operar logísticamente y comercialmente con los interlocutores comerciales, ya sean proveedores o clientes.

La codificación consiste en la asignación de una serie de caracteres numéricos o alfanuméricos a una unidad de producto.

Existen diferentes tipos de códigos, que recogemos en el siguiente cuadro:

Tipo de código GTIN	Creado a partir de:	Asignado por:	Qué identifica
GTIN-8	prefijo GS1	Organismo oficial GS1 (AECOC en España)	Unidades comerciales destinadas al punto de venta detallista de reducidas dimensiones
GTIN-12	prefijo UPC de empresa	Empresa asociada	Unidades comerciales orientadas al punto de venta detallista y unidades comerciales para la distribución general
GTIN-13	prefijo GS1 de empresa	Empresa asociada	Unidades comerciales orientadas al punto de venta detallista y unidades comerciales para la distribución general
GTIN-14	GTIN-8; GTIN-12 o GTIN-13	Empresa asociada	Unidades comerciales para la distribución general

Fuente: www.aecoc.es

Figura. 2.22.
El código de barras permite identificar un producto.

Ejemplo

Ejemplo de un código GTIN-13:

AECOC asigna la clave GS1 de empresa.

84 (Código España) 12355 (prefijo GS1 de empresa) 67890 (contador de referencias) 3 (Dígito de Control)

Existe también el Código Seriado de la Unidad de Envío (SSCC). Este número sirve para identificar unidades logísticas; es decir, unidades comerciales establecidas para el transporte.

¿Cómo se crea el código SSCC? Para crear un código SSCC propio es necesario obtener un Prefijo GS1 de Empresa a partir del cual se creará un patrón de códigos SSCC.

Se forma con:

- Dígito de extensión: variable, de valor comprendido entre 0 y 9, ambos inclusive, de libre asignación por la empresa que genera la unidad logística.
- Prefijo GS1 de Empresa + Número secuencial: Numero de 16 dígitos compuesto por el Prefijo GS1 de Empresa (garantiza la unicidad del código SSCC) y un número secuencial.
- Dígito de control.

El uso de la identificación seriada facilita operaciones logísticas. Este es el primer paso de creación del código de barras.

La siguiente etapa será el disponer del **dispositivo de lectura** del mismo y el decodificador.

El **lector óptico** o escáner es el encargado de transformar la información impresa en un código mediante la emisión de luz en impulsos eléctricos digitales capaces de alimentar un ordenador.

Existen diferencias entre ellos; por ejemplo, el escáner toma una imagen completa del documento grabándola en su disco duro en formato de imagen (JPG, TIFF, etc.); mientras que el lector solo lee las marcas del impreso grabando la información a la que corresponde. Por este motivo el escáner necesita de ordenadores potentes y rápidos, mientras que el lector necesita PC normales.

Figura. 2.23.
Dispositivo de lectura.

2.10.2. Terminales portátiles y sistemas de reconocimiento de la voz

Otro dispositivo es el **terminal portátil** de datos, que es un dispositivo utilizado para introducir o recibir datos a través de una transmisión inalámbrica. Es pequeño y puede llevarse a todas partes.

Hoy día lo más utilizado es el RFID (Radio Frequency IDentification, en español identificación por radiofrecuencia), un sistema de almacenamiento y recuperación de datos remoto que usa tarjetas RFID para la transmisión de datos entre un transmisor y un lector sin contacto físico. Los componentes que posee son: un microchip, una antena y una unidad de envío/recepción.

Esta tecnología permite que la recogida de datos se haga en tiempo real, que aumente su fiabilidad y que se reduzca el coste, permitiendo a la empresa tener una gestión más ágil y eficaz potenciando su competitividad.

Entre las principales ventajas hay que destacar:

- No se necesita línea directa de visión y, por tanto, la etiqueta es más resistente y duradera, pudiéndose captar la información más fácilmente sin necesidad de orientar los objetos.
- Se pueden leer varios productos simultáneamente.
- La información de las etiquetas RFID puede ser, además de leída, grabada a distancia y ello se puede hacer varias veces.
- Asimismo, las etiquetas RFID llevan un número de serie de fábrica que permite la trazabilidad única del producto, por lo que no solo cumplen la función de identificación, sino también la de control de falsificaciones.
- Finalmente, las etiquetas RFID también sirven, con las antenas adecuadas, para detectar los robos de mercancía en las salidas de los comercios.

El principal inconveniente de las etiquetas RFID es su alto precio.

El **Reconocimiento Automático del Habla** (RAH) o Reconocimiento Automático de voz es una parte de la Inteligencia Artificial que tiene como objetivo permitir la comunicación hablada entre seres humanos y máquinas electrónicas.

La tecnología del reconocimiento de voz en los almacenes y centros de distribución se define como el uso de la propia voz del operario como medio de transmisión de la información.

Recuerda . . .

La mayoría de empresas utilizan sistemas de radiofrecuencias que usan tarjetas RFID para la transmisión de datos entre un transmisor y un lector sin contacto físico y de codificación de mercancías para realizar el seguimiento de las mismas.

El operador del almacén lleva consigo durante su jornada laboral un terminal en el cinturón o en el bolsillo, no mayor que una cámara de fotos digital, con un auricular para escuchar las órdenes y con un micrófono para transmitir la información; ambos unidos al terminal por cable o por un enlace inalámbrico *bluetooth*; este terminal mantiene una conexión permanente con el servidor de la empresa, gracias a un enlace de radiofrecuencia con su red local. La voz es el medio de comunicación empleado entre el sistema y el operador de forma bidireccional.

Ventajas:

- Mayor eficiencia en la gestión de las tareas más repetitivas en un almacén, como son la preparación de pedidos o las tareas de inventario.
- Control en tiempo real del trabajo que realiza cada operario, lo que supone un aumento medible de la productividad.
- Drástica reducción de errores, motivada por el control exhaustivo de la mercancía.
- Mayor sencillez y rapidez de aprendizaje del sistema.

Ejercicio

13. Resume el artículo recogido en el presente enlace:

https://www.inditar.com/blog/que-son-para-que-sirven-tarjetas-rfid

2.11. Aplicación y gestión de un sistema de trazabilidad

Se define trazabilidad como la posibilidad de encontrar y seguir el rastro a través de todas las etapas de producción, transformación y distribución, de un alimento o producto.

En pocas palabras, la trazabilidad es la capacidad de seguir un producto a lo largo de la cadena de suministros, desde su origen hasta su estado final como artículo de consumo.

Existen varios tipos de trazabilidad:

1) Trazabilidad ascendente (hacia atrás): saber cuáles son los productos que son recibidos en la empresa, acotados con alguna información de trazabilidad (lote, fecha de caducidad/consumo preferente), y quiénes son los proveedores de esos productos.
2) Trazabilidad interna o trazabilidad de procesos: trazabilidad dentro de la propia empresa.
3) Trazabilidad descendente (hacia delante): saber cuáles son los productos expedidos por la empresa, acotados con alguna información de trazabilidad (lote, fecha de caducidad/consumo preferente) y saber sus destinos y clientes.

Ventajas de la trazabilidad:

- Control individualizado por partida y lote
- Mejora de la gestión de *stocks* y producto almacenado
- Control de la evolución del producto. Herramienta fundamental del sistema de calidad.
- Permite detectar, acotar y analizar problemas con gran celeridad retirando si es preciso los productos con algún problema rápidamente.

Normativa

Reglamento nº 178/2002, y en concreto su artículo 18, por el que se establecen los requisitos generales de la legislación alimentaria.

Aparte existen disposiciones específicas que contemplan obligaciones relativas a la trazabilidad que afectan a los siguientes productos:

- La carne de vacuno.

Figura. 2.24. En todas las etapas de la producción, la transformación y la producción debe asegurarse la trazabilidad de los alimentos.

- La leche y los productos lácteos.
- La pesca y los productos de la pesca.
- Los huevos.
- Los organismos modificados genéticamente.

Para cumplir con la legislación se debe:

1) Poseer un registro de información: cada agente involucrado en la cadena de suministro debe disponer de un sistema informático preparado para poder generar, gestionar y registrar la información de trazabilidad necesaria en cada momento (entendiendo como información de trazabilidad los lotes y/o fechas asociados a cada producto).
2) Identificar correctamente las mercancías. Todas las unidades de consumo están codificadas y simbolizadas con un código de barras; tienen impresas la fecha de caducidad o consumo preferente y/o número de lote; todas las unidades de expedición (palés y/o cajas) están codificadas con un código que las identifica como agrupación y tienen impreso el lote y/o fecha de caducidad o consumo preferente.
3) Transmitir la información de trazabilidad necesaria (número de lote) al siguiente agente de la cadena de suministros.

Las **fases** para la correcta implantación del sistema son:

- Estudiar los sistemas de archivos previos. El sistema de trazabilidad debería encajar con las actividades normales de la empresa y no suponer una complicación añadida. Hay que analizar qué se está haciendo en la empresa y si se cumple el objetivo de la trazabilidad. En caso negativo será necesaria la correspondiente adaptación.
- Consultar con proveedores y clientes.
- Determinar el ámbito de aplicación debiendo procurar que la trazabilidad llegue a todo el sistema de la cadena alimentaria.

- Definir criterios para la agrupación de productos en relación con la trazabilidad.
- Establecer registros y documentación necesaria (ámbito de aplicación del sistema, descripción y características del mismo, registro de operaciones efectuadas, procedimiento de revisión del sistema).
- Establecer mecanismos de validación por parte de la empresa consiguiendo una evaluación del sistema.
- Establecer mecanismos de comunicación entre empresas.
- Establecer procedimientos de localización, inmovilización y en su caso, retirada de productos.

Ejercicio

14. Elige y comenta alguna de las noticias que te resulte más interesante del siguiente enlace: http://www.gestiontrazabilidad.com/video_trazabilidad.htm (Puede acceder al enlace en la carpeta de descargas correspondiente a este libro que se halla en www.marcombo.info).

15. Lee y resume el sistema de gestión de trazabilidad contenido en la guía para industrias cárnicas del Gobierno de Navarra y contenido en este enlace. http://www.navarra.es/nr/rdonlyres/af89d5ba-59b7-4216-909d-5b57fc8bd54c/197379/gtcarnicas.pdf (Puede acceder al enlace en la carpeta de descargas correspondiente a este libro que se halla en www.marcombo.info).

2.12. Gestión del embalaje

El embalaje es cualquier medio material para proteger una mercancía para su despacho o conservación en almacén. El embalaje es el envoltorio secundario del producto. Su función principal es proteger el producto en su manipulación, transporte y almacenaje. No está en contacto directo con el producto.

El producto debe protegerse desde el fabricante al consumidor. Existen diferentes materiales de envases y embalajes, así los principales materiales utilizados son: madera (deberá carecer de nudos y su grado de humedad no debe superar el 20%), vidrio, metal, papel y cartón, plástico (sobre todo polietileno, que es utilizado para bolsas y para el enfundado de palés; porexpán, también llamado corcho blanco, es muy utilizado como material de amortiguamiento o de calce de la mercancía; y poliuretano).

Se debe tener en cuenta el tipo de producto para elegir el medio adecuado de embalaje y su envase correcto. Si un producto es líquido o bien sólido, si requiere protección especial de luz o calor, cuáles son las dimensiones adecuadas para el envase, su forma, el sistema de cierre y apertura, etc.

Para la **selección del embalaje** de las mercancías se deben considerar los siguientes aspectos:

- Características físicas y químicas de la mercancía, estado físico, peligrosidad, etc. Y grado de compatibilidad entre la mercancía y los materiales de embalaje (alimentos que deben ser protegidos de la acción de virus, bacterias...).
- Medios de transporte que van a ser utilizados, así como su duración o si serán necesarios almacenajes intermedios.
- Duración del transporte.

Existe una serie de pautas o **instrucciones de manejo** de los productos embalados que la Organización Internacional para la Estandarización (ISO) normalizó una serie de símbolos e indicaciones gráficas a través de la norma **ISO 780:1999.**

Recuerda . . .

La trazabilidad es la capacidad para reconstruir el historial de la utilización o la localización de un artículo o producto mediante una identificación registrada.

Un proceso de trazabilidad implica la colaboración entre los distintos agentes de la cadena de suministro.

Figura. 2.25. Ejemplos de pictogramas. Estos símbolos significan: frágil, hacia arriba; proteger de la humedad...

Los símbolos pueden figurar sobre una etiqueta, pero es preferible marcarlos con plantilla directamente sobre el embalaje. No es obligatorio encuadrarlos y el color que se debe utilizar para su marcado es el negro.

Debe evitarse la utilización de colores que puedan producir confusión con el marcado de las materias peligrosas.

Normalmente, la medida de los símbolos debe ser 100 mm, 150 mm o 200 mm. No obstante, pueden ser necesarios símbolos mayores o menores, en función del tamaño o forma del embalaje.

Otros símbolos utilizados son:

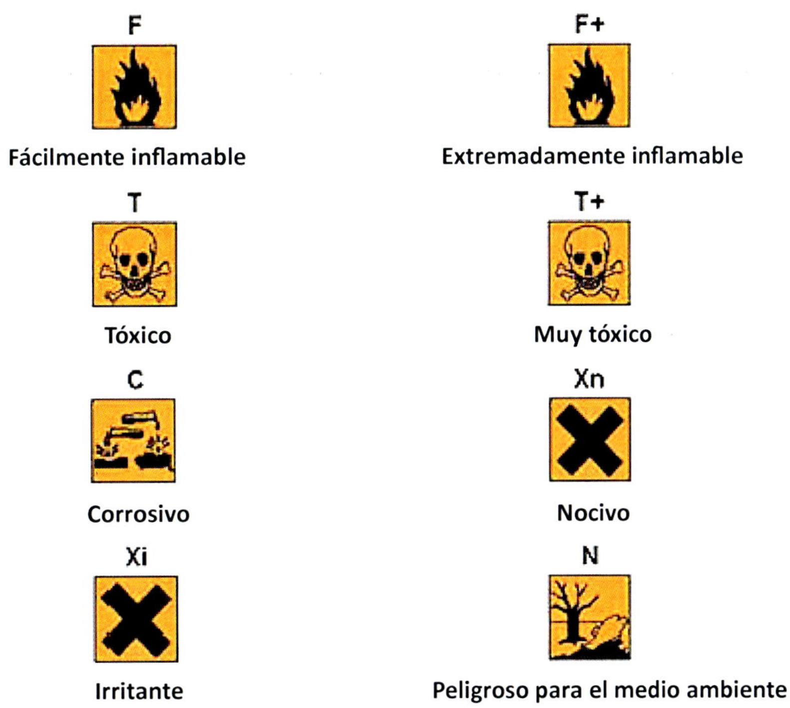

Figura. 2.26. Ejemplos de símbolos de riesgo químico.

Los símbolos, incluyendo los márgenes claros y los caracteres numéricos, se deben etiquetar en aquellas áreas que estén libres de recubrimientos, solapamientos, pliegues o curvas cerradas de menos de 5 mm.

Es importante tener en cuenta que la orientación del símbolo sobre el envase depende del proceso de impresión empleado (tipo de impresión, orientación, etc.). Si no, pueden aparecer defectos de impresión (engrosamientos de barra), que pueden dificultar la lectura al primer intento del símbolo.

Recuerda . . .

El embalaje es el envoltorio secundario del producto y su función principal es la de protección. Los principales materiales usados en embalajes son madera, vidrio, metal, papel cartón y plástico.

Para que un símbolo sea legible (al primer intento) por los escáneres, este debe tener un contraste de colores suficiente entre fondo y barras, por ejemplo color claro como fondo y un color oscuro para las barras del símbolo.

Los márgenes claros del símbolo deben aparecer libres de textos, ilustraciones, etc.

En simbología EAN-13, el margen claro izquierdo debe ser, como mínimo, 11 veces la anchura de la barra más estrecha. El margen claro derecho debe ser 7 veces la anchura de la barra más estrecha.

En simbologías ITF-14 y GS1-128 (EAN-128), los márgenes claros deben ser como mínimo 10 veces la anchura de la barra más estrecha, tanto a izquierda como a derecha del símbolo. En el caso de la simbología ITF-14, cuando se imprime en modo industrial, debe aparecer el marco de impresión.

Gestión de residuos

La ley 11/97 regula los envases y residuos de envases así como el reglamento 782/1988.

El principio inspirador en medio ambiente es: «Quien contamina paga». También se recoge que no solo es responsable de la correcta gestión de los residuos el que los genera sino también quien pone en el mercado productos que, como es el caso de los envases, se transforman en residuos después de ser utilizados o consumidos.

La Ley de Envases y Residuos de Envases concede absoluta prioridad a las políticas preventivas para conseguir la reducción, tanto de la cantidad de residuos de envases generados como de la toxicidad de los materiales empleados en la fabricación de los envases. Igualmente, cuando inevitablemente se generen residuos de envases o envases usados, se considera prioritario su tratamiento mediante reutilización o reciclado.

La Ley diseña el sistema español de recuperación, recogida y devolución de residuos de envases y envases usados.

En principio, y de acuerdo con el denominado «Sistema de depósito, devolución y retorno», los envasadores y comerciantes que no participen en alguno de los sistemas integrados de gestión de residuos de envases y envases usados, estarán obligados a cobrar a sus clientes una cantidad individualizada y a aceptar de los mismos la devolución o retorno de los envases vendidos, abonándoles la cantidad cobrada (que será fijada anualmente por el Ministerio de Medio Ambiente, para cada anualidad y para cada tipo de envase, previa consulta con el resto de los Departamentos afectados, con las Comunidades Autónomas, con las Entidades Locales y con los agentes económicos).

Los fabricantes de envases y los envasadores podrán eximirse de las anteriores obligaciones si participan en alguno de los denominados «Sistemas integrados de gestión de residuos de envases y envases usados», que garantice su recogida periódica en el domicilio del consumidor o en sus proximidades.

Estos sistemas integrados se plasmarán en acuerdos entre los agentes económicos, autorizados por las Comunidades Autónomas en las que se implanten.

Las Entidades Locales podrán participar en estos sistemas integrados de gestión si lo deciden voluntariamente y suscriben para ello un convenio de colaboración con la entidad que represente al sistema integrado de gestión de que se trate.

El poseedor final de los residuos de envases y envases usados, cualquiera que sea el sistema por el que se hayan recogido de acuerdo con lo anteriormente señalado deberá entregarlos, en adecuadas condiciones de separación por materiales, a un recuperador, a un reciclador autorizado, o a un agente económico para su reutilización. Si estos agentes económicos no se hicieran cargo de los residuos de envase y envase usados, se podrán entregar a un fabricante de envases o de materias primas para la fabricación de envases, quienes estarán obligados a hacerse cargo de los mismos, a precio de mercado, en los términos en que reglamentariamente se establezca.

Recuerda . . .

Entre los principales riesgos de un almacén se encuentran: caídas al mismo y distinto nivel, desplome de mercancías, atropellos, choques, sobreesfuerzos, vuelcos de carretillas y atrapamientos.

2.13. Normativa de seguridad e higiene en almacenes

La ley 31/1995, de 8 de noviembre, de prevención de riesgos laborales es la más importante en esta materia; al igual que los reglamentos que la desarrollan.

Se debe tener especial consideración con las cargas; si se efectúa el trabajo de forma manual acudiremos al RD 487/97 sobre disposiciones mínimas de seguridad y salud; en la manipulación automatizada se tendrá en cuenta la maquinaria utilizada y los posibles riesgos y accidentes que pueden producirse.

Los principales riesgos que podemos encontrar en el almacén son:

1. Caídas al mismo nivel: se pueden producir por falta de orden o limpieza; porque el suelo no esté en buen estado; por falta de iluminación en el almacén...
2. Caídas a distinto nivel: se pueden producir desde los muelles hasta el suelo, cuando los muelles no se encuentran protegidos por barandillas.
3. Desplome de mercancías: sobrecarga de estanterías...
4. Atropellos: se pueden producir cuando en el mismo lugar circula personal a pie y maquinaria, por una deficiente señalización de las vías de circulación, poca visibilidad, exceso de velocidad, etc.
5. Choques entre distintas máquinas: se producen cuando en el mismo muelle circulan varias máquinas, por una deficiente señalización de las vías de circulación, poca visibilidad, exceso de velocidad, etc.
6. Sobreesfuerzos: que pueden producir lesiones dorsolumbares.
7. Vuelco de la carretilla elevadora: es especialmente grave por los efectos que puede tener para el trabajador accidentado. Se produce cuando la estabilidad de la máquina falla por un suelo en mal estado, por no maniobrar la máquina correctamente (exceso de velocidad en las curvas, girar con las palas elevadas y cargadas, bajar una rampa con la carga hacia delante y girar en la misma, etc.).
8. Atrapamientos: cuando el transporte de la mercancía se lleve a cabo por una cinta transportadora habrá que tener cuidado con el atrapamiento en los elementos móviles de la máquina y realizar un mantenimiento adecuado de la misma.

Entre las medidas a adoptar para evitar los riesgos anteriormente enumerados están:

- El orden y la limpieza (un sitio para cada cosa y cada cosa en su sitio): se deben limpiar los derrames de líquidos en el momento en que se produzcan, si esto no es posible se señalizará el riesgo hasta tanto se recojan, cesando el trabajo en los casos en que sea necesario.
- Los niveles de iluminación serán los que se establecen con carácter mínimo en el R.D. 486/1997 que establece las disposiciones mínimas de seguridad y salud aplicables a los lugares de trabajo; evitando los deslumbramientos y las zonas de sombra.
- No se cargará o descargará ningún palé que no sea estable o esté en perfectas condiciones. En caso necesario se cambiará la mercancía de palé, para asegurar su perfecta estabilidad. Se utilizarán palés normalizados, preferentemente europaletas.
- Las vías de circulación serán lo suficientemente anchas como para permitir que se guarde una distancia mínima de 1 m entre máquinas y de 0,5 m respecto a los trabajadores, las vías de circulación de trabajadores tendrán una anchura mínima de 1 m. Se señalizarán adecuadamente las vías de paso de personal y maquinaria, las preferencias de paso, se instalarán espejos en las zonas en que sea necesario por su reducida visibilidad.

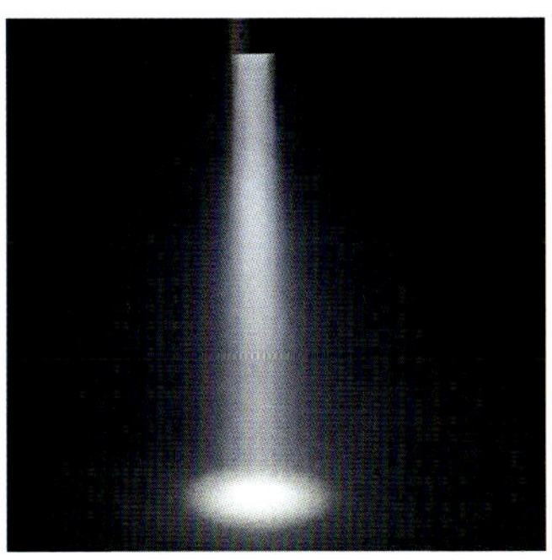

Figura. 2.27.
El R.D. 486/1997 indica el nivel mínimo de iluminación en función de la zona del lugar de trabajo.

Recuerda . . .

Los EPI deben utilizarse cuando existan riesgos para la seguridad y salud. Entre ellos están los cascos de seguridad, los protectores auditivos, las gafas de seguridad, los guantes o los chalecos.

- La velocidad de la maquinaria en el interior del almacén se adaptará a las circunstancias de la circulación (estado del suelo, circulación de otros vehículos o peatones, visibilidad, curvas, etc.). En ningún caso se sobrepasarán los 20 km/h en exteriores o los 10 km/h en interiores.
- Las cargas se manipularán doblando las piernas y manteniendo la espalda recta tal y como se establece en la guía técnica de desarrollo del R.D. 487/1997 de manipulación manual de cargas.
- Se protegerán las esquinas de las estanterías para evitar golpes contra las mismas, se señalizará en los estantes el peso máximo soportado por los mismos, se llevarán a cabo inspecciones periódicas de las estanterías cambiando los elementos defectuosos de las mismas.
- Solo se utilizarán cintas transportadoras con marcado CE. Se utilizarán y mantendrán de acuerdo con lo establecido en su manual de instrucciones.
- Es necesario que el personal tenga la formación adecuada para llevar a cabo su trabajo en perfectas condiciones de seguridad.
- En las estanterías se colocarán carteles que inidquen las cargas máximas por nivel.
- No se circulará con la carga elevada.
- Se usarán los EPI (equipos de protección individual) necesarios. Los equipos de protección individual son definidos por la norma como «cualquier equipo destinado a ser llevado o sujetado por el trabajador para que le proteja de uno o varios riesgos que puedan amenazar su seguridad o su salud, así como cualquier complemento o accesorio destinado a tal fin».

  Los equipos de protección individual deberán utilizarse cuando existan riesgos para la seguridad o salud de los trabajadores que no hayan podido evitarse o limitarse suficientemente por medios técnicos de protección colectiva o mediante medidas, métodos o procedimientos de organización del trabajo.

Diferentes ejemplos de equipos de protección individual son:

- Protectores de la cabeza: cascos de seguridad, cascos de protección contra choques e impactos, otras prendas de protección para la cabeza...
- Protectores del oído: protectores auditivos tipo «tapones», protectores auditivos desechables o reutilizables, cascos antirruido...
- Protectores de los ojos y de la cara: gafas de montura «universal», gafas de montura «integral» (uni o biocular), gafas de montura «cazoletas», pantallas faciales...
- Protección de las vías respiratorias: equipos filtrantes de partículas (molestas, nocivas, tóxicas o radiactivas), equipos filtrantes frente a gases y vapores...
- Protectores de manos y brazos: guantes.
- Protectores de pies y piernas: calzado de seguridad, calzado de protección, calzado de trabajo, polainas, suelas amovibles (antitérmicas, antiperforación o antitranspiración), rodilleras...
- Protectores de la piel.
- Protectores del tronco y el abdomen: chalecos, chaquetas y mandiles de protección contra las agresiones mecánicas (perforaciones, cortes, proyecciones de metales en fusión).
- Protección total del cuerpo: equipos de protección contra las caídas de altura, dispositivos anticaídas deslizantes, cinturones de sujeción, ropa de protección.

Ejercicio

16. Busca qué significan las siguientes señales:

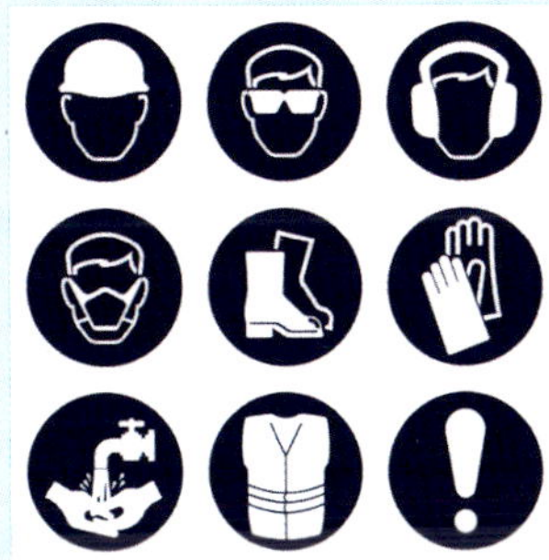

Manipulación de cargas

Muy interesante es la lectura de la Guía Técnica de Manipulación de cargas del Instituto Nacional de Seguridad e Higiene en el trabajo.

Las lesiones más frecuentes son, entre otras, contusiones, cortes, heridas, fracturas y sobre todo lesiones músculo-esqueléticas fundamentalmente en la espalda.

También se pueden producir: lesiones en los miembros superiores (hombros, brazos y manos); quemaduras producidas por encontrarse las cargas a altas temperaturas; heridas o arañazos producidos por esquinas demasiado afiladas, astillamientos de la carga, superficies demasiado rugosas, clavos, etc.

En normativa al respecto se encuentra el Real Decreto 487/1997, de 14 de abril, sobre las disposiciones mínimas de seguridad y salud relativas a la manipulación manual de cargas que entrañe riesgos, en particular dorsolumbares, para los trabajadores.

Se define en la norma «manipulación de carga» como cualquier operación de transporte o sujeción de una carga por parte de uno o varios trabajadores, como el levantamiento, la colocación, el empuje, la tracción o el desplazamiento, que por sus características o condiciones ergonómicas inadecuadas entrañe riesgos, en particular dorsolumbares, para los trabajadores.

La manipulación manual de toda carga que pese más de 3 kg puede entrañar un potencial riesgo dorsolumbar.

La carga recomendable es de máximo 25 kg, 15 kg en mujeres, jóvenes y mayores.

En el RD antes citado se recoge que el empresario deberá adoptar las medidas técnicas u organizativas necesarias para evitar la manipulación manual de las cargas, en especial mediante la utilización de equipos para el manejo mecánico de las mismas, sea de forma automática o controlada por el trabajador.

Cuando no pueda evitarse la necesidad de manipulación manual de las cargas, el empresario tomará las medidas de organización adecuadas, utilizará los medios apropiados o proporcionará a los trabajadores tales medios para reducir el riesgo que entrañe dicha manipulación.

Estos medios son los ya estudiados: uso de palés, carretillas...

En las manipulaciones de carga consideraremos el tipo de agarres que presenta la mercancía, ya que cambia enormemente si tenemos un buen agarre o si no es así.

Igualmente si se manipulan cargas frecuentemente, el resto del tiempo de trabajo debería dedicarse a actividades menos pesadas y que no impliquen la utilización

Recuerda . . .

La manipulación manual de toda carga que pese más de 3 kg puede entrañar un potencial riesgo dorsolumbar. Para ello hay que considerar que la carga recomendable es de máximo 25 kg, 15 en mujeres, jóvenes y mayores.

de los mismos grupos musculares, de forma que sea posible la recuperación física del trabajador.

¿Cómo se deben manipular las cargas? En la Guía del INSHT se menciona:

Como norma general, es preferible manipular las cargas cerca del cuerpo, a una altura comprendida entre la altura de los codos y los nudillos, ya que de esta forma disminuye la tensión en la zona lumbar.

1. Planificar el levantamiento
   - Utilizar las ayudas mecánicas precisas. Siempre que sea posible se deberán utilizar ayudas mecánicas.
   - Seguir las indicaciones que aparezcan en el embalaje acerca de los posibles riesgos de la carga.
2. Colocar los pies
   - Separar los pies para proporcionar una postura estable y equilibrada para el levantamiento, colocando un pie más adelantado que el otro.
3. Adoptar la postura de levantamiento
   - Doblar las piernas manteniendo en todo momento la espalda derecha, y mantener el mentón metido. No flexionar demasiado las rodillas.
   - No girar el tronco ni adoptar posturas forzadas.
4. Agarre firme
   - Sujetar firmemente la carga empleando ambas manos y pegarla al cuerpo. El mejor tipo de agarre sería un agarre en gancho.
5. Levantamiento suave
6. Evitar giros
7. Carga pegada al cuerpo
8. Depositar la carga

En la siguiente ilustración se observa el peso máximo a levantar en función de dónde debemos depositarlo.

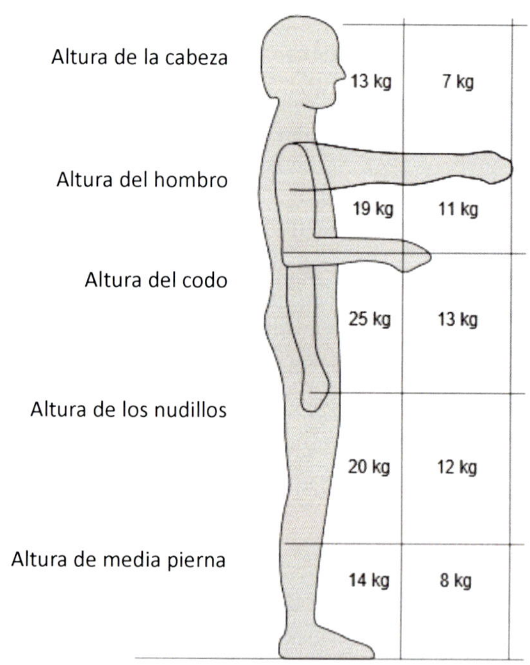

Figura. 2.28. Peso recomendado según la zona de manipulación. Fisioterapia. 2004;26:41.

Resumen

- La **logística** es la función que optimiza los recursos y el flujo de materiales desde el origen hasta el usuario final y su correspondiente información, al menor coste, de tal manera que satisfaga las necesidades del cliente en cuanto a cantidad, tiempo y lugar, de acuerdo con los objetivos de servicio establecido en la política general de la empresa.
- El **almacén** es el recinto donde se encuentran las mercancías y, no solo eso, sino que en el almacén se realizan distintas operaciones como acondicionamiento de las mercaderías, o preparación de las mismas.
- Las **principales utilidades** de los almacenes son: coordinar los desequilibrios entre la oferta y la demanda, reducir costes y complementar el proceso productivo. Existen distintos tipos de almacenes.
- Las zonas que suelen existir en los almacenes son: zona de recepción, almacenamiento, zona de *picking*, zona de expedición y zonas auxiliares.
- Los equipos de manutención empleados en las actividades del almacén, forman parte del sistema de almacenaje y deben buscar la simplificación y reducción de manipulaciones. Entre ellos tenemos: transpaletas (manuales o motorizadas), apiladoras, carretillas (contrapesadas, retráctiles, de toma lateral y multilateral).
- Un palé es una plataforma que puede ser manejada por medios mecánicos de forma única, lo que permite ahorrar costes y ganar en eficacia. Está prácticamente generalizado su uso. El palé universal es de 1.000 x 1.200 mm y el palé europeo tiene unas dimensiones de 800 x 1.200 mm.
- La mayoría de empresas utilizan sistemas de radiofrecuencias que usa tarjetas RFID para la transmisión de datos entre un transmisor y un lector sin contacto físico y de codificación de mercancías para realizar el seguimiento de las mismas.
- La trazabilidad es el conjunto de procedimientos que permiten controlar el histórico, la situación física y la trayectoria de un producto o lote de productos a lo largo de la cadena de suministro en un momento dado, a través de unas herramientas determinadas, según la Asociación Española de Codificación Comercial (AECOC).

Test de evaluación

1. Entre las utilidades de los almacenes se encuentran:

a) Coordinar desequilibrios entre oferta y demanda.

b) Reducir costes.

c) Ambas son correctas.

d) Ninguna es cierta.

2. El método que calcula el coste mínimo del transporte correspondiente a la distribución de los productos solicitados por los clientes se denomina:

a) Ley de Reilly.

b) Localización por la mediana.

c) Longitud euclídea.

d) Ninguna es correcta.

3. Señala la respuesta correcta:

a) La zona de baja rotación del almacén necesita gran accesibilidad.

b) La zona de baja rotación del almacén no necesita gran accesibilidad.

c) La zona de baja rotación necesita poco espacio.

d) Ninguna es correcta.

4. Dí si es cierta o falsa la siguiente afirmación: son más seguras las vías de servicio simples (+ 4 m anchura) frente a las dobles (+ 8 m):

a) Verdadero.

b) Falso.

5. El albarán que recoge el importe de la mercancía se denomina:

a) Albarán completo.

b) Albarán sin valorar.

c) Albarán valorado.

d) Albarán importado.

6. El equipo más sencillo de manipulación de cargas es:

A) La transpaleta.

b) El puente grúa.

c) La apiladora.

d) Ninguna es correcta.

7. El sistema rápido y cómodo que permite transportar y apilar cargas a altura máxima de 30 metros se realiza a través de:

a) Transelevadores.

b) Carretillas retráctiles.

c) Apiladoras eléctricas.

d) Ninguna es correcta.

8. Entre las ventajas del sistema RAH se encuentran:

a) Mayor eficiencia en la gestión de las tareas más repetitivas en un almacén.

b) Control en tiempo real del trabajo que realiza cada operario.

c) Reducción de errores.

d) Todas son correctas.

9. La capacidad de seguir un producto a lo largo de la cadena de suministros, desde su origen hasta su estado final como artículo de consumo se denomina:

a) Radiofrecuencia.

b) Trazabilidad.

c) Codificación.

d) Garantía.

10. El envoltorio segundo del producto es:

a) El envase.

b) El contenedor.

c) El palé.

d) El embalaje.

Actividades

1. Selecciona una posible ubicación geográfica de entre 4 opciones posibles para tu almacén analizando los diversos factores tanto cuantitativa como cualitativamente.

2. Tenemos los siguientes datos sobre la distribución a nuestros clientes:

- Cliente A: 4.200 unidades
- Cliente B: 3.100 unidades
- Cliente C: 580 unidades
- Cliente D: 900 unidades

Posibles ubicaciones y distancias:

A >> 124 km >> B >> 190 km >> C >> 150 km >> D

Calcula según el método de la localización por la mediana cuál sería la ubicación idónea.

3. Dibuja un plano con las diferentes secciones de un almacén de la actividad productiva que prefieras. Explica el diseño elegido.

4. Analiza y comenta el siguiente artículo:
https://www.mecalux.es/articulos-de-logistica/sistemas-contraincendios-para-estanterias-metalicas-y-almacenes

5. Busca en la web www.mecalux.es las ventajas del transelevador trilateral automático.

6. Señala al menos 5 ventajas de la paletización.

7. ¿Qué es un contenedor ISO? ¿Y una caja móvil? Utiliza este enlace para tu respuesta:
http://www.plancameral.org/web/portal-internacional/preguntas-comercio-exterior (Puede acceder al enlace en la carpeta de descargas correspondiente a este libro que se halla en www.marcombo.info).

8. Explica los siguientes dígitos de un código de barras:

8430173207081

9. Comenta el siguiente video sobre la trazabilidad:

http://www.gestiontrazabilidad.com/video_trazabilidad.htm

(Puede acceder al enlace en la carpeta de descargas correspondiente a este libro que se halla en www.marcombo.info).

10. Analiza y explica los diferentes tipos de riesgos laborales que puedes encontrar en un almacén. Pon ejemplos.

Unidad 3 Confección y control del presupuesto de almacén

En esta unidad veremos

3.1. Costes de almacenamiento: variables que intervienen en su cálculo

El coste de almacenamiento llamado también de posesión de *stocks*, es el que soporta la empresa por el hecho de tener *stocks*.

Figura 3.1. Calculando el coste de almacenamiento.

El coste de almacenamiento es un coste logístico relacionado con las alternativas de distribución que utilice la empresa.

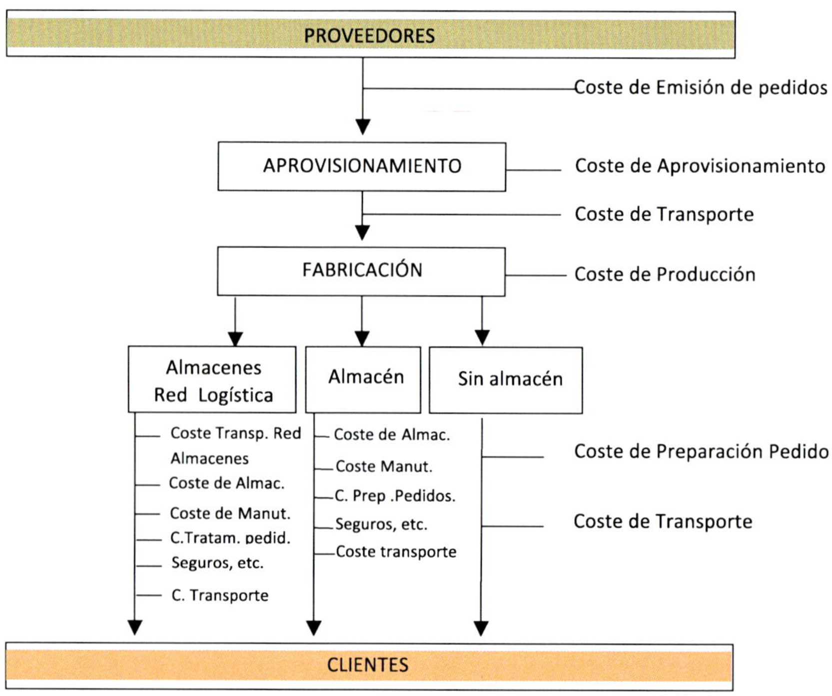

Figura 3.2. Representación de los costes logísticos en función de la forma de distribución. Elaboración propia.

Así, disponer de una red de almacenes puede ser una opción cuando la empresa tiene que atender pedidos en cantidades no demasiado grandes y además los clientes se encuentran geográficamente dispersos. En este caso, aunque la canti-

Recuerda ...

Los costes están presentes en todo tipo de actividad económica. Expresan los recursos que se necesitan para lograr un resultado productivo determinado. Están formados por un componente físico (kg/horas máquina, horas/hombre, litros, etc.) y por un componente monetario (u.m.).

dad de *stock* en cada almacén es menor que si contase solamente con un almacén central (en las mismas instalaciones que la fábrica) algunos costes se pueden ver incrementados, por ejemplo, los derivados de la gestión informatizada necesaria para el tratamiento de la información o los derivados de las infraestructuras.

En cuanto a la distribución directa tiene la ventaja de que los pedidos se van enviando a medida que se van fabricando, eliminando prácticamente todos los costes de almacenamiento (excepto preparación de pedidos, de administración y transporte hasta el cliente, entre otros).

También es importante destacar que **no existe un concepto de coste único,** sino que para cualquier operación dentro del proceso de almacenaje se podrán definir costes diferentes en función del objetivo que persiga la empresa, y ser todos ellos correctos. Por ejemplo, no es lo mismo el proceso de almacenaje de una empresa que trabaja con mercancías perecederas que el de otra que lo hace con mercancías no perecederas y, por tanto, algunos de los conceptos de coste serán diferentes en ambas.

En consecuencia, lo primero que hay que definir es qué operaciones/procesos de almacenaje se llevan a cabo en la empresa y, en base a ello, determinar los costes.

Por otra parte, hay que tener en cuenta también otra serie de **variables que influyen en el coste de almacenamiento**, y que son:

- El número de unidades almacenadas de cada producto, ya que los costes de almacenamiento varían con él.
- El espacio de almacén que está en relación con la cantidad y las características del producto almacenado (voluminoso, frágil, pesado, etc.).
- Riesgo de obsolescencia debido a avances tecnológicos o a cambios en los gustos de los consumidores (por ejemplo, textiles y productos electrónicos). Si se produce la obsolescencia se incurre en un coste a tener en cuenta.
- Riesgo de deterioro, robo o desperfecto por condiciones ambientales inadecuadas, accidentes, robos o pérdidas. De igual modo, si se produce alguna de estas situaciones, el coste por este concepto es importante y se tendrá en cuenta en el cálculo del coste de almacenamiento.

Ejemplo

Para obtener un resultado concreto, dar servicio al cliente, se necesita tener almacenada una cantidad de 1.000 unidades de producto. Mantener ese producto almacenado cuesta 0,02 u.m./unidad. Si multiplicamos el componente físico (1.000 unidades) por el componente monetario (0,002 u.m./u.) el resultado (20 u.m) es el importe del coste de almacenamiento.

Ejercicio

1. ¿Se pueden dar las tres formas de distribución (red de almacenes, almacén en la misma empresa y envíos de pedidos directos –sin almacén–) en una misma empresa?
2. ¿En las tres situaciones anteriores se incurre en los mismos conceptos de coste de almacenamiento?
3. En el proceso logístico de almacenaje definido en la figura 3.1, ¿qué tipo de costes aparecen?

3.2. Tipología de los costes de almacenamiento

Clasificar los costes de almacenamiento según distintos criterios facilita su análisis de cara a su optimización. En este apartado se van a estudiar tres de ellos:

a) Por actividad

Figura 3.3. Para realizar un seguimiento correcto de los costes y poder determinar las acciones que correspondan es necesario saber dónde y en qué se producen.

Esta clasificación es útil para analizar los **componentes del coste** de almacenamiento. Ayuda a conocer **dónde y en qué** conceptos se producen dichos costes y en consecuencia a llevar un control sobre los mismos. Comprende los siguientes costes:

- **Coste de almacenaje**

  A este coste se le conoce también como **coste de mantenimiento o de infraestructuras**. Está relacionado con los conceptos siguientes:

  - Amortizaciones. Cuando el almacén es propiedad de la empresa en su contabilidad se refleja una cantidad que representa la pérdida de valor o depreciación de carácter irreversible que experimenta, en este caso, el inmueble. Dicha cantidad se considera coste.

    También se amortizan las instalaciones fijas (estanterías), considerándose coste, de igual manera, la cantidad que se destine a amortización.

  - Alquileres. Cantidad que se paga por el alquiler del almacén. Se suele fijar por mes y está en relación con la superficie del local (m^2).
  - Mantenimiento del local. Importe de las reparaciones que se lleven a cabo, pintura del local, etc.
  - Gastos de energía (luz y fuerza).
  - Salarios. Sueldos pagados a los empleados fijos.
  - Seguros. Cantidad (prima) que se paga a la compañía aseguradora por cubrir los riesgos de incendio, inundaciones, robo, etc.
  - Impuestos que recaen sobre el local de almacén (Impuesto sobre bienes inmuebles –IBI–, tasa de basuras, etc.).
  - Financieros. Las existencias suponen tener inmovilizados («parados») unos recursos financieros (dinero) y ello supone un coste. Este coste depende del origen de los medios financieros utilizados, así:

    Si el dinero utilizado para adquirir las existencias proviene de un préstamo el coste serán los intereses que se paguen a la entidad financiera (banco u otro tipo de entidad).

    Si el dinero utilizado lo tiene la propia empresa, entonces se considera coste lo que deja de ganar por emplear los recursos financieros en la compra de mercancías y no emplearlo en otro activo financiero (plazo fijo, deuda pública, bolsa). Es lo que se conoce como **coste de oportunidad**. Para cuantificarlo se suele utilizar el interés legal del dinero (para año 2014 queda establecido en un 4% según la ley 22/2013, de 23 de diciembre, de Presupuestos Generales).

Si el plazo de pago de la mercancía al proveedor es mayor que el plazo de cobro al cliente entonces la financiación de la compra la hace el proveedor. En este caso el coste financiero es nulo.

- **Coste de manutención**

  Bajo este epígrafe se encuentran los costes que tienen que ver con los movimientos físicos en almacén, entre ellos:

  – Carga y descarga

  La carga consiste en colocar unas mercancías desde un muelle de carga exterior sobre un vehículo para transportarlas hasta el lugar de destino.

  La descarga consiste en trasladar la mercancía desde el vehículo que la ha transportado hasta el punto donde se va a recepcionar.

Figura 3.4.
Proceso de carga.

Figura 3.5.
Proceso de descarga.

<table>
<tr><th colspan="2">Periodo de tiempo de las operaciones de carga y descarga (según AECOC)</th></tr>
<tr><th>Concepto</th><th>Tiempo máximo
(de la operación de carga o de descarga y de tratamiento de la documentación)</th></tr>
<tr><td>Carga constituida hasta 33 unidades de carga paletizada o 66 remontadas de tipo monoreferencia por paleta sobre vehículo de hasta 40 tm de MMA.</td><td>1 hora 30 minutos</td></tr>
<tr><td>Carga constituida hasta 33 unidades de carga paletizada o 66 remontadas de tipo multireferencia por paleta sobre vehículo de hasta 40 tm de MMA.</td><td>3 horas</td></tr>
<tr><td>Carga constituida por unidades de carga no paletizadas (granel) ocupando el peso y/o volumen completo del vehículo de hasta 40 tm de MMA.</td><td>4 horas</td></tr>
<tr><td colspan="2">Nota: El proceso de carga/descarga empieza a partir de la hora pactada.</td></tr>
</table>

Figura 3.6.
Tiempos estimados de las operaciones de carga y descarga AECOC. Fuente: http://www.jpisla.es/resources/Descarga.pdf (Puede acceder al enlace en la carpeta de descargas correspondiente a este libro que se halla en www.marcombo.info).

- Ubicación

  La ubicación consiste en distribuir la mercancía de forma organizada en el interior del almacén, con el fin de poder localizarla y gestionarla eficazmente (para reducir los desplazamientos totales se colocan los productos de mayor rotación cerca de la salida).

- *Picking*

  Es el proceso que incluye la localización, selección de las cantidades y traslado de los artículos almacenados hacia el área de preparación de pedidos, donde se clasificarán, empaquetarán y etiquetarán adecuadamente. La mayoría de los errores que se producen en este proceso son consecuencia del uso de papel en la preparación, por lo que cada vez es más común ver almacenes trabajando con terminales de radio-frecuencia o de *picking* por voz, o con sistemas de *pick-to-light*.

- Expedición

  Proceso de transporte de la mercancía, que concluirá con la conformidad del cliente a través del albarán de salida.

- Operaciones administrativas relacionadas con todo lo anterior. Simultáneamente al proceso de almacenaje, se da el proceso administrativo, dando lugar a una serie de costes administrativos.

<table>
<tr><th colspan="3">Proceso administrativo del almacenaje</th></tr>
<tr><td colspan="2">Operación</td><td></td></tr>
<tr><td>Se firma el albarán o si es no conforme → parte de incidencias (comprobación de la mercancía que llega al almacén)</td><td rowspan="5">Coste administrativo</td><td rowspan="5"></td></tr>
<tr><td>Se registra la mercancía</td></tr>
<tr><td>Se imprimen etiquetas</td></tr>
<tr><td>Se etiquetan las mercancías</td></tr>
<tr><td>Almacenamiento</td></tr>
</table>

Figura 3.7.
Proceso administrativo de las operaciones de almacenaje.

La suma de todos los conceptos de coste anteriores es el coste de almacenamiento y su cuantificación viene dada por la siguiente fórmula:

$$cal = \frac{[A + (P \cdot i]Q}{2}$$

Cal = Coste de almacenamiento

A = C. de almacenamiento unitario (excepto el C. financiero)

i = Tasa de interés

P = Precio unitario

$A + P \,.\, i$ = Coste unitario de almacenamiento

$P \,.\, i$ = Coste financiero por unidad

$\frac{Q}{2}$ = Stock medio

(Como las existencias en almacén no son constantes, el coste de almacenamiento se cuantifica a partir del *stock* medio).

El **coste unitario de almacenamiento** se puede presentar de tres formas distintas:

- Como un porcentaje (i). En este caso, el valor de ***i*** incluye todos los costes de almacenamiento. Por tanto, el valor de ***i*** es más elevado que si solo representase al coste financiero puesto que incluye a este.

$$A + P \,.\, i = 0\, P \,.\, i \rightarrow P \,.\, i$$

Ejemplo

Por ejemplo: i = 12%. Si el precio de la mercancía es de 100 u.m., el coste de almacenamiento unitario será:

$$A + P \,.\, i = 0 + 100\, x\, 0{,}12 = 12, -u.m.$$

El coste total de almacenamiento será el resultado de multiplicar 12 (coste unitario) por el stock medio.

- En unidades monetarias. Todo el coste de almacenamiento unitario viene cuantificado como *A* incluyendo al coste financiero:

$$A + P \,.\, i \rightarrow A\,(u.m.)$$

$$A + P \,.\, i = A + P\, x\, 0 \rightarrow A\,(u.m.)$$

Ejemplo

Por ejemplo: Considerando A = 0,5 u.m. Si el precio del producto es de 10 u.m.; el coste de almacenamiento unitario sería:

$$A + P \,.\, i = 0{,}5 + 10\, x\, 0 = 0{,}5\; u.m. \rightarrow (A)$$

El coste total será el resultado de multiplicar 0,5 (coste unitario) por el stock medio.

- Desagregado: Por una parte, aparece cuantificado el valor de A en u.m. (costes de almacenamiento excepto el coste financiero) y, por otra, el valor de ***i*** en porcentaje.

$$A + P\,.\,i \rightarrow A + P\,.\,i$$

Ejemplo

Coste de almacenamiento unitario, 0,5 u.m. (A) y el tipo de interés el 4% (i). Si el precio del producto es de 50 u.m. el coste de almacenamiento unitario será:

$$A + P\,.\,i = 0{,}5 + 50\ x\ 0{,}04 = 2{,}5.- u.m.$$

Para hallar el coste total de almacenamiento habrá que multiplicar 2,5 (coste unitario) por el stock medio.

A pesar de que los costes varían de una empresa a otra, en función de las características de las mismas, se puede decir que, por término medio, presentan la siguiente distribución por actividad (LRM Consultoría Logística):

Área	% logística	% s/ventas
Transporte	43	3,44
Almacén	25	2,09
Existencias	29	2,32
Administración	3	0,24
Total	100	8,09

Costes almacén		
Área	**% almacén**	**% s/ventas**
Mano de obra	45,70	0,96
Espacio	21,50	0,45
Energía	4,40	0,09
Equipos instalaciones	6,90	0,14
Materiales	8,30	0,17
Otros	13,20	0,28
Total	100	2,09

Figura 3.8.
Relación de actividades de almacenaje y coste de almacén.

Recuerda . . .

El coste de almacenamiento viene expresado por la suma de una serie de conceptos de costes asociados a los procesos derivados de la gestión del almacén. Los datos para calcular dicho coste se pueden presentar de tres formas: Todos cuantificados como *i* (porcentaje); todos cuantificados como A (u.m.) y desagregados considerando una parte A (u.m.) y otra *i* (porcentaje).

Ejercicio

4. Una empresa presenta un coste anual de almacenamiento de 500.000 u.m. y la cifra de ventas asciende a 20.480.000 u.m. Según el cuadro de distribución de costes de almacén anterior, calcula:
   - Cuantía del coste de mano de obra, del espacio, de la energía; de equipos e instalaciones, de materiales y otros aplicando los porcentajes que aparecen en la tabla.
   - Lo que representa cada concepto de coste (con los que se ha trabajado en el apartado a) en relación a la cifra de ventas.

b) Por imputabilidad

La clasificación según este criterio, en costes fijos o variables, puede ser útil para preparar presupuestos de almacén.

- Costes fijos

  Son aquellos costes cuya magnitud no depende de las variaciones que se produzcan en el nivel de actividad de una unidad empresarial, en este caso, del almacén. Ejemplo de costes fijos son prácticamente la totalidad de los costes de mantenimiento: amortizaciones, alquiler, impuestos, mano de obra fija, etc.

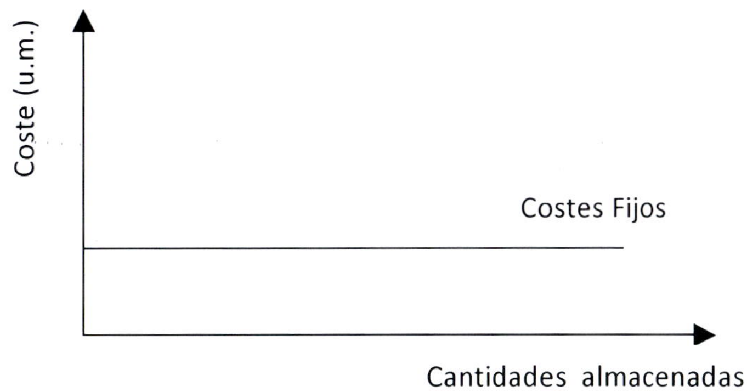

Figura 3.9. Representación de los costes fijos. Elaboración propia.

- Costes variables

  Estos costes varían en función de la actividad del almacén, es decir, la magnitud del coste varía a medida que se modifica la cantidad almacenada. Ejemplos de estos costes son también prácticamente la totalidad de los coses de manutención (descarga, paletización, despaletización).

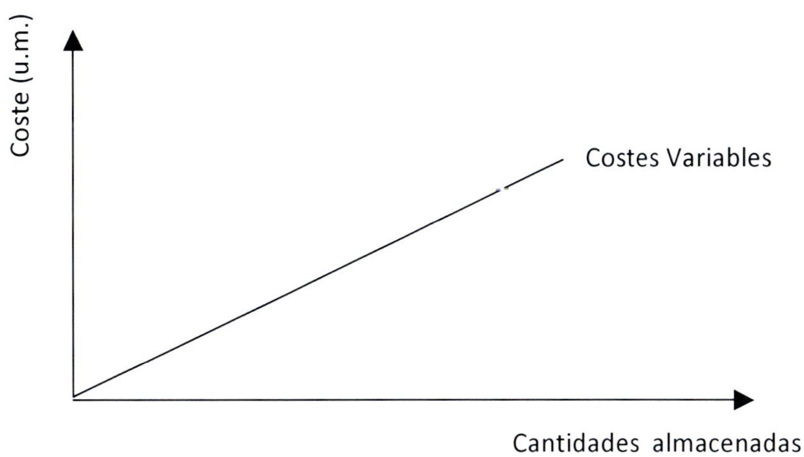

Figura 3.10. Representación de los costes variables. Elaboración propia.

La suma de los dos tipos de costes será el coste de almacenamiento total.

$$Cal = CF + C_V T$$

Dónde:

CF = Costes Fijos

C_V = Coste Variable Unitario

q = Cantidad almacenada

$C_V T$ = CV . q

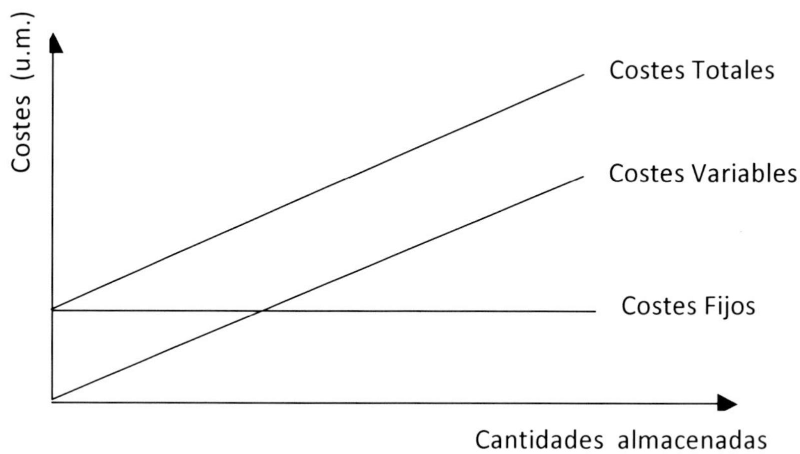

Figura 3.11. Representación de los costes totales. Elaboración propia.

c) Por origen

Los costes que, según este criterio de origen, son clasificados como directos o indirectos con respecto al almacén son útiles para determinar la rentabilidad o la contribución que esta aporta al conjunto de la empresa.

- Costes directos

  Los costes directos son aquellos que pueden ser identificados de forma clara e inequívoca y, en el contexto del almacén, se pueden **imputar directamente** a una determinada operación o proceso del mismo: mano de obra directa, amortizaciones directas, etc. (No hay ninguna duda sobre su tratamiento ya que el cien por cien del coste debe ser imputado a esa operación o proceso).

- Costes indirectos

  Por el contrario, los costes indirectos son aquellos costes que no se identifican directamente con una operación o proceso sino que están causados conjuntamente por varios. Se trata de grupos de costes que se deben **imputar por repartición**. Se conocen normalmente como gastos generales, entre ellos: seguros; vigilancia; alquileres; teléfono; material de oficina; suministros de agua, de energía eléctrica, de gas; gastos financieros limpieza; comunicaciones postales; reparación, conservación y mantenimiento (instalaciones, vehículos, maquinaria, mobiliario, informática).

  Un método de reparto para imputar costes indirectos es a través de claves de reparto.

Concepto de costes	Claves de reparto
Depreciación de edificios **Alquiler del edificio** **Limpieza y conservación de edificios** **IBI (Contribución urbana)**	Área de superficie (m^2 ocupados por cada departamento o dentro de producción)
Sueldos y salarios **Seguridad social a cargo de la empresa** **Otros gastos sociales**	Importe de la mano de obra directa o por número de trabajadores
Luz **Fuerza motriz**	Potencia instalada
Reparaciones y conservación de maquinaria **Seguro maquinaria** **Depreciación maquinaria**	Inversión en maquinaria
Prestaciones sociales **Comedores**	Número de empleados
Otros conceptos	Se aplicará una clave de reparto lógica y coherente.

Figura 3.12.
Claves de reparto de costes indirectos.

Cada empresa utiliza unas claves de reparto (m^2, kw, u.m., etc.), por lo que son, en buena medida, subjetivas.

Por ejemplo, una empresa puede distribuir los gastos de calefacción en función de la superficie dedicada a cada departamento y otra en función del número de personas.

3.3. Optimización de costes

Uno de los objetivos de la gestión de almacenes es optimizar un área logística que actúa entre dos etapas de flujo como son el abastecimiento y la distribución física. Por tanto, dicha gestión se convierte en una de las actividades más importantes para el buen funcionamiento de una organización.

En este sentido, si el almacenamiento de productos no agrega valor al producto final, sino que por el contrario eleva su coste (figura 3.13), hay que determinar qué variables intervienen en dicho proceso para que el resultado obtenido sea el mejor posible (optimización).

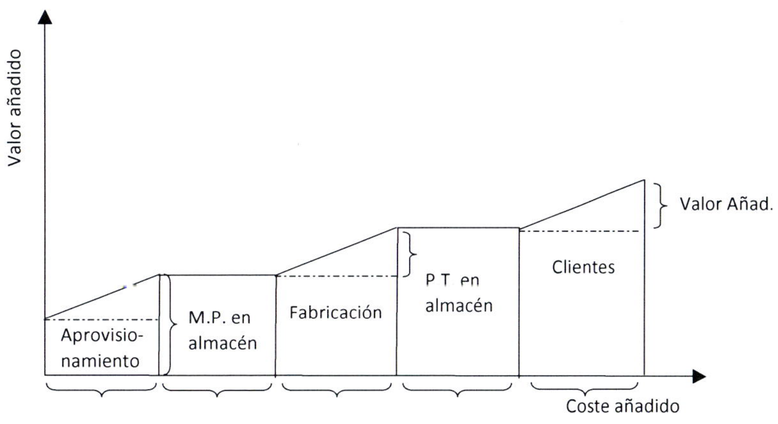

Figura 3.13.
Representación de la cadena de valor. Elaboración propia.

Entonces, en primer lugar, habrá que analizar cada una de las fases del proceso de almacenaje y los costes asociados a las mismas para poder actuar sobre cada uno de ellos en particular. De esta manera, se puede incidir sobre las desviaciones y ajustarlas mejor.

Figura 3.14. Control de costes. Optimización.

Por tanto, si se quiere llevar a cabo una adecuada política de optimización de costes se tiene que estructurar en base a conciliar tres objetivos fundamentales:

- **La operatividad del almacén:**
  - Minimizando los recorridos, por ejemplo a través de una adecuada zonificación del almacén (eficacia de las instalaciones).
  - Minimizando las manipulaciones buscando el equilibrio entre las compras y la distribución por lo que habrá que evitar los excesos de *stocks* (eficiencia de los trabajadores y control de *stocks*).
- **La calidad del proceso:**
  - Buscando la máxima rotación del *stock*.
  - Aplicando la filosofía de «cero errores».
- **La calidad del servicio:**
  - Buscando la satisfacción del cliente (preparar al cliente lo que quiera cuándo y cómo lo quiera).
  - Informando en tiempo real (sistema de información).

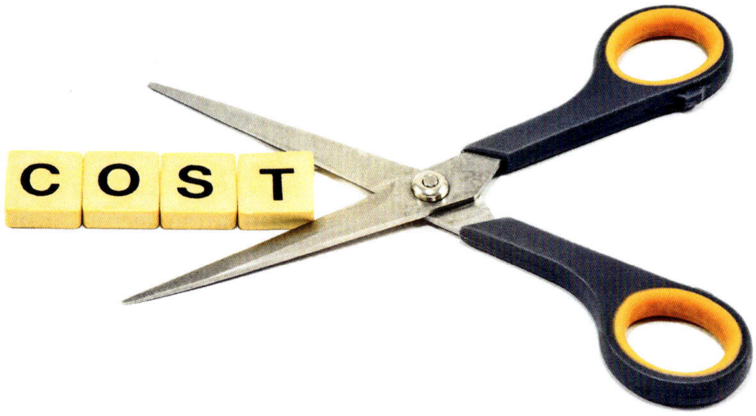

Figura 3.15. Reducción de costes. Optimización.

Recuerda . . .

Para optimizar los costes que intervienen en la función de almacenamiento hay que medirlos y gestionarlos de manera adecuada, porque lo que no se mide no se puede mejorar.

3.4. Coste de adquisición

Es el valor de los productos almacenados. Se calcula multiplicando el número de artículos adquiridos por su respectivo precio unitario, menos los descuentos concedidos por el proveedor, más todos los gastos adicionales a la compra.

Tipos de descuento

Descuento comercial: % de descuento que se aplica sobre el importe bruto.

Rappel s/compras: % de descuento que concede el proveedor por adquirir un determinado volumen de compras. Se aplica sobre el importe bruto menos el descuento comercial.

Descuento por pronto pago: % de descuento que concede el proveedor cuando el cliente paga al contado o antes del plazo estipulado. Se calcula una vez deducidos los descuentos anteriores.

Nota: Según sea la política comercial de la empresa esta puede aplicar los descuentos siguiendo el procedimiento como se ha explicado o aplicarlos **todos** sobre el importe bruto.

Gastos adicionales a la compra

Embalajes, gastos de transporte, seguros, comisiones, gastos del despacho de aduanas, etc.

Ejemplo

La cuantía del coste de almacenamiento, referido al año 20xx, de un almacén que dispone de la siguiente información: costes de mantenimiento 4 u.m. por cada artículo almacenado más 120.000 u.m. en concepto de almacenaje independiente de la cantidad existente en almacén, stock medio almacenado 1.000 unidades físicas, sería:

$$Cal\,(total) = (1000 \times 4) + 120.000 = 124.000, -u.m.$$

$$Cal\,(unitario) = \frac{124.000}{1.000} = 124, -u.m.$$

Ejercicio

5. Realizar un estudio sobre los costes indirectos de una empresa industrial y de otra comercial (se puede trabajar con hipótesis o sobre datos más o menos reales si una empresa te ayuda en este sentido). Para ello, se comparará la cuantía de cada uno de los conceptos de coste que tiene la empresa en ese momento concreto con los precios que den las compañías de seguros, de gas, de limpieza, teléfono, etc.

6. ¿En qué tipo de empresas los costes indirectos pueden superar con creces a los costes directos? ¿Por qué?

7. Visitar una empresa y preguntar sobre lo conceptos que integran el coste de almacenamiento; cómo se clasifican en costes fijos y costes variables; y cómo se realiza el presupuesto de almacén.

Recuerda . . .

El seguimiento y control de los costes indirectos (gastos generales) no puede ser considerado como una categoría menor, sino todo lo contrario, por lo que habrá que prestarle una adecuada atención. En muchas empresas los costes indirectos llegan a superar en dos o tres veces a los costes directos.

3.5. Costes por unidad almacenada. Ejercicios de cálculo

La clasificación y el tratamiento de los distintos conceptos de coste de almacenamiento (ya estudiados) es importante para poder calcular el coste por unidad almacenada. Su aplicación práctica se va a llevar a cabo a través del siguiente **caso:**

La empresa PABEL, S.A. desarrolla su actividad en el sector industrial de fabricación textil. Cuenta con 4 departamentos: 3 departamentos productivos y el almacén.

Presenta la siguiente distribución de costes relacionados con el área de almacén correspondiente al mes de abril/20xx.

CONCEPTOS	IMPORTE
Amortización de maquinaria y equipo de almacén	12.000
Amortización de estanterías	21.000
Sueldos personal almacén	15.000
Mantenimiento del local (pintura, reparaciones)	5.000
Alquiler del edificio	10.000
Gastos de energía eléctrica	1.800
Seguros del edificio e impuestos	4.000
Seguro de la mercancía almacenada	5.000
Gastos financieros *stocks*	1.000
Carga y descarga de mercancías	2.000
Picking	2.500
Gastos administrativos	4.200
TOTAL	83.500

Figura 3.16. Distribución de costes del área de almacén.

El *stock* medio es de 40.000 unidades de producto (para simplificar la empresa produce y vende un único producto).

Las claves de reparto de los costes indirectos son:

La distribución de los gastos **de mantenimiento del local, alquiler, seguro del edificio e impuestos** se hace de acuerdo a la superficie que ocupa cada uno de los departamentos.

La energía se distribuye según el consumo que aparece en los contadores de cada departamento.

Los gastos de administración se distribuyen en base a la inversión en activos fijos con que cuenta cada departamento.

Datos para el reparto

Departamento	Gastos de mantenimiento del local, alquiler, seguro del edificio e impuestos (m^2)	Energía (consumo Kw)	Gastos administrativos (inversión en u.m.)
1	600	2.000	25.000
2	900	2.400	40.000
3	350	1.300	15.000
Almacén	150	1.300	10.000
TOTAL	2.000	7.000	90.000

Figura 3.17. Resumen claves de reparto de los costes indirectos.

Se pide:

1. Calcular el coste unitario de almacenamiento en relación a los tres criterios de clasificación estudiados.
2. Presupuesto de almacén a fecha 1/04/20xx.
3. Informe de las desviaciones. Comparar los costes presupuestados para este periodo con los costes reales.

SOLUCIÓN

1. Para calcular el coste unitario, partiendo de los costes totales de almacenamiento, lo primero que hay que tener en cuenta es que el departamento de almacén comparte con los otros 3 departamentos productivos de la empresa una serie de costes (costes indirectos), por lo que habrá que imputar a almacén aquellos que le correspondan en función de las claves de reparto (subjetivas) que ha establecido la organización.

REPARTO DE COSTES INDIRECTOS

Concepto de coste	Imputación al almacén	Cálculos
Mantenimiento del local (pintura, reparaciones) (m^2)	375,- u.m.	$\frac{5.000}{2.000} = 2{,}5\ u.m./m^2$ $2{,}5\ x\ 150 = 375{,}-u.m.$
Alquiler del edificio (m^2)	750,- u.m.	$\frac{10.000}{2.000} = 5\ u.m./m^2$ $5\ x\ 150 = 750{,}-u.m.$
Seguros del edificio e Impuestos (m^2)	300,- u.m.	$\frac{4.000}{2.000} = 2 - u.m./m^2$ $2\ x\ 150 = 300{,}-u.m.$
Gastos de energía eléctrica (Kw)	334,- u.m.	$\frac{1.800}{7.000} = 0{,}257 u.m./kw$ $0{,}257\ x\ 1300 = 334{,}-u.m.$
Gastos administrativos (u.m.)	470,- u.m.	$\frac{4.200}{90.000} = 0{,}047 u.m./inversión$ $0{,}047\ x\ 10.000 = 470{,}-u.m.$

Figura 3.18. Reparto de los costes indirectos.

Una vez hecho el reparto se puede calcular ya el coste total de almacenamiento y, con relación a las unidades almacenadas por término medio, se calcula el coste unitario. Señalar que cualquiera que sea la clasificación de costes que se haya hecho el resultado tiene que ser el mismo:

a) Coste unitario partiendo de la clasificación de los costes de almacenamiento según el criterio de actividad:

Costes de almacenamiento	
A. Costes de almacenaje (de mantenimiento o de infraestructuras)	**Importe**
Amortización de maquinaria y equipo de almacén	12.000
Amortización de estanterías	21.000
Sueldos personal almacén	15.000
Mantenimiento del local (pintura, reparaciones)	375*
Alquiler del edificio	750*
Gastos de energía eléctrica	334*
Seguros del edificio e Impuestos	300*
Seguro de la mercancía almacenada	5.000
Gastos financieros stocks	1.000
TOTAL COSTES ALMACENAJE	**55.759**
B. Costes de manutención	
Carga y descarga de mercancías	2.000
Picking	2.500
Gastos administrativos	470*
TOTAL COSTES MANUTENCIÓN	**4.970**
Costes totales (A+B)	**60.729**
Coste unitario de almacenamiento	**1,518 u.m.** (60.729/40.000)

Figura 3.19. Costes de almacenamiento según criterio de actividad.

b) Coste unitario partiendo de la clasificación de los costes de almacenamiento según el criterio de imputabilidad. Se observa en el apartado del presupuesto de costes de almacenamiento (ver figura 3.21), ya que dicho presupuesto se hace en base a este criterio.

c) Coste unitario partiendo de la clasificación de los costes de almacenamiento según el criterio de origen.

Costes de almacenamiento	
A. COSTES DIRECTOS	**IMPORTE**
Amortización de maquinaria y equipo de almacén	12.000
Amortización de estanterías	21.000
Sueldos personal almacén	15.000
Carga y descarga de mercancías	2.000
Gastos financieros *stocks*	1.000
Seguro de la mercancía almacenada	5.000
Picking	2.500
TOTAL COSTES DIRECTOS	**58.500**

Costes de almacenamiento	
B. COSTES INDIRECTOS	
Mantenimiento del local (pintura, reparaciones)	375*
Alquiler del edificio	750*
Seguros del edificio e Impuestos	300*
Gastos administrativos	470*
Gastos de energía eléctrica	334*
TOTAL COSTES INDIRECTOS	**2.229**
Costes totales (A+B)	**60.729**
Coste unitario de almacenamiento	**1,518 u.m.** (60.729/40.000)

Figura 3.20. Costes de almacenamiento según criterio de origen.

2. Presupuesto de almacén a fecha 1/04/20xx.

El presupuesto de almacén se hace en base a los costes de almacenamiento clasificados según el criterio de imputabilidad. Se parte de una previsión de demanda que requiere tener, por término medio, un *stock* almacenado de 35.000 unidades de producto.

EMPRESA PABEL ,S.A.

PRESUPUESTO COSTES ALMACENAMIENTO

PERIODO	01/04/20xx
Stock medio	**35.000**

CONCEPTO DE COSTES	IMPORTE
A. COSTES FIJOS	
Amortización de maquinaria y eq.	12.000
Amortización de estanterías	21.000
Sueldos personal almacén	15.000
Mantenimiento del local (pint.Rep)	360
Alquiler del edificio	750
Seguros del edificio e Impuestos	300
TOTAL COSTES FIJOS	**49.410**
B. COSTES VARIABLES	
Carga y descarga de mercancías	1.800
Gastos financieros stocks	950
Seguro de la mercancía almacenada	4.800
Picking	2.000
Gastos administrativos	430
Gastos de energía eléctrica	300
TOTAL COSTES VARIABLES	**10.280**
COSTES TOTALES (A+B)	**59.690**
COSTE UNITARIO DE ALMACENAMIENTO	**1,705**

Figura 3.21. Presupuesto costes de almacenamiento.

Recuerda . . .

Dependiendo del objetivo que persiga la empresa utilizará un criterio de clasificación de costes u otro; así, por ejemplo, si lo que pretende es conocer ***dónde y en qué*** conceptos se producen los costes, el criterio utilizado será el de **«por actividad»**. Si lo que quiere hacer es el ***presupuesto de costes***, el criterio que utilice será el de **«por Imputabilidad»** y, por último, si desea conocer la ***rentabilidad o la aportación*** del almacén a la empresa en su conjunto, el criterio, en este caso, es el de **«por origen»**.

3. Informe de desempeño. Análisis de las desviaciones

EMPRESA PABEL,S.A

COSTE DE ALMACENAMIENTO

PERIODO 30/04/20xx
Stock medio **40.000**

CONCEPTO DE COSTES	IMPORTE
A. COSTES FIJOS	
Amortización de maquinaria y equipo de almacén	12.000
Amortización de estanterías	21.000
Sueldos personal almacén	15.000
Mantenimiento del local (pintura, reparaciones)	375
Alquiler del edificio	750
Seguros del edificio e Impuestos	300
TOTAL COSTES FIJOS	**49.425**
B. COSTES VARIABLES	
Carga y descarga de mercancías	2.000
Gastos financieros stocks	1.000
Seguro de la mercancía almacenada	5.000
Picking	2.500
Gastos administrativos	470
Gastos de energía eléctrica	334
TOTAL COSTES VARIABLES	**11.304**
COSTES TOTALES (A+B)	**60.729**
COSTE UNITARIO DE ALMACENAMIENTO	**1,518**

Figura 3.22. Informe costes de almacenamiento.

Comparando el coste presupuestado y el que realmente se ha llevado a cabo se ve que a pesar de que se han incrementado ciertas partidas, el coste unitario ha descendido como consecuencia de tener un mayor número de existencias en almacén (35.000 planificadas y 40.000 en la realidad) que absorben los costes fijos.

3.6. La hoja de cálculo como herramienta de procesamiento de los datos

La hoja de cálculo junto a la utilización de procesadores de textos y aplicaciones para presentar gráficos, se utilizan frecuentemente en el ámbito de la gestión logística. Complementan a los programas de gestión. Se utilizan para:

- Valoración de existencias (Fichas de almacén)
- Análisis ABC
- Cálculo de costes totales y costes unitarios
- Cálculo del lote económico de aprovisionamiento
- Planificación de necesidades de materiales (MRP)
- Informes de desempeño, etc.

Resumen

- El coste de almacenamiento es un coste asociado a la gestión de *stocks*. **No existe un concepto único de coste de almacenamiento**, sino que se podrán definir costes diferentes en función del objetivo que persiga la empresa y ser todos ellos correctos.
- La clasificación de los costes de almacenamiento se realiza teniendo en cuenta los siguientes criterios:
  a) Por actividad (costes de almacenaje y costes de manutención).
  b) Por imputabilidad (costes fijos y costes variables).
  c) Por origen (costes directos y costes indirectos).
- Para imputar los costes indirectos a sus respectivos objetivos de coste (departamentos, productos, etc.) se utilizan claves de reparto (m^2, u.m., potencia, etc.).
- Para optimizar los costes de almacenamiento es necesario conocer las variables que influyen en su comportamiento con el fin de obtener los mejores resultados posibles.
- El coste de adquisición es el valor de los productos almacenados. Se calcula de la siguiente manera: se multiplica el número de unidades que se adquieren de un determinado producto por su precio (importe bruto); se restan los posibles descuentos que aplique el proveedor (-) y se le añaden todos los gastos adicionales a la compra (+).
- Los costes unitarios de almacenamiento se calculan dividiendo los costes totales de almacenamiento entre el número de unidades que, por término medio, se encuentran en almacén en un periodo de tiempo.
- La aplicación de herramientas informáticas a la gestión de costes (procesador de textos, hoja de cálculo, herramientas de gráficos, etc.) ayudan a ahorrar tiempo y errores en el procesamiento de la información.

Test de evaluación

1. Un coste de almacenamiento es:

a) El coste de posesión.

b) El coste de emisión de pedidos.

c) El coste de tramitación de pedidos.

d) Todas son ciertas.

2. El coste de oportunidad:

a) Es un coste variable.

b) No es un coste en sí mismo.

c) No es un coste de almacenamiento.

d) Es el coste de una oportunidad perdida.

3. De los siguientes costes que se presentan a continuación, son costes indirectos:

a) Coste de la electricidad.

b) Arrendamiento del almacén.

c) La depreciación de los equipos de manipulación de mercancías.

d) Todos son ciertos.

4. De los siguientes costes, ¿cuál es el que no está asociado al proceso de almacenaje?

a) La mano de obra indirecta.

b) Los costes de fabricación.

c) Costes de los sistemas informáticos utilizados en almacén.

d) Los costes derivados de las infraestructuras.

5. Los costes indirectos deben imputarse por repartición:

a) Todas las empresas utilizan las mismas claves de reparto.

b) La imputación es objetiva.

c) La imputación es subjetiva pero siguiendo criterios coherentes.

d) Ninguna de las anteriores.

6. Si el coste total de almacenamiento fuera de 370.000 u.m. y, por término medio, la empresa tuviese almacenadas 500.000 unidades de producto entonces, los gastos de almacenamiento por unidad física almacenada serían:

a) 0,50 u.m.

b) 0,74 u.m.

c) 0,65 u.m.

d) 0,72 u.m.

7. Una empresa tiene, por término medio, 20.000 unidades de productos valoradas en 80.000 u.m. ¿Cuál será el coste de oportunidad que soporta sabiendo que en si lo hubiese invertido en un activo financiero le devengaría una tasa de interés del 4% anual?

a) 3.200 u.m.

b) 400 u.m.

c) 3.000 u.m.

d) 800 u.m.

8. Para el cálculo del coste de adquisición se tienen en cuenta los siguientes conceptos:

a) Se restan todos los descuentos que aplique el proveedor.

b) El IVA no es coste.

c) Se suman los gastos adicionales a la compra.

d) Todas son ciertas.

9. Las claves de reparto de los costes indirectos pueden ser:

a) m^2.

b) Potencia.

c) u.m.

d) Todas son ciertas.

10. Son acciones orientadas a optimizar costes:

a) Reducir los recorridos en almacén.

b) Utilizar programas informáticos en el proceso de *picking*.

c) Reutilización de embalajes.

d) Ninguna de las anteriores.

Actividades

1. La cosecha de trigo de un agricultor asciende a 145.000 kg. La recolección la hace en el mes de julio (01/07/xx) cuando el precio de mercado de este cereal está a 0,30 u.m./kg.

Se pide:

Si desea vender el trigo a fecha de 31/12/xx, ¿A qué precio deberá hacerlo para tener un beneficio de 3.000 u.m. sabiendo que tiene que depositarlo en el almacén de un intermediario que le cobra un coste de almacenamiento mensual de 0,004 u.m./kg?

2. La empresa intermediaria a la que hace referencia el ejercicio anterior posee un silo (almacén) de una capacidad de 1.500 m^3. En cada m^3 se pueden almacenar 850 kg de trigo (debido a su densidad). Los gastos mensuales que soporta son los siguientes:

- Productos químicos utilizados para mantener el producto en buenas condiciones: 200 u.m.
- Salarios de 2 trabajadores: 3.000 u.m.
- Prima de seguro de la mercancía: 500 u.m.
- Recibo de luz y agua: 400 u.m.
- Amortización del silo: 600 u.m.
- Gastos de administración: 1.000 u.m.
- Intereses de préstamo: 2.000 u.m.

Se pide:

a) Si el silo trabaja a plena ocupación a lo largo de todo el año. ¿A cuánto asciende el coste de almacenamiento por m^3? ¿Y por kg almacenado?

b) ¿La empresa está repercutiendo adecuadamente a sus clientes el coste de almacenamiento (0,004 u.m./kg/mes)?

c) ¿Qué debería hacer para optimizar el coste de almacenamiento?

3. Un comerciante alquila un almacén durante 180 días al año, por un coste total de 750 u.m. manteniendo un *stock* medio de 250 unidades de productos. ¿A cuánto asciende el coste de almacenamiento por producto y día?

4. Una empresa compra mercancías por un importe de 200.000 u.m. que paga a su proveedor al contado y las deja almacenadas durante 2 meses.

a) ¿A cuánto asciende el coste de oportunidad? Para los cálculos utilizar una tasa de interés del 4% anual.

b) ¿Influye el coste de oportunidad en el coste de almacenamiento?

5. Una empresa tiene el almacén alquilado por lo que paga 12.000 u.m. al año. El resto de conceptos de costes anuales son los siguientes:

- Limpieza y conservación: 600 u.m.
- Seguridad del edificio: 800 u.m.
- Nómina de empleados: 24.000 u.m.
- Energía: 600 u.m.
- Intereses de préstamo: 3.500 u.m.
- Amortización de vehículos: 1.200 u.m.
- Administración: 500 u.m.
- Seguros. 450 u.m.

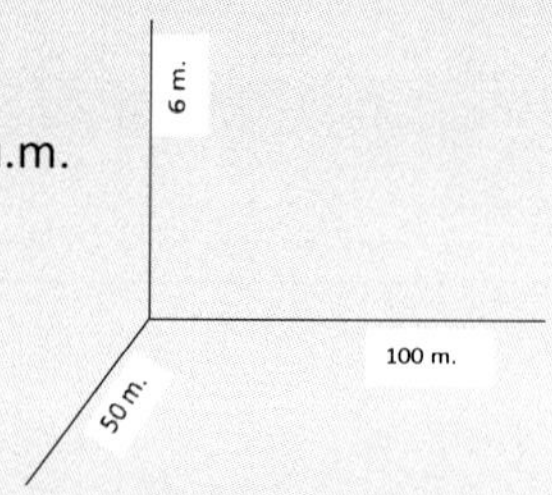

Se pide:

a) ¿Cómo le sale el m^2 de alquiler?

b) ¿A cuánto asciende el coste de almacenamiento total?

c) ¿Y el coste de almacenamiento unitario (por término medio tiene almacenadas 2.500 unidades de producto; precio 250 u.m.)?

d) Clasifica los costes anteriores en fijos y variables.

6. Los costes de mantenimiento de *stock* de una empresa se estiman en un 20%. Si el precio unitario es de 5 u.m., se pide:

a) Calcular el coste de almacenamiento para cantidades (Q) de 50, 100, 150, 200, 250, y 300 unidades.

b) Representa gráficamente estos costes (abscisas: cantidad; ordenadas: coste).

7. La empresa ACER, S.A. que se dedica a la fabricación de barras y perfiles de acero realiza un pedido de flejes a su proveedor habitual en las siguientes condiciones: 66 palets (remontados, apilados dos a dos) con 20 unidades por palet. El precio de cada fleje es de 400 u.m.; coste de transporte 600 u.m.; seguro, 500 u.m.; descuento comercial, 2%. Se pide:

a) Calcular el coste de adquisición.

b) Calcular el coste de la descarga del material en el almacén de la empresa si para ello se estima que se tarda 1 hora 30 minutos y que en este proceso intervienen dos personas y una máquina. Coste personal 10 u.m./hora; coste máquina/hora 30 u.m.

c) Calcular el coste de oportunidad que supone invertir en este producto si hubiera podido sacar un interés del 3,5% invirtiéndolo a plazo.

8. Se dispone de la siguiente información genérica relacionada con los principales errores que se cometen en el proceso de *picking* junto con sus porcentajes asociados:

- 45%. Articulo omitido: no se envía el artículo.
- 30%. Articulo equivocado.
- 23%. Cantidad mal leída o traspuesta.
- 2%. Cuenta errónea de la cantidad.

Se pide:

a) ¿Cuáles son las consecuencias para la empresa?

b) ¿Cómo se podría optimizar dicho proceso?

En este enlace, hay información para tener una visión amplia del problema planteado: www.lrmconsultorialogistica.es/blog/feed/9-articulos/115-distribucion-porcentajes-errores-picking.html (Puede acceder al enlace en la carpeta correspondiente a este libro que se halla en http://www.marcombo.info)

9. Realizar un informe relacionado con los procesos y costes de almacenamiento de dos empresas que pertenezcan a sectores económicos diferentes. Buscar la información en internet o en empresas reales.

10. Calcular el coste de amortización del edificio dónde se ubica la empresa «X» sabiendo que tiene una superficie de 800 m^2 de los cuales 300 m^2 corresponden a almacén. El local fue adquirido hace 5 años por un valor de 125.000 u.m. del que un 20% corresponde al valor del suelo. Se estima una vida útil de 20 años. ¿Todo el importe de amortización se imputa al almacén?

Unidad 4 Gestión de *stocks*

En esta unidad veremos

4.1. La gestión de *stocks*

Durante mucho tiempo una práctica habitual en las empresas, ha sido tener un nivel de mercaderías almacenadas elevado para hacer frente a demandas imprevistas, interrupciones en el proceso productivo, huelgas, etc. Se pensaba que de esta manera se estaba dando un buen servicio al cliente.

Fue precisamente el elevado coste provocado por el mantenimiento de *stocks* lo que dio lugar al nacimiento de la filosofía **just in time (JIT, justo a tiempo)** cuyo principio fundamental es la eliminación total de las existencias o *stock* cero.

En la actualidad se considera que tener *stock* almacenado es un signo de ineficiencia que produce importantes costes.

Sin embargo, la necesidad de disponer de *stock* viene dada por la dificultad que tienen las empresas para ajustar, en el tiempo, el ritmo de producción y ventas y, por ello, tienen que determinar el nivel adecuado de *stock* y gestionarlo.

De ahí que la **gestión de *stocks*** sea de vital importancia debido a los altos costes asociados al nivel de existencias. Por este motivo, el objetivo de los sistemas de gestión de *stocks* es precisamente fijar esa cantidad de mercaderías en depósito, **nivel óptimo de *stock*,** que minimice dichos costes.

Figura 4.1.
La empresa ha de fijar un nivel óptimo de *stock*.

La empresa que consiga reducir los costes sin afectar al ritmo de producción obtiene una ventaja competitiva. La cuestión es cómo lograr reducirlos al mínimo evitando rupturas de *stock*.

Por tanto, en la determinación del nivel óptimo se tienen que conjugar dos variables contrapuestas:

- La de **servicio al cliente**, que implica contar con el mayor *stock* posible para poder atender la demanda.
- La de **coste**, que requiere tener el menor *stock* posible para minimizar el enorme coste que suponen los *stocks*.

La gestión de *stocks* se considera un área básica en cualquier tipo de empresa, ya sea industrial o comercial. Además, una correcta gestión de mercaderías en depósito reduce la cantidad almacenada, reduce las necesidades de espacio para el normal funcionamiento y ajusta los flujos de materiales a las necesidades de las empresas.

Figura 4.2. La tenencia de *stocks* supone un coste.

La gestión de *stock* como parte de la función de aprovisionamiento

La **función de aprovisionamiento** se encarga de suministrar al departamento de producción los materiales necesarios (materias primas, recambios, envases...) para la fabricación y, al departamento de ventas, los productos que ha de comercializar, además de organizar y gestionar los diferentes *stocks* que se generan en este proceso.

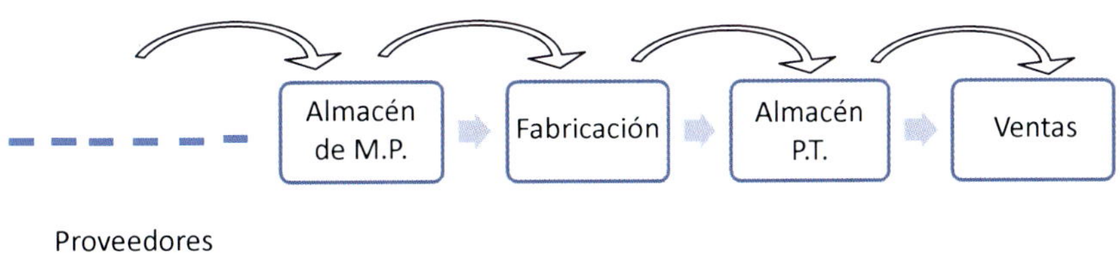

Figura 4.3. Función de aprovisionamiento en una empresa industrial. Elaboración propia.

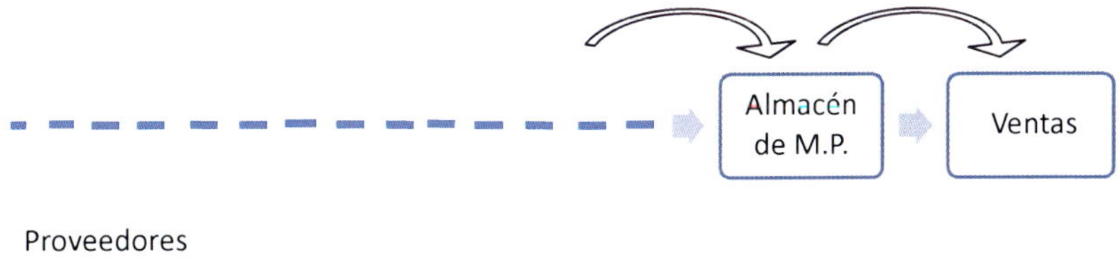

Figura 4.4. Función de aprovisionamiento en una empresa comercial. Elaboración propia.

Recuerda . . .

Son cinco los objetivos que persigue la filosofía JIT: cero stock, cero defectos, cero averías, cero papel y cero plazos. La aplicación de esta filosofía supone que el mejor almacén es el que no existe. Aquellas empresas que necesiten disponer de inventario tendrán que ajustarlo al nivel (stock óptimo) que minimice los costes totales de gestión.

De lo anterior se deduce que el aprovisionamiento tiene tres funciones básicas: compras, almacenamiento y gestión de *stock*. Según el tamaño de la empresa se pueden gestionar de forma separada, con un responsable para cada función, o bien agrupadas, con un responsable para las tres funciones.

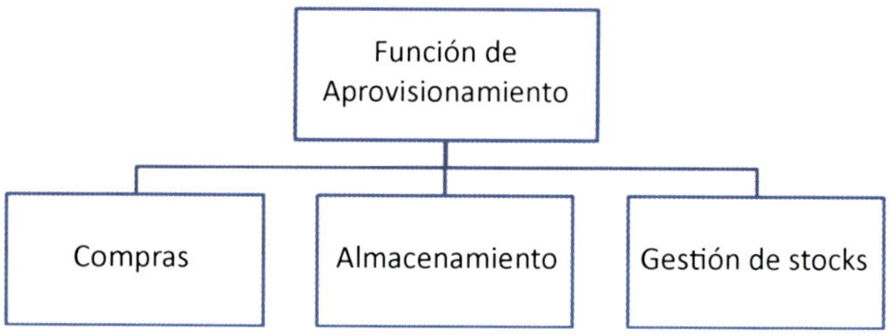

Figura 4.5. Componentes de la función de aprovisionamiento. Elaboración propia

- **Compras.** El proceso de compras se inicia cuando se detecta una necesidad en el departamento de producción o en el departamento comercial, según se trate de una empresa industrial o comercial, respectivamente.

  Para llevar a cabo la compra se han de tener en cuenta una serie de variables: **precio, calidad, plazo de entrega, condiciones de pago, servicio posventa, solvencia, facilidad en el trato, etc.** Esto implica que, para que la compra se haga en las mejores condiciones, previamente se ha realizado una **selección de proveedores** en función de los requisitos de la empresa.

  La función de compras responde a las preguntas de **¿a quién comprar y a qué precio?**

Figura 4.6. Selección de proveedores. Negociación.

- **Almacén**. Una vez comprados o fabricados los productos se han de almacenar a la espera de su utilización o venta. Para ello se necesita disponer de un **lugar físico** donde ordenar y guardar convenientemente los productos comprados y/o fabricados.

  La **gestión de almacén** da respuesta a las preguntas de **¿dónde y cómo almacenar?**

- **Gestión de *stocks***. Implica determinar la cantidad de *stock* o existencias que se han de mantener y en qué momento se ha de lanzar una orden de pedido para atender las necesidades de la empresa (producción/comercialización).

  Básicamente, el problema de gestión de *stocks* consiste en decidir: **¿qué pedir?, ¿cuándo pedir? y ¿cuánto pedir?**

Ejercicio

1. ¿Es lo mismo gestión de *stocks* que gestión de almacenes?
2. Una empresa que comercializa productos de ferretería y que acumula gran cantidad de stock en almacén sin importarle el elevado coste que soporta por ello, ¿está gestionando bien sus existencias? ¿Qué debería hacer?
3. ¿Influye la selección de proveedores en la gestión de *stocks*? Si es así, ¿de qué manera?
4. ¿Aquellas empresas que introducen al proveedor en su proceso de fabricación, realmente qué es lo que están aplicando?

¿Qué son los *stocks*?

Se denominan ***stocks***, **existencias** o **inventarios** al conjunto de artículos que la empresa guarda en sus almacenes a la espera de darles un destino, ya sea para su utilización en el proceso productivo o para la venta a los clientes.

Los *stocks* pueden ser definidos, por tanto, como una **acumulación de materiales** en el espacio y en el tiempo; es decir, una acumulación de materiales en un lugar determinado y en un momento determinado, presentándose en cualquier tipo de organización. Es un concepto estático.

Otra definición de existencias la da el **Plan General Contable** en los siguientes términos: "Son activos poseídos para ser vendidos en el curso normal de la explotación, en proceso de producción o en forma de materiales o suministros para ser consumidos en el proceso de producción o en la prestación de servicios".

El tiempo de permanencia de las existencias en la empresa, por regla general, será inferior a la duración de un ejercicio económico, exceptuando algunas empresas cuya actividad precisa un periodo superior a un año para completar su proceso productivo (constructoras, inmobiliarias, vinícolas, forestales, navales, etc.).

Los *stocks* se caracterizan por ser bienes tangibles, por ello pueden ser almacenados, y por que se utilizan una sola vez, a diferencia de otros bienes que se utilizan reiteradamente en un proceso o en varios (por ejemplo, las máquinas).

Figura 4.7. *Stocks*, conjunto de artículos almacenados.

Funciones de los *stocks*

La necesidad de tener *stocks* o existencias en almacén viene determinada por la **utilidad** que le reportan a la empresa en relación a las diversas funciones que cumplen:

- Permiten dar **continuidad** a los procesos de fabricación sin que estos se vean afectados por retrasos en la entrega atribuibles al proveedor o por otras circunstancias (huelgas, inclemencias climatológicas, averías, etc.) y atender a la demanda.

- **Regulan los ritmos de entrada y de salida** cuando el ritmo al que los proveedores entregan las materias primas difiere del ritmo al que son necesarias en el proceso de fabricación.
- Contribuyen a conseguir **economías de escala**. En este caso, será interesante acumular *stock* si los descuentos obtenidos en la compra de grandes cantidades de materiales (*rappels*), o la disminución de costes como consecuencia de la fabricación a gran escala, son superiores a los costes de almacenamiento en los que se incurre.
- **Evitan los costes de pedido** cuando estos son muy elevados. En ocasiones, los costes de transporte tienen una tarifa fija independientemente del volumen de mercancía que se transporte. Si el ahorro que se consigue como consecuencia de transportar mayores cantidades supera al coste de almacenamiento puede compensar tener estas mercancías almacenadas.

Figura 4.8.
Los distintos tipos.

4.2. Clases de *stock*

Conocer las características de los *stocks* almacenados ayuda a gestionarlos mejor y este conocimiento se puede conseguir más fácilmente si previamente se enmarcan dentro de un esquema de clasificación.

Existen diferentes criterios para clasificar los *stocks* considerándose que los más útiles para su gestión son los siguientes:

a) Según su finalidad

- **Stock activo, normal o de ciclo**. También se le llama *stock* de trabajo. Es el que se constituye para hacer frente a la demanda normal de los clientes durante un periodo de tiempo determinado. Evoluciona entre un nivel máximo y un mínimo.

  El nivel máximo coincide cuando llega a la empresa el pedido realizado a los proveedores.

  Dicho nivel máximo está condicionado por tres variables: la capacidad del almacén, la capacidad de financiación y por los costes de gestión de *stocks*.

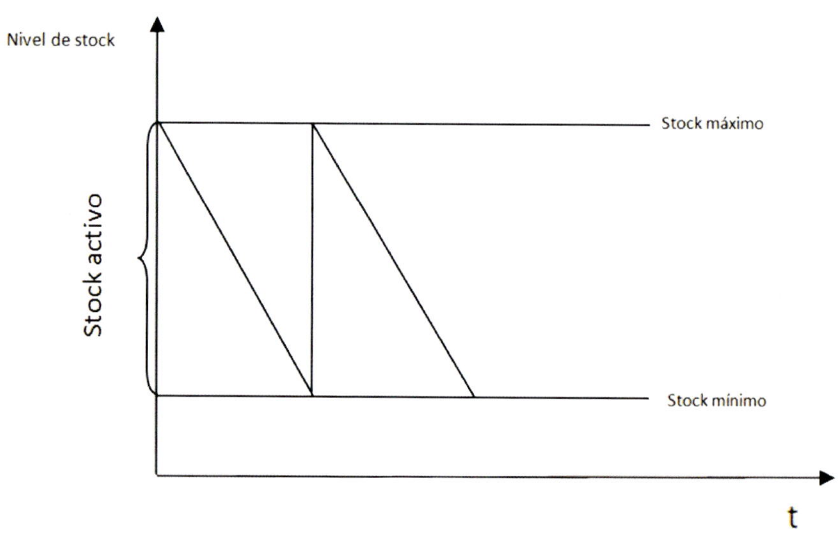

Figura 4.9.
Representación del *stock* activo. Elaboración propia.

- **Stock de seguridad.** Es el que se crea para hacer frente a demandas imprevistas y/o retrasos en el plazo de entrega con el fin de evitar tener una rotura de *stock*.

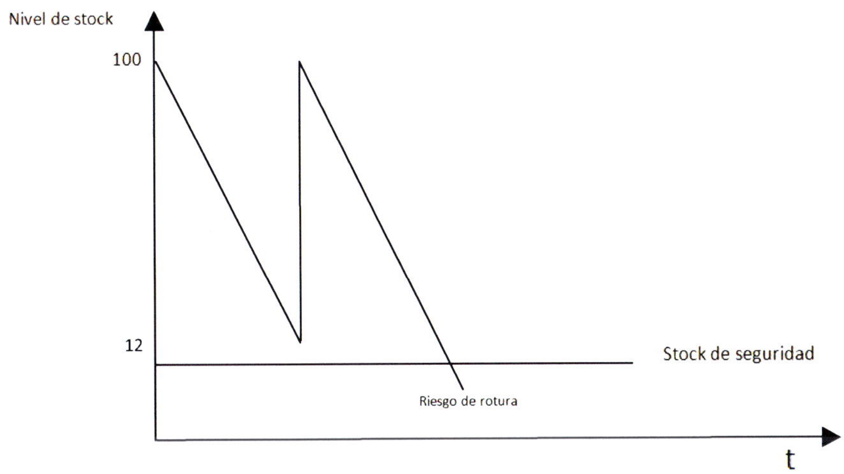

Figura 4.10.
Representación del *stock* de seguridad. Elaboración propia.

- **Stock de presentación.** Son los productos que se encuentran en los lineales de los comercios. Forman parte de la venta directa.
- **Stock estacional o de temporada.** Es el que se crea para hacer frente a las ventas estacionales previstas. También se puede crear por criterios comerciales (por ejemplo, la semana de los trajes) o por otros motivos.
- **Stock especulativo**. Consiste en acumular existencias ante un aumento esperado de precios o de demanda (si la demanda sube, el precio tiende a subir).
- **Stock en tránsito.** Es el que se encuentra circulando entre las diferentes fases del proceso productivo (aprovisionamiento, producción o distribución). También se llama así al que se encuentra en almacenes de tránsito situados entre el almacén del vendedor y el del comprador. Su función es actuar como reserva a fin de mantener el flujo continuo de materiales entre las distintas fases del proceso productivo.
- **Stock de recuperación**. Formado por artículos usados que son susceptibles de volver a utilizarse.
- **Stock muerto**. Está formado por aquellos artículos que ya no sirven para cubrir las necesidades para las que fueron adquiridos y deben ser desechados.

b) Según su naturaleza física

Este es el criterio utilizado por el **Plan General Contable** para clasificar las existencias en:

- **Comerciales**. Bienes adquiridos por la empresa y destinados a la venta sin transformación (**mercaderías**). Son los que tienen las empresas comerciales.
- **Materias primas**. Las que, mediante elaboración o transformación, se destinan a formar parte de los productos fabricados.
- **Otros aprovisionamientos**. Elementos y conjuntos incorporables, combustibles, repuestos, materiales diversos, embalajes, envases y material de oficina.
- **Productos en curso**. Bienes o servicios que se encuentran en fase de formación o transformación en un centro de actividad al cierre del ejercicio.
- **Productos semiterminados**. Los fabricados por la empresa y no destinados normalmente a su venta hasta tanto sean objeto de elaboración, incorporación o transformación posterior.
- **Productos terminados**. Los fabricados por la empresa y destinados al consumo final o a su utilización por otras empresas.

Figura 4.11.
Gestionando los *stocks*.

Figura 4.12.
JIT, filosofía cero *stocks*.

- **Subproductos, residuos y materiales recuperados.**
  - Subproductos: Los de carácter secundario o accesorio de la fabricación principal.
  - Residuos: Los obtenidos inevitablemente y al mismo tiempo que los productos o subproductos, siempre que tengan valor intrínseco y puedan ser utilizados o vendidos.
  - Materiales recuperados: Los que, por tener valor intrínseco, entran nuevamente en almacén después de haber sido utilizados en el proceso productivo.

c) Criterio operativo

Según este criterio los *stocks* se pueden clasificar en:

- ***Stock* óptimo.** Es el que permite cubrir las previsiones óptimas de demanda y al mismo tiempo consigue la mejor relación costes almacén/capital invertido.
- ***Stock* cero**. Es el que no existe. Se basa en la aplicación de la filosofía JIT. Consiste en aprovisionarse en el momento que se necesitan los materiales y en la cantidad justa. Está condicionado por la rapidez en el suministro y por el encarecimiento en el precio de adquisición.
- ***Stock* físico.** Son las mercaderías almacenadas en un momento determinado. El *stock* físico, por definición, nunca puede ser negativo.
- ***Stock* neto.** A diferencia del *stock* físico, este sí puede ser negativo.

$$S.\ Neto = S.\ físico - Demanda\ no\ satisfecha$$

- ***Stock* disponible.**

$$S.\ Disponible = S.\ Neto + Pedidos\ a\ proveedores$$

Ejemplo

La filosofía JIT se aplica de una manera muy efectiva en las empresas de fabricación de automóviles por las características del sector. Un ejemplo de cómo funciona se puede ver a través de los gráficos que se presentan a continuación: el primero de ellos representa una gestión de *stocks* tradicional con almacén; el segundo representa la gestión actual aplicando el sistema JIT donde el proveedor introduce la mercancía directamente en la cadena de fabricación, lo que implica cero stock para la empresa de automóviles, salvo una cantidad mínima de seguridad que sigue manteniendo.

Recuerda . . .

Los *stocks* son productos acumulados en almacén en espera de darles un uso. La clasificación de los *stocks* ayuda a gestionarlos mejor ya que, al conocer el tipo de stock en concreto, se le va a tratar (gestionar) de una manera u otra.

Procedimiento anterior

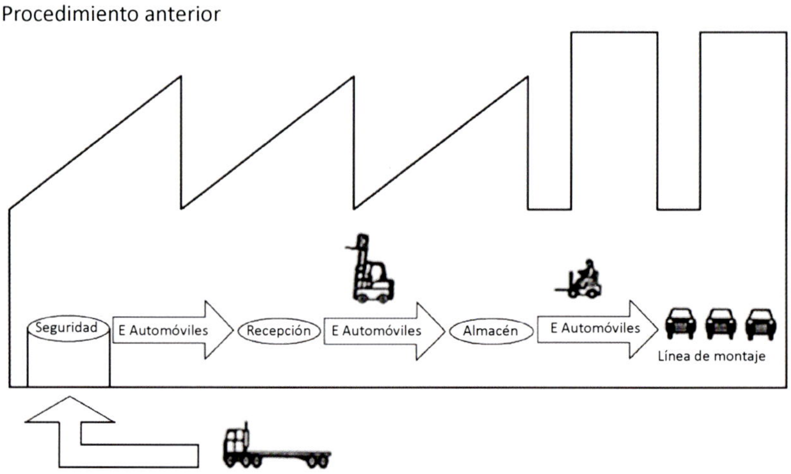

Figura 4.13. Proceso de entrega de material en una empresa de automóviles con *stock* almacenado (Sin JIT –gestión tradicional–). Elaboración propia.

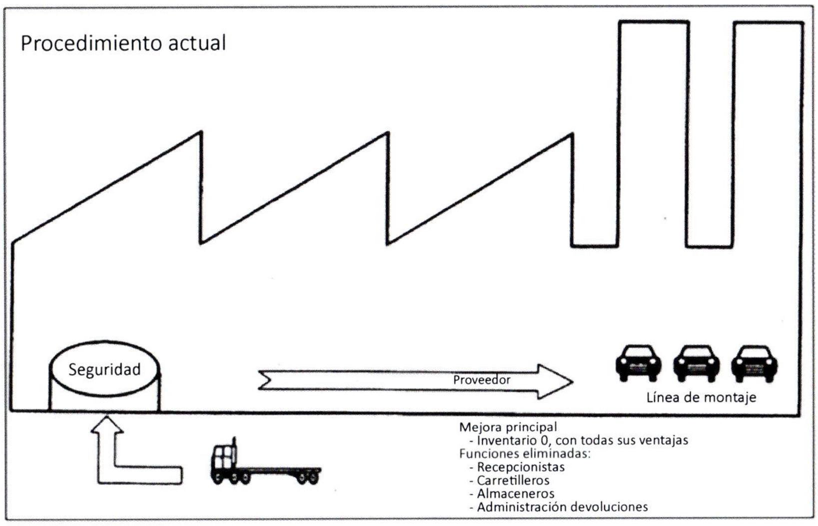

Figura 4.14. Proceso de entrega de material en una empresa de automóviles con *stock* cero (gestión JIT). Elaboración propia.

Ejemplo

Todo lo anterior implica: tener confianza total en los proveedores; el proveedor únicamente cobra las piezas que han sido incorporadas a los productos responsabilizándose del porte, almacenamiento y control de calidad de sus materiales; pocos proveedores cualificados para los elementos y conjuntos incorporables suelen ser preferibles a un número elevado.

Ejercicio

5. Clasifica los siguientes *stocks*:

- Harina en una panadería.
- Harina, como resultado final del proceso de producción en una fábrica donde se muele el trigo.
- Las lunas delanteras de coche que otra empresa ha fabricado y que se van a incorporar al mismo.
- Los productos que una empresa tiene para atender a su demanda habitual.

6. Una panadería elabora roscos de pan que tienen un círculo abierto en el centro. El trozo de masa que quitan para hacer el rosco lo comercializan aparte como «circulitos de pan». Identifica los distintos tipos de existencias que pueden darse en este supuesto según la clasificación del Plan General Contable.

7. En una situación económica con una tasa de inflación muy baja y con riesgo de deflación en la eurozona, ¿tendría sentido acumular stock vía precios?

4.3. Clasificación ABC de productos como criterio de clasificación de stocks

El análisis ABC es un método de clasificación o segmentación que es útil para facilitar la gestión de los *stocks* de un almacén. Como no todos los artículos almacenados tienen la misma importancia para la empresa (ya sea por la inversión inmovilizada, o por otras características) los procedimientos que se emplean para la gestión de *stocks* de cada uno de ellos no tiene por qué ser la misma.

Figura 4.15.
Teoría de Pareto 80/20 o también 20/80.

Se fundamenta en la Teoría de Pareto conocida también como la regla 20/80 u 80/20. En base a este análisis una empresa puede identificar un reducido número de artículos (20%) que representan la mayor parte (80%) de una variable de estudio (ventas, costes, inversión, beneficios, rotaciones, etc.); y al contrario, un número muy elevado de artículos (80%) que representa un porcentaje muy pequeño de dicha variable (20%).

Entre las características o variables que se pueden utilizar para clasificación de productos almacenados se encuentran, entre otras, las siguientes:

- Costes del capital inmovilizado
- Rotación
- Características físicas (volumen, peso)
- Costes de almacenamiento

El resultado del análisis ABC es significativo cuando existe un número elevado de artículos en almacén y se quieren clasificar en relación a la importancia que representan según una determinada característica (variable de estudio). Cuanta más disparidad haya entre los valores de dicha variable mejor será el resultado de la clasificación. Si no hay disparidad, el análisis ABC como criterio de clasificación no es válido.

Por tanto, como no todos los artículos almacenados suponen la misma importancia para la empresa se trata de decidir qué partes del inventario deben ser ser priorizadas sobre otras. Para ello se establecen tres categorías:

Tipo A. 20% de los artículos ⇒ 80% de la variable
Tipo B. 30% de los artículos ⇒ 15% de la variable
Tipo C. 50% restante ⇒ 5% de la variable

Estos porcentajes son orientativos, en la realidad no se cumplen en las mismas proporciones sin que por ello pierda validez el análisis. La clasificación tiene cierta subjetividad.

Los artículos clasificados en la categoría A serán, lógicamente, a los que mayor atención hay que prestar. Son los que requieren más control.

Los clasificados como B tendrán una importancia intermedia y requieren, por tanto, un control intermedio también.

Y los artículos catalogados como C son los más numerosos aunque representen el menor porcentaje de la variable de estudio considerada. Estos artículos apenas requieren control y, en algunos casos, incluso se podría tomar la decisión de prescindir de alguno de ellos.

Si, por ejemplo, se considera como variable de estudio la inversión total en existencias y el número de artículos, la base para determinar las 3 categorías de clasificación, la interpretación del análisis sería:

El 20% de artículos supone el 80% de la inversión en *stocks*; un 30% de artículos se corresponde con el 15% de la inversión realizada y el 50% restante representa solamente un 5% de dicha inversión.

La **técnica** que se utiliza para llevar a cabo la clasificación ABC es la siguiente:

- Se ordenan los artículos de forma decreciente (de mayor a menor) según la variable objeto de estudio.
- Se calcula el % que representa cada artículo respecto del total de artículos.
- Se calcula el % de cada valor de la variable sobre el total.
- Se halla el % acumulado de artículos.
- Se halla el % acumulado de los valores de la variable.
- Se procede a hacer la clasificación ABC conforme a los % que le correspondan a cada categoría.
- La representación gráfica de estos porcentajes permite conocer de una manera muy rápida los resultados de la clasificación. En el eje de abscisas (x) se colocan

Recuerda . . .

El economista y sociólogo italiano Vilfredo Pareto (1848-1923) observó, respecto a la distribución de la renta en Italia, que el 20% de las personas poseía el 80% de la renta y que el 80% de la población poseía, tan solo, el 20% restante. Tras estudiar la distribución de la riqueza en otros países, descubrió que seguía el mismo patrón demostrando con ello que muy pocas personas, en este caso, se llevan la mayor parte de la variable de estudio y al contrario. Este análisis resulta de utilidad en numerosas actividades, entre ellas la gestión de stock.

los % acumulados de artículos y en el eje de ordenadas (y), los % acumulados correspondientes a la variable. Sobre el gráfico se identifican con las letras A, B y C cada una de las categorías.

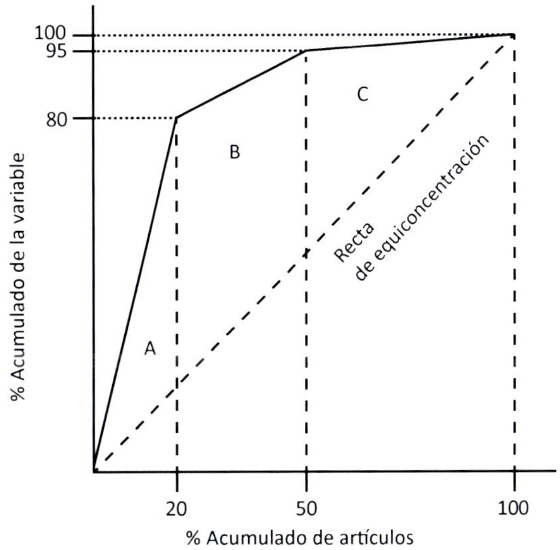

Figura 4.16. Representación análisis ABC. Elaboración propia.

La recta que une el origen de los ejes de coordenadas con el punto (100,100) es la recta de equiconcentración o equidistribución; es decir, donde todos los artículos adquieren exactamente la misma importancia. Cuanto más alejada de esta recta esté la curva de distribución de Pareto, mayor es la disparidad entre los valores de los artículos y mejor será la clasificación en categorías.

En algunos casos, no es suficiente el análisis de una sola variable, por lo que habrá que hacer otra clasificación teniendo en cuenta otros parámetros. Se cruzarán los datos para tomar decisiones de manera que los distintos diagramas que resulten pueden orientar sobre prioridades para la solución. Así, por ejemplo, un artículo puede estar clasificado como A según una determinada característica y como C según otra por lo que habrá que interpretar qué es lo que le interesa a la empresa.

El uso del diagrama de Pareto tiene que ser continuo para poder comparar resultados con una perspectiva temporal y ver cómo van evolucionando.

Ejemplo

Clasificación ABC teniendo en cuenta que la variable de análisis ha sido el coste de la inversión en *stocks*.

Artículo	Cantidad	Precio unitario	Importe (coste inversión stock)	% Artículos	% Importe	% Artículos acumulado	% Importe acumulado	Clasificación
A25	10000	102,00	1.020.000,00	11,37%	48,45%	11,37%	48,45%	A
R14	9000	70,00	630.000,00	10,23%	29,93%	21,60%	78,38%	
T01	6500	13,00	84.500,00	7,39%	4,01%	29,00%	82,39%	B
H30	5000	13,60	68.000,00	5,69%	3,23%	34,68%	85,63%	
M20	5500	10,00	55.000,00	6,25%	2,61%	40,93%	88,24%	
M35	5500	9,50	52.250,00	6,25%	2,48%	47,19%	90,72%	
S02	3060	14,00	42.840,00	3,48%	2,04%	50,67%	92,75%	
D8	2000	15,00	30.000,00	2,27%	1,43%	52,94%	94,18%	
D3	5000	5,00	25.000,00	5,69%	1,19%	58,63%	95,37%	C
P07	1246	15,00	18.690,00	1,42%	0,89%	60,04%	96,26%	
L14	1962	8,00	15.696,00	2,23%	0,75%	62,28%	97,00%	
E28	3177	4,00	12.708,00	3,61%	0,60%	65,89%	97,60%	
G65	6000	2,00	12.000,00	6,82%	0,57%	72,71%	98,17%	
CL1	1500	8,00	12.000,00	1,71%	0,57%	74,42%	98,74%	
CH5	5000	1,50	7.500,00	5,69%	0,36%	80,10%	99,10%	
CAL3	3000	2,00	6.000,00	3,41%	0,29%	83,51%	99,39%	
POL94	4500	1,25	5.625,00	5,12%	0,27%	88,63%	99,65%	
DEL22	5000	0,75	3.750,00	5,69%	0,18%	94,31%	99,83%	
COR30	1500	1,20	1.800,00	1,71%	0,09%	96,02%	99,92%	
CAL47	3500	0,50	1.750,00	3,98%	0,08%	100,00%	100,00%	
	87945		2105109	100,00%	100,00%			

A. El 21,60% de los artículos – 78,38% del coste.
B. El 31,34% de los artículos – 15,80% del coste.
C. El 47,06% de los artículos – 5,82% del coste.

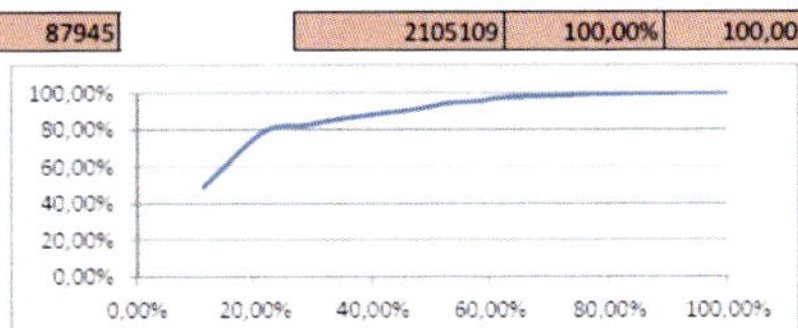

Figura 4.17. Ejercicio de análisis ABC resuelto:

Ejercicio

8. La empresa OTO, S.A., quiere controlar las existencias en almacén en base a su coste, expresado en miles de u.m. A continuación se presentan dos tablas con los mismos artículos pero con distinta valoración.

- ¿Qué diferencias se aprecian entre los valores de la variable de estudio (coste)? En ambos casos, en cuanto a la dispersión que presentan los costes.
- Realizar la clasificación ABC de los artículos almacenados y su correspondiente representación gráfica.
- ¿Es acertado utilizar el análisis ABC en las dos situaciones que se presentan? ¿Por qué?

Artículo	Coste
A-01	3.000
B-02	2.550
C-03	5.800
D-04	218.800
E-05	196.500
F-06	26.600
G-07	32.500
H-08	22.260
I-09	3.860
J-010	1.230
TOTAL	513.100

Artículo	Coste
A-01	3.000
B-02	3.550
C-03	3.800
D-04	3.850
E-05	3.760
F-06	3.590
G-07	3.750
H-08	3.260
I-09	3.860
J-010	3.230
TOTAL	35.650

4.4. Los inventarios

Ya se ha comentado que a los *stocks* se les llama también existencias o inventarios. Sin embargo, cuando se habla de **inventario** se refiere, principalmente, a la relación de los bienes que posee una organización tanto en unidades físicas como en unidades monetarias.

Las empresas están obligadas a realizar inventario según queda recogido en la norma mercantil:

Artículo 25 del Código de Comercio

«Todo empresario deberá llevar una contabilidad ordenada, adecuada a la actividad de su empresa que permita un seguimiento cronológico de todas sus operaciones, así como la **elaboración** periódica de balances e **inventarios**. Llevará necesariamente, sin perjuicio de lo establecido en las leyes o disposiciones especiales, un **libro de Inventarios y Cuentas anuales** y otro Diario.»

Artículo 28 del Código de Comercio

«El **libro de Inventarios y Cuentas anuales** se abrirá con el balance inicial detallado de la empresa. Al menos trimestralmente se transcribirán con sumas y saldos los balances de comprobación. Se transcribirán también el inventario de cierre del ejercicio y las cuentas anuales». En este libro se registra todo lo que tiene la empresa (bienes, derechos y obligaciones) permitiendo conocer los aumentos y disminuciones que se hayan producido en los inventarios. Es un **medio de control de las mercancías, materias primas, producto en curso de fabricación y terminado.**

Las empresas tienen que ajustar los inventarios a la realidad, ya que una valoración por encima de lo que realmente es, valora más a la empresa, mientras que una valoración a la baja, la infravalora lo que repercute fiscalmente en los impuestos que esté obligada a pagar.

Por otra parte, conocer los **niveles disponibles** de *stocks* es necesario si quiere cumplir, en cada momento, con las necesidades de producción y atender los pedidos de los clientes.

Así pues, el **inventario** consiste, por una parte, en el **recuento físico** y en la descripción detallada de todos los componentes de una empresa y, por otra, en la **valoración** de dichos componentes. Todo ello referido a un momento determinado.

4.4.1. Métodos de recuento

Las empresas deben considerar el tipo de sistema que utilizan para administrar los inventarios.

Por un lado, el inventario se realiza a través de la contabilidad **(inventario contable)** registrando todas las entradas y salidas de artículos de la empresa. En este caso, no hay recuento físico de las unidades que quedan en almacén, solo contable.

Por otro, el inventario se puede llevar a cabo mediante el **recuento físico** de los artículos, entonces se está haciendo un **inventario extracontable.**

El **recuento físico** de los artículos almacenados básicamente se puede efectuar a través de:

1. **Recuento periódico o inventario periódico**. Recuento completo de todos los artículos. Se realiza una vez al año (balance). Se cierra el almacén.

Figura 4.18.
Cerrado por inventario.

2. **Recuento cíclico o inventario por ciclos o cíclico.** En este caso se recuenta cierto número de artículos durante todo el año, ya sea parcial o totalmente. No es necesario parar la actividad de almacén.

   La **determinación de los ciclos**, es decir, cada cuánto tiempo se va a revisar el *stock*, dependerá de cada empresa y se puede hacer según algunos de los siguientes criterios:

   - Por el **método ABC** (los artículos A, por ejemplo, se revisan cada mes, los B cada tres meses y los C cada medio año)
   - Cuando el nivel de *stock* llegue al **punto de pedido**.
   - Cuando el almacén registre **cierto número de movimientos** (entradas / salidas).
   - De forma **permanente**, cada día; se recuentan los artículos que hayan tenido movimiento.

4.4.2. La valoración de las existencias

La empresa, para llevar a cabo su actividad, necesita conocer con qué productos cuenta y cuál es su valoración.

Ello significa que para cualquier movimiento de existencias en almacén, ya sean entradas o salidas de materiales, hay que hacer una doble anotación: por un lado se registran las unidades físicas y por otro, su equivalente en unidades monetarias de acuerdo a la siguiente fórmula:

$$Ef = Ei + E - S$$

Ef = Existencias finales

Ei = Existencias iniciales

E = Entradas

S = Salidas

FICHA CONTROL DE EXISTENCIAS										Ficha núm.
Empresa							Método d'Asignación de Valor			
Artículo Ref:						Existencia máxima: Stock de seguridad: Plazo de entrega:				
Fecha	Proveedor/Cliente	Compras/Entradas			Ventas/Salidas			Existencias		
Día/Mes	Núm. de factura	Unid.	Precio	Importe	Unid.	Precio	Importe	Unid.	Precio	Importe

Figura 4.19. Modelo de ficha de control de existencias a nivel contable.

Por otra parte, hay que comprobar que lo que refleja la contabilidad coincide con lo que realmente hay almacenado. En caso contrario, se habla de diferencias de inventario. Estas diferencias pueden deberse a mermas, robos, deterioros de mercancías, administrativos, etc.

Si para llevar a cabo el recuento físico de las existencias la empresa puede utilizar el criterio que considere más oportuno (recuento una vez al año, cada cierto tiempo, etc.) para su valoración tiene que adaptarse a unas normas.

Normas de valoración de existencias

Para proceder a la valoración de las existencias se han de tener en cuenta las siguientes normas:

- Artículo 35 apartado 1 del Código de Comercio:

  «El activo circulante o corriente comprenderá los elementos del patrimonio que se espera vender, consumir o realizar en el transcurso del ciclo normal de explotación, así como, con carácter general, aquellas partidas cuyo vencimiento, enajenación o realización, se espera que se produzca en un plazo máximo de un año contado a partir de la fecha de cierre del ejercicio».

Figura 4.20. El Plan General de Contabilidad recoge las normas contables que deben aplicar todas las empresas.

- Artículo 38 del Código de Comercio:

  «El registro y la valoración de los elementos integrantes de las distintas partidas que figuran en las cuentas anuales deberán realizarse conforme a los principios de contabilidad generalmente aceptados. En particular, se observarán las siguientes reglas»:

  – No se variarán los criterios de valoración de un ejercicio a otro.

Recuerda ...

La aplicación de los diferentes tipos de descuento en una misma factura está en función de la estrategia comercial de la empresa. Así, se podrán realizar de forma acumulada (todos se aplicarían sobre la misma base: importe bruto) o no, en este caso se haría de la siguiente manera:

El descuento comercial se aplicaría sobre el importe bruto de los productos vendidos.

Un descuento por volumen de compra o rappel se aplicaría una vez descontado el importe del descuento comercial.

El descuento por pronto pago (descuento por reducir el plazo de pago de la deuda representada en la factura) se aplicaría sobre este último importe neto.

No obstante lo anterior, nada impediría aplicar cada descuento sobre el importe bruto, si así se acuerda con el cliente.

- Los activos se contabilizarán, por el precio de adquisición, o por el coste de producción.

- Plan General de Contabilidad (PGC 07)

  Por lo que respecta a la valoración de los bienes y servicios comprendidos en las existencias, la Norma de Registro y Valoración 10ª del PGC 2007 establece que se llevará a cabo por el precio de adquisición o coste de producción.

  Esto significa que hay que distinguir entre:

  - Aquellas **existencias obtenidas del exterior** (a proveedores externos), que todavía **no han sido objeto de venta o transformación**, calculándose **su valor** sobre la base del **precio de adquisición**. Aquí estarían incluidas las mercaderías, las materias primas y los otros aprovisionamientos.
  - Y las **existencias consideradas intermedias y finales**, tales como productos terminados, semiterminados, en curso de fabricación, subproductos, residuos, materiales recuperados y servicios, **cuyo valor** viene dado por el **coste de producción.**

¿Cómo se calcula el precio de adquisición?

La Norma de Registro y Valoración décima del PGC relativa a las existencias señala que:

> «El precio de adquisición incluye el importe facturado por el vendedor después de deducir cualquier descuento, rebaja en el precio u otras partidas similares así como los intereses incorporados al nominal de los débitos y se añadirán todos los gastos adicionales que se produzcan hasta que los bienes se hallen ubicados para su venta, tales como transportes, aranceles de aduanas, seguros y otros directamente atribuibles a la adquisición de las existencias». Esta norma añade que los impuestos indirectos que gravan las existencias solo se incluirán en el precio de adquisición cuando dicho importe no sea recuperable directamente de la Hacienda Pública.
>
> No obstante lo anterior, la norma establece la posibilidad de añadir al precio de adquisición los intereses incorporados a los débitos siempre y cuando se cumplan los siguientes requisitos: que el «vencimiento no sea superior a un año; que no tengan un tipo de interés contractual y cuando el efecto de no actualizar los flujos de efectivo no sea significativo».
>
> Además, en las existencias que necesiten un periodo de tiempo superior a un año (constructoras, inmobiliarias, vinícolas, forestales, navales, etc.) para estar en condiciones de ser vendidas, se incluirán en el precio de adquisición los gastos financieros.

De todo lo anterior, se puede sintetizar que el precio de adquisición vendrá dado por las partidas representadas en la siguiente tabla:

(+) IMPORTE FACTURADO POR EL VENDEDOR

(-) DESCUENTOS, REBAJAS Y BONIFICACIONES

(-) INTERESES (podrán añadirse si cumplen requisitos)

(+) GASTOS ADICIONALES A LA COMPRA

(-) SUBVENCIONES

(+) (-) DIFERENCIAS DE CAMBIO

(+) IMPUESTOS (no deducibles)

Figura 4.21. Componentes del coste de adquisición.

Ejemplo

Con fecha 09/05/2014 la empresa DILSA adquiere 20.000 unidades de mercaderías a su proveedor que le concede 60 días para el pago. El precio unitario asciende a 10 u.m. Los gastos adicionales de la operación son 3.200 u.m. (transporte y seguro).

En factura aparecen los siguientes descuentos:

- Descuento comercial 2%
- Descuento por volumen de compra 1%
- Descuento por pronto pago 10%

El precio de adquisición sería aplicando todos los descuentos sobre el importe bruto (importe facturado):

+ Importe facturado	200.000,-
- Dto. Comercial	4.000,-
- Dto. por volumen	2.000,-
- Dto. por pronto p.l	20.000,-
+ Transportes y seguro	3.200,-
= Base imponible	177.200,-
Precio adquisición 177.200/20.000	8,86,-

Cálculo del coste de fabricación

También el Plan General 2007 en la norma de valoración y registro décima establece que:

> «**El coste de producción** se determinará añadiendo al precio de adquisición de las materias primas y otras materias consumibles, los costes directamente imputables al producto. También deberá añadirse la parte que razonablemente corresponda de los costes indirectamente imputables a los productos de que se trate, en la medida en que tales costes correspondan al período de fabricación, elaboración o construcción, en los que se haya incurrido al ubicarlos para su venta y se basen en el nivel de utilización de la capacidad normal de trabajo de los medios de producción».
>
> Siguiendo la pauta de la normativa internacional (NIC-2), no podrán incorporarse al coste de producción los costes indirectos como consecuencia de un nivel bajo de producción ni por la existencia de capacidad ociosa, conocidos como costes de ineficiencia.

De lo anterior, se deduce que el coste de producción vendrá dado por los costes representados en la siguiente tabla:

(+) COSTES DIRECTOS

(+) COSTES INDIRECTOS

Figura 4.22. Componentes del coste de producción.

Los **costes directos** serían los de materiales y mano de obra.

Los **costes indirectos**, siempre que sean necesarios para que el producto se halle en condiciones de ser destinado al consumo final o a su utilización por otras empresas, serían: la amortización del equipo productivo utilizado, limpieza, luz, costes financieros, mermas, control de calidad, así como los de supervisión, conservación y mantenimiento, administración y dirección de la producción, etc.

Ejemplo

Una empresa quiere calcular el coste de producción del único producto que fabrica, teniendo en cuenta los siguientes datos:

- Número de unidades fabricadas 10.000.
- Compras de M.P. 100.000 u.m. (21% de IVA).
- Sueldos y salarios 20.000 u.m. (mano de obra directa) y seguridad social a cargo de la empresa 2.500.
- Electricidad 6.000 u.m. (IVA 21%).
- Publicidad: 3.000 u.m. (IVA 21%).
- Amortización maquinaria: 10.000 u.m.

El coste de producción, se hallaría de la siguiente forma:

Conceptos		Costes		
		Directos	Indirectos	Total
Materias primas	100.000,-	100.000,-		100.000,-
Sueldos y sal.	20.000,-	20.000,-		20.000,-
Electricidad	6.000,-		6.000,-	6.000,-
Publicidad	3.000,-		3.000,-	3.000,-
Amortización	10.000,-		10.000,-	10.000,-
Coste de producción = 139.000/10.000				139,-

Métodos de asignación de valor

Para solucionar un problema que habitualmente aparecía en las empresas con la valoración de las salidas de artículos y con la del *stock* final cuando compraban o fabricaban dichos artículos a distintos precios de adquisición o coste de producción, se plantearon distintas alternativas:

1. En el caso de varios precios de adquisición o de producción de una misma mercancía, si esta es identificable de modo individualizado, se deberá aplicar a cada remesa su correspondiente precio de adquisición o coste de producción.
2. Cuando se trate de bienes cuyo precio de adquisición o coste de producción no sea identificable de modo individualizado, se adoptará con **carácter general** el método del **precio medio ponderado o coste medio ponderado (PMP o CMP).**
   - El **método del PMP** consiste en calcular el precio medio ponderado cada vez que haya una entrada mediante la siguiente fórmula:

$$PMP = \frac{P_1 q_1 + P_2 q_2 + \ldots + P_n q_n}{q_1 + q_2 + \ldots + q_n}$$

$$PMP = \frac{\sum_{i=1}^{n} P_i q_i}{\sum_{i=1}^{n} q_i}$$

Donde:

PMP = Precio Medio Ponderado

P_i = Precio al que se adquiere la cantidad *i*

q_i = Cantidad *i*

Valora las salidas de acuerdo al PMP o a CMP al que están valoradas las existencias en ese momento.

Es decir, el PMP o el CMP solo se modifican cada vez que hay una entrada.

Con el siguiente ejemplo se explica el funcionamiento de la valoración de existencias por el criterio del PMP:

Ejemplo

La empresa OLIVAS DEL SUR, S.A. presenta la siguiente información sobre el movimiento de existencias en almacén (granel) del producto «X» que tiene una acidez de 0,4º, variedad arbequina, durante el mes de enero de 2014:

	CANTIDAD (L)	FECHA	PRECIO (€)
Exist. Inic.	4.000	02-ene	4
Compras	3.000	04-ene	6,75
Ventas	2.000	10-ene	8,5
Ventas	2.600	15-ene	10
Compras	1.600	24-ene	3,25
Ventas	2.000	29-ene	7,6

OLIVAS DEL SUR, S.A.					Método de asignación de valor: PMP					
Artículo:	Producto "X" Acidez 0,4º de la variedad Arbequina				Existencia máxima			10.000 l.		
Ref.:	A53ED/Aber				Stock de seguridad:			1.000 l.		
					Plazo de entrega:			3 días		
Fecha	Concepto	Entradas			Salidas			Existencias		
		Cantidad	Precio	Importe	Cantidad	Precio	Importe	Cantidad	Precio	Importe
02/01/14	Exist. Inic.							4.000	4,850	19.400,00
04/01/14	Compras Fra. Nº 54	3000,0	6,75	20.250,00				7.000	5,664	39.650,00
10/01/14	Ventas Fra. Nº 421				2.000	5,664	11.328,57 €	5.000	5,664	28.321,43
15/01/14	Ventas Fra. Nº 422				2.600	5,664	14.727,14 €	2.400	5,664	13.594,29
24/01/14	Compras Fra. Nº 871	1600	3,25	5.200,00				4.000	4,699	18.794,29
29/01/14	Ventas Fra. Nº 423				2.000	4,699	9.397,14 €	2.000	4,699	9.397,14

Figura 4.23. Ficha de almacén. Ejercicio resuelto por el método PMP.

$$PMP_1 = \frac{(4{,}000\,x\,4{,}85) + (3.000\,x\,6{,}75)}{4.000 + 3.000} = 5{,}664 \text{ €}/u$$

$$PMP_2 = \frac{(2{,}400\,x\,5{,}664) + (1.600\,x\,3{,}25)}{2.400 + 1.600} = 4{,}699 \text{ €}/u$$

Únicamente hay dos Precios Medios Ponderados diferentes porque solo hay dos entradas a precios también diferentes.

- El método **FIFO** (First in, First out) es aceptable y puede adoptarse si la empresa lo considera más conveniente para su gestión.

Considera que las primeras unidades recibidas en el almacén serán también las primeras en ser destinadas a la venta (1ª entrada, 1ª salida), permaneciendo en existencias las más recientes. Este método produce una valoración de las existencias muy próxima al coste de reposición de las mismas.

Ejemplo

Con los mismos datos del ejemplo anterior se explica el funcionamiento de la valoración de existencias por el método FIFO:

OLIVAS DEL SUR, S.A. — Método de asignación de valor: FIFO

Artículo:	Producto "X" Acidez 0,4º de la variedad Arbequina	Existencia máxima	10.000 l.
Ref.:	A53ED/Aber	Stock de seguridad:	1.000 l.
		Plazo de entrega:	3 días

Fecha	Concepto	Entradas			Salidas			Existencias		
		Cantidad	Precio	Importe	Cantidad	Precio	Importe	Cantidad	Precio	Importe
02/01/14	Exist. Inic.							4.000	4,850	19.400,00
04/01/14	Compras Fra. Nº 54	3000	6,75	20.250,00				4.000 3.000	4,850 6,750	19.400,00 20.250,00
10/01/14	Ventas Fra. Nº 421				2.000	4,850	9.700,00	2.000 3.000	4,850 6,750	9.700,00 20.250,00
15/01/14	Ventas Fra. Nº 422				2.000 600	4,850 6,750	9.700,00 4.050,00	2.400	6,750	16.200,00
24/01/14	Compras Fra. Nº 871	1600	3,25	5.200,00				2.400 1.600	6,750 3,250	16.200,00 20.250,00
29/01/14	Ventas Fra. Nº 423				2.000	6,750	13.500,00	400 1.600	6,750 3,250	2.700,00 20.250,00

	CANTIDAD (L)	FECHA	PRECIO (€)
Exist. Inic.	4.000	02-ene	4
Compras	3.000	04-ene	6,75
Ventas	2.000	10-ene	8,5
Ventas	2.600	15-ene	10
Compras	1.600	24-ene	3,25
Ventas	2.000	29-ene	7,6

Figura 4.24. Ficha de almacén. Ejercicio resuelto por el método FIFO.

El primer movimiento de existencias en almacén viene determinado por una entrada el día 04/01. Dicha entrada se incorpora a las existencias ocupando el lugar inmediatamente siguiente a las existencias que ya había para poder aplicar el criterio de primera entrada primera salida cuando proceda. Hay 4.000 unidades a 4,85 y 3.000 unidades a 6,75.

El día 10/01 salen 2.000 unidades. Se aplica el criterio de que lo primero que sale es lo primero que entró. Así pues, salen todas las unidades (2.000) de 4,850 (1ª entrada, 1ª salida); quedan por tanto otras 2.000 unidades (4.000 - 2.000) a 4,850 y toda la compra del día 04/01, es decir, 3.000 unidades a 6,750.

En la segunda salida del día 15/01 salen 2.600 unidades: 2.000 unidades a 4,850 y 600 a 6,750; quedan 2.400 de 6,750 (todas las unidades de 4,850 ya han salido).

El día 24/01 se produce una entrada de 1.600 unidades a 3,25. Las existencias en almacén en ese momento pasan a ser de 2.400 unidades de 4,75 y 1.600 a 3,25, por este orden.

Y, por último, el día 29/01 se venden 2.000 unidades de 6,75 quedando en existencias finales: 400 unidades a 6,75 y 1.600 a 3,25.

El Plan General Contable actual elimina como método de valoración admisible el L.I.F.O. (*Last In, First Out*) dejando únicamente la posibilidad de valorar a **PMP** o **CMP** y a **F.I.F.O.** –este último será aceptable y se utilizará si la empresa lo considera más conveniente para su gestión–.

Además, se utilizará un único método de asignación de valor para todas las existencias que tengan una naturaleza y usos similares.

Una vez adoptado un **método de asignación de valor** para las existencias deberá ser **mantenido en el tiempo** y ser aplicado para aquéllas con naturaleza similar. No obstante, **excepcionalmente**, se podrá variar el método adoptado siempre que las circunstancias que motivaron su elección se alteren, con el objetivo de la búsqueda de la imagen fiel.

Recuerda . . .

El PMP solo se modifica con las entradas en almacén. Las salidas se valoran al precio medio ponderado al que estén valoradas las existencias. El precio de venta NO influye en la valoración de existencias en almacén, pero sí en lo que tienen que pagar los clientes y, por supuesto, en los beneficios de la empresa.

Hay que tener en cuenta de qué tipo de producto se trata a la hora de aplicar el redondeo en los precios medios ponderados, de tal manera que este no distorsione los mismos. El redondeo se hace por exceso o por defecto, ajustándose a la unidad más próxima.

Valoración de devoluciones de compras y de ventas

Las **devoluciones de compras** (salidas). Si fuese posible, se imputarán como menor valor de la partida de existencias objeto de devolución. Si no se pudiera identificar la partida de las existencias devueltas, se imputarán como menor valor de las existencias de acuerdo con el criterio de valoración empleado.

Las **devoluciones de ventas** (entradas). Se incorporarán por el precio de adquisición o coste de producción que les correspondió conforme al método de salida de almacén utilizado, excepto que su valor de mercado fuese menor, en cuyo caso se registrará por dicho importe.

Deterioro de valor de las existencias

El inventario de existencias puede experimentar pérdidas de valor debido a causas de diversa naturaleza como daños y deterioros, obsolescencia total o parcial y la caída de sus precios en el mercado.

Las causas pueden ser irreversibles y reversibles. Los daños y deterioros, así como la obsolescencia, producen en las existencias una pérdida de valor para la empresa de carácter irreversible. Esto implica que se han de hacer las correcciones valorativas pertinentes dando de baja a las existencias en el inventario.

En cuanto a la caída de precios en el mercado ocasiona una pérdida reversible, por lo que se procederá a comprobar que el valor neto realizable de las existencias sea inferior a su precio de adquisición o coste de producción, entonces se efectuarán las oportunas correcciones valorativas. En caso contrario no proceden.

Ejemplo

Ejemplo de precios medios redondeados: precio medio ponderado de partida PMP = 0,34812 €/kg de trigo. Como el trigo se comercializa por toneladas, la influencia de los decimales puede ser muy importante en el importe final de las existencias, por lo que el redondeo se hará al segundo decimal más próximo, como mínimo. En este caso, el PMP redondeado a dos decimales sería 0,35 €/kg; si el redondeo se hiciese a tres decimales el PMP sería 0,348 €/kg.

Ejercicio

9. Cálculo de precios de adquisición. El día 11 de septiembre de 2013, la empresa CVV, SA, que se dedica a la venta de productos informáticos, adquiere una partida de 500 ordenadores con origen Singapur por un importe de 500.000 euros. Los gastos de transporte hasta el puerto de Valencia ascienden 5.000 euros, el seguro, 1.300 euros; el transporte interior desde Valencia hasta la sede de la empresa en Burgos ha ascendido a 1.000 euros. Los derechos arancelarios han supuesto 3.000 euros. El IVA de la operación es el tipo general (21%).

Hay que dar de alta a los ordenadores en la empresa. Las normas de valoración dicen: «Las existencias, *stocks* o inventarios se valorarán por su precio de adquisición...»

10. En enero de 2013, la empresa «Z» adquiere 1.000 unidades de un producto por un importe de 100.000. u.m. De esas mercancías, 20 unidades se estropean definitivamente. ¿Cómo se gestiona esta situación?

4.5. Factores que afectan a la gestión de *stocks*

Un aspecto muy importante a tener en cuenta en la gestión de *stocks* es conocer los factores que la afectan. Dichos factores se pueden agrupar de la siguiente manera:

- La demanda
- Los costes
- Los plazos
- El nivel de servicio

La demanda

El conocimiento de la demanda es de vital importancia para gestionar los *stocks*, ya que en función de cómo sea esta, la gestión será de una manera u otra.

Así, por ejemplo, no es lo mismo gestionar el *stock* cuando no exista variabilidad de la demanda (demanda constante) que cuando exista una demanda estacional.

Por otra parte, la demanda depende, a su vez, de otros factores como son: el precio del producto (en principio, a mayor precio, menor demanda), el precio de los productos de la competencia, los gustos de los consumidores, la renta disponible o el *marketing*.

Por tanto, es necesario que las previsiones de ventas, en base al estudio de los factores mencionados, se ajusten lo más posible a las ventas reales, pues el nivel de *stock* en almacén va a depender de ese análisis.

Uno de los métodos de previsión de demanda consiste en analizar la evolución de las ventas de periodos anteriores (histórico de ventas) para prever el comportamiento de ventas en el año actual. Ahora bien, como en la mayor parte de los casos no se conoce con exactitud la demanda, se hace necesario disponer de *stocks* de seguridad.

Además de todo lo anterior también influyen en la gestión de *stocks* los siguientes aspectos:

- La unidad de medida. No es lo mismo gestionar el *stock* de un producto que se venda por kilogramos, por toneladas o por metros, por ejemplo.
- La posibilidad de diferir la demanda insatisfecha cuando por falta de existencias en almacén la demanda no haya sido atendida. En este caso conocer el mercado en el que se mueve la empresa (mucha o poca competencia) y el ciclo de vida del producto (¿producto realmente nuevo o en qué fase del ciclo se encuentra?) influirá en la cantidad de *stocks* a almacenar.
- La caducidad de los productos. La gestión será diferente para productos con caducidad a muy corto plazo que para aquellos que tengan la caducidad a más largo plazo.
- Si la demanda es dependiente o independiente. En función de cómo sea se aplicará un sistema de reaprovisionamiento diferente. Ejemplo de demanda dependiente son las partes o componentes de un producto terminado (ruedas para un automóvil); el automóvil tiene demanda independiente.

Los costes

Para optimizar la gestión de *stocks* desde el punto de vista económico, es necesario conocer los costes asociados a los *stocks* almacenados.

Estos costes son los derivados del propio proceso de compra (coste de emisión de pedido y coste de adquisición) y de lo que cuesta tener estos productos almacenados (coste de almacenamiento). También se considera coste de gestión de *stocks*

Figura 4.25.
La satisfacción del cliente está relacionada con el nivel de servicio que fije la empresa.

el coste de rotura; es decir, lo que se deja de ingresar por no tener artículos en almacén para atender a la demanda.

Coste de emisión de pedidos (o coste de órdenes de reposición). Este coste comprende todos los gastos administrativos originados por la tramitación de la compra a un proveedor para conseguir un producto. Entre ellos están los siguientes gastos: los relacionados con la selección de los proveedores, correo, teléfono, tareas administrativas, reclamaciones de pedidos, estudio de mercado, salarios de los agentes de compras, controles para verificar la calidad del producto, etc.

Si se trata de un artículo fabricado por la propia empresa, a los gastos administrativos anteriores hay que añadir el coste de la puesta a punto de las máquinas para la fabricación del lote.

Coste de adquisición. Es aquel que se origina por la compra de las mercancías. Viene determinado por el importe que resulta de multiplicar el precio de adquisición por el número de unidades que se compran.

Para calcular el precio adquisición se aplican las normas de valoración del Plan General Contable (comentadas anteriormente).

Coste de almacenamiento. Son los que soporta la empresa por el hecho de tener *stock* almacenado, entre ellos se encuentran: alquiler, electricidad, maquinaria, vigilancia, gastos de manipulación de material y trabajos administrativos, seguros, coste de oportunidad (dinero que se deja de ganar por mantener inmovilizado un capital en *stock* en lugar de tenerlo invertido en otro activo financiero).

Coste de rotura. Aparece cuando no es posible atender la demanda por falta de existencias (ruptura de *stocks*).

Los plazos

El plazo de entrega de proveedores o tiempo de espera se puede definir como el tiempo que pasa desde que se lanza una orden de pedido hasta que se reciben los artículos (M.P. o mercancías) en almacén y están disponibles para su incorporación al proceso productivo o para la venta.

La cantidad de *stock* almacenada depende del plazo de entrega; así cuanto mayor sea dicho plazo mayor tendrá que ser la cantidad a almacenar.

El nivel de servicio

Está en relación con el grado de satisfacción del cliente. En este sentido se entiende que los clientes encuentran el producto que buscan en la cantidad y el momento en que lo necesitan.

Por tanto, cuanta más cantidad de *stock* haya almacenada, más posibilidad de encontrar el producto tienen los clientes. O lo que es lo mismo: a mayor nivel de servicio, mayores costes de gestión de *stocks*.

Así la política de gestión de *stocks* de la empresa decidirá qué nivel de servicio ofrecer.

Stock de seguridad

Los *stocks* de seguridad tratan de evitar los fallos en los suministros a los clientes.

Si la demanda y el plazo de entrega son conocidos no es necesario fijar un *stock* de seguridad (SS = 0).

Ahora bien, cuando la demanda no es constante, sino que varía, entonces se debe tener un número de unidades en el almacén por encima de lo que se necesita normalmente, para hacer frente a las demandas imprevistas (fluctuaciones en exceso de la demanda) y/o a los retrasos en los plazos de entrega.

Así pues, la cantidad que la empresa destine para *stock* de seguridad de cada material, va a depender de:

- La variabilidad de la demanda. Si la previsión de demanda se desvía mucho de la demanda real, el nivel del *stock* de seguridad también será excepcionalmente elevado.
- La variabilidad del plazo de entrega. El *stock* de seguridad depende también del tiempo que tarde el proveedor en suministrar los artículos. Es evidente que no se puede requerir el mismo *stock* de seguridad cuando la entrega del proveedor la haga en un día que cuando sea de varios días.
- Del nivel de servicio al cliente. El nivel de servicio es un indicador de calidad, por tanto, dar mayor calidad al cliente implica mayor nivel de servicio y más cantidad de productos almacenados para no desabastecer a la demanda.

  En consecuencia, si se opta por un nivel de servicio alto, el el *stock* de seguridad también será alto. Si se opta por un nivel de servicio bajo, el *stock* de seguridad también será bajo.

Si se parte de unas condiciones de certeza de la demanda, es decir, la demanda es conocida y constante por unidad de tiempo, y lo que varía es el tiempo de suministro, la fórmula del *stock* de seguridad sería:

$$SS = Dm\,(\mathrm{P}me - Pe) = Dm\,.\,R$$

Donde:

SS = Stock de Seguridad

Dm = Demanda media diaria

D = Demanda anual

$$Dm = \frac{D}{360}$$

Pme = Plazo máximo de entrega

Pe = Plazo de entrega normal

Pme = Pe + R

R = Días de posibles retrasos

4.6. Sistemas de gestión de *stocks*

La gestión de *stock* trata de dar respuesta a dos problemas que se presentan en la empresa en relación con el aprovisionamiento:

- ¿Cuándo lanzar una orden de producción o compra? **CUÁNDO PRODUCIR/ PEDIR.**
- ¿Cuál debe ser la cantidad óptima de dicho pedido? **CUÁNTO PRODUCIR/PEDIR.**

La respuesta a las preguntas mencionadas viene determinada por el **sistema de reaprovisionamiento** que elija la empresa para la gestión de *stocks* y este a su vez dependerá del grado de conocimiento que se tenga sobre dos variables clave: la demanda y el tiempo de suministro.

Las posibilidades de reaprovisionamiento que se presentan son:

- Por cantidad fija y periodo variable: sistema de revisión continua, permanente o de punto de pedido.
- Por cantidad variable y periodo fijo: sistema de revisión periódica.

- Por cantidad variable y periodo variable: sistema de revisión perfecta.
- Por cantidad fija y periodo fijo.

4.6.1. Modelos de reposición de existencias

Existen una serie de modelos que resultan adecuados para gestionar el *stock*. Aquí se van a analizar únicamente los **modelos deterministas**, es decir, aquellos que trabajan en **condiciones de certeza** en relación con la demanda frente a los **modelos estocásticos** que trabajan con la demanda en términos de **probabilidad.**

a) Sistemas de revisión continua o de inventarios gestionados por la cantidad

En este caso la revisión de los artículos en almacén se hace de forma continua, es decir, se revisa **constantemente** el nivel de *stock* de un artículo. Esto es, cada vez que se produce una entrada o una salida. De esta forma se tiene un conocimiento de los *stocks* en todo momento (no es problema si la gestión está informatizada), y cuando estos llegan a un determinado nivel llamado **punto de pedido (P.P.)** se lanza una orden de pedido.

Como consecuencia de ese conocimiento continuo de las existencias se tiene un mayor control sobre las mismas y ello repercute positivamente en el nivel de servicio al cliente.

b) Sistema de revisión periódica o de inventarios gestionados por el tiempo

Aquí las órdenes de pedido se cursan a intervalos de tiempos preestablecidos, siempre fijos, denominados **Tiempos de Revisión** de existencias o **Tiempo de Reaprovisionamiento (TR)**, sin que importe la cantidad de existencias que hay en almacén ya que, en principio, y al contrario que en el sistema de revisión continua, no se necesita conocer.

4.6.2. El punto de pedido

El punto de pedido indica el momento en que se ha de lanzar una orden de pedido para evitar roturas de *stock* y problemas en el suministro a los clientes de la empresa.

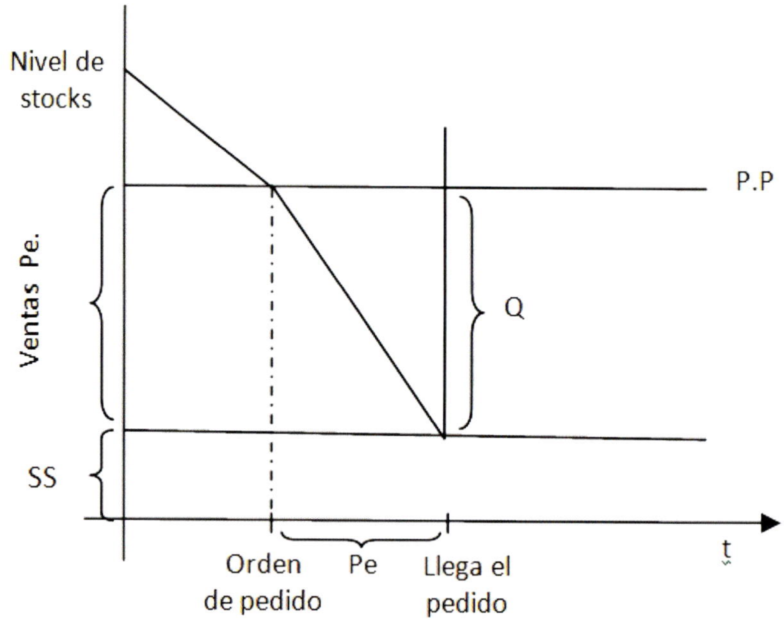

Figura 4.26. Representación del punto de pedido. Elaboración propia.

Se calcula sumando al *stock* de seguridad, en su caso, las ventas previstas durante el plazo de entrega. De esta forma, si las ventas reales coinciden con las ventas previstas durante el plazo de entrega, el nivel de *stock* cuando se reciba el pedido coincidirá con el *stock* de seguridad.

La fórmula para calcular el punto de pedido es la siguiente:

$$PP = SS + (Dm \cdot Pe)$$

Donde:

PP = Punto de Pedido

SS = Stock de Seguridad

Dm = Demanda media diaria

$$Dm = \frac{D}{360}$$

D = Demanda anual

Pe = Plazo de entrega normal

$$SS = Dm\,(Pme - Pe) = Dm \cdot R$$

Pme = Plazo máximo de entrega

Pme = Pe + R

R = Días de posibles retrasos

4.6.3. Sistemas de reaprovisionamiento de cantidad fija-periodo variable

La empresa cuando aplica estos sistemas de reaprovisionamiento siempre hace pedidos por cantidades fijas siendo el tiempo de reaprovisionamiento (tiempo que pasa de pedido a pedido) variable.

4.6.3.1. Sistemas reactivos

Los sistemas reactivos son aquellos que a la hora de reaprovisionarse reaccionan a un determinado nivel de *stock*, llamado punto de pedido, lanzando una orden de pedido.

En esta categoría se encuentran:

Sistema de punto de pedido estándar

Sistema de revisión continua donde la señal para hacer un pedido coincide con el punto de pedido.

¿Cuándo hay que realizar un pedido?

En este sistema de revisión el tiempo para realizar un pedido es variable, no hay una periodicidad predeterminada, ya que la frecuencia del pedido está en función del ritmo de ventas. Así, cuando el volumen de ventas sea alto, la frecuencia será mayor que si el volumen de ventas es bajo.

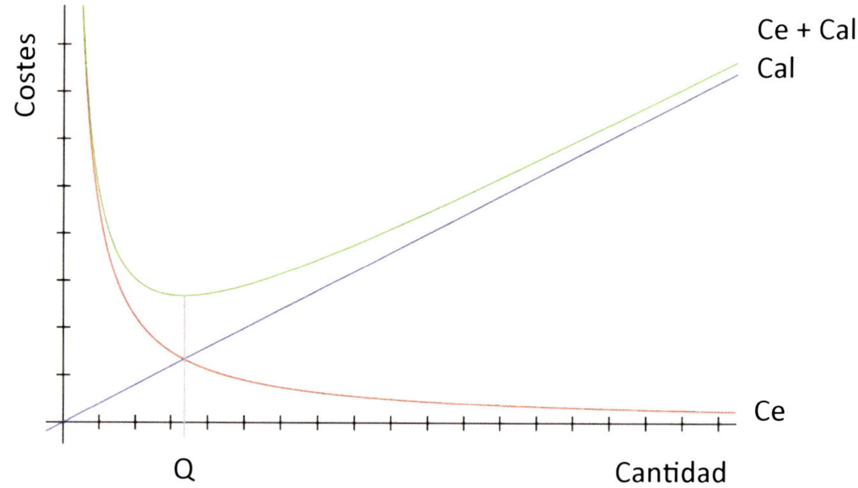

Figura 4.28. Representación de los costes totales.

Ejemplo

Una gasolinera vende 360.000 litros de gasolina al año. Cada vez que la empresa pide una cisterna para rellenar sus depósitos le cuesta 80 u.m. El coste anual de mantener un litro de gasolina es de 0,50 u.m.

Con estos datos el volumen óptimo de pedido, es decir, la cantidad a pedir en cada pedido que minimiza los costes totales ,es de:

$$Q = \sqrt{\frac{2.80.360{,}000}{[0{,}50]}} = 10.733{,}12 \text{ l.} \rightarrow 10.733 \text{ l.}$$

En este caso no es necesario conocer el precio del litro de gasolina puesto que el coste de almacenamiento unitario viene agregado, es decir, A+P.i = 0,50.

Ejercicio

11. Una empresa incorpora a sus productos una pieza «X» siendo su coste de adquisición de 10 u.m. El plazo máximo de entrega del proveedor es de 5 días (incluye ya 1 día de posible retraso) y se generan unos costes por emisión de pedido de 60 u.m. El consumo diario de dicha pieza es prácticamente constante y asciende a 200 unidades. El coste de almacenamiento de las piezas (sin tener en cuenta el coste de oportunidad) asciende a 0,25 u.m. / unidad y año, siendo i = 3,75%.

Se pide:

a) Si la empresa utiliza el sistema de revisión continua, ¿cuál sería el VOP?

b) Calcular el punto de pedido.

c) Indicar el número de pedidos en un año.

d) Representar gráficamente la situación anterior.

Sistema «uno por uno»

En este sistema de revisión el punto de pedido viene determinado por la salida de una unidad de producto, siendo la cantidad a pedir (lote económico de aprovisionamiento –LEA–) también una unidad.

Recuerda ...

Los costes totales de gestión de *stocks* son cuatro: coste de adquisición, coste de emisión de pedidos, coste de almacenamiento y coste de rotura de *stocks*. Pero bajo las hipótesis de Wilson el COSTE DE ROTURA no se admite (se trabaja en condiciones de certeza) porque para ello existe un stock de seguridad, por lo que para calcular el VOP este coste no se considera.

Se utiliza en el sector de distribución (por ejemplo, en farmacias) o también con productos costosos (por ejemplo, cuando en un equipo hay que sustituir una pieza de repuesto).

Sistema del «doble contenedor»

El reaprovisionamiento en este sistema se produce cuando uno de los dos contendores se queda vacío. El tamaño del contendor será el adecuado para hacer frente a la demanda durante el plazo de entrega. La cantidad a pedir (LEA), es un contenedor.

Figura 4.29. Sistema del «doble contenedor».
Se lanza un pedido cuando un contenedor queda vacio.

Sistema «de nivel físico»

Es un sistema que se utiliza en los establecimientos comerciales. Por ejemplo, cuando en un lineal baja el *stock* de presentación hay marcas físicas que quedan visibles constituyendo dichas marcas la señal para reponer, es decir, el punto de pedido es una marca física, siendo la cantidad a pedir la que quede delimitada por dicho nivel físico.

Se utiliza también en mantenimiento. Por ejemplo, cuando el stock de un consumible (gasóleo) alcanza una determinada cantidad marcada con una señal externa (bidón o cisterna con una señal externa), se lanza la orden de pedido. La cantidad a pedir está en relación con la que determine la señal.

Recuerda ...

El coste de emisión de pedidos (Ce) disminuye a medida que aumenta la cantidad por pedido; el coste de almacenamiento (Cal) aumenta a medida que aumenta la cantidad almacenada. Ambos costes son mínimos (punto de corte) para una cantidad por pedido Q → VOP; para cualquier otra cantidad distinta de Q los costes totales aumentan.

Sistema «Kanban»

«Kanban» en japonés, significa una ficha-señal. El Kanban de producción junto con el Kanban de distribución constituyen las variantes más complejas del punto de pedido. Se podría considerar como «punto de pedido con doble nivel físico» determinado por dos tipos de señales de «alerta» y «alarma» definidas en unos casilleros.

Este sistema fue desarrollado por Toyota para el aprovisionamiento en procesos de fabricación. Se utiliza en el sector del automóvil. En distribución, por ejemplo, lo utiliza la empresa de juguetes *Toys 'R' Us*.

Para llevar a cabo este sistema se definen unos contenedores físicos y unas fichas (Kanban). Cada ficha indica el lote mínimo a fabricar de un determinado producto y la cantidad de cada lote mínimo tiene que ser compatible con el tamaño del contenedor.

Figura 4.30.
Kanban. Trabajando con contenedores y fichas.

4.6.3.2. Sistemas anticipativos

Son aquellos que se **anticipan** a las necesidades de materiales. Se basan en la **planificación.**

La gestión de los *stocks* que van destinados a fabricación, por ejemplo, materias primas, productos en curso de fabricación, productos auxiliares, etc. debe hacerse aplicando criterios de planificación de materiales. Esto no significa que no se puedan aplicar otros criterios ya vistos (sistema de revisión de punto de pedido, etc.) sino que es más aconsejable la planificación.

Figura 4.31.
La planificación como base para la gestión de *stocks* en los sistemas de reaprovisionamiento que se anticipan a las necesidades de productos y materiales.

MRP I. Planificación de necesidades de materiales

La técnica MRP I (*material requirement planning*) es una forma de planificar la producción que se caracteriza por la anticipación. Así una empresa que vende un producto final (demanda independiente) está interesada en qué, cuánto y cuándo necesita dar órdenes de los distintos componentes (demanda dependiente del producto final) que permiten la producción de dicho producto final.

Por tanto, el **MRP I** es a la vez un **sistema de producción y de gestión de *stock*** que intenta dar respuesta a qué, cuándo y cuánto comprar partiendo con lo qué cuenta la empresa y, en su caso, ver lo que va a necesitar (anticipación).

Para llevar a cabo la planificación de necesidades de materiales se necesitan 3 elementos:

- Plan Maestro de Producción (PMP).
- Lista de materiales (estructura del producto o *Bill of Materials* –BOM–).
- Registro del inventario.

El Plan Maestro de Producción (PMP) establece las necesidades, en cantidad y tiempo, del producto final o con demanda independiente, del que se derivan las necesidades de materiales (demanda dependiente). El horizonte de planificación va desde 1 semana hasta 1 o 2 meses.

SEMANAS (PLANIFICACIÓN TEMPORAL)	1	2	3	4	5	6	7	8
NECESIDADES BRUTAS	10	30	-	25	-	-	15	20

Esta planificación se da en empresas de fabricación y montaje (ordenadores, automóviles, electrodomésticos, etc.) y se la facilitan a sus proveedores para que estos puedan preparar las entregas de componentes.

La lista de materiales (BOM) detalla cómo se estructura un producto final por niveles de dependencia. El nivel 0 es el de producto terminado del que parte el resto de niveles. A más niveles, mayor complejidad del producto terminado.

Al lado de cada componente aparece, entre paréntesis, un número que indica su participación en el nivel inmediatamente anterior.

Generalmente se presenta en forma de estructura de árbol jerarquizada:

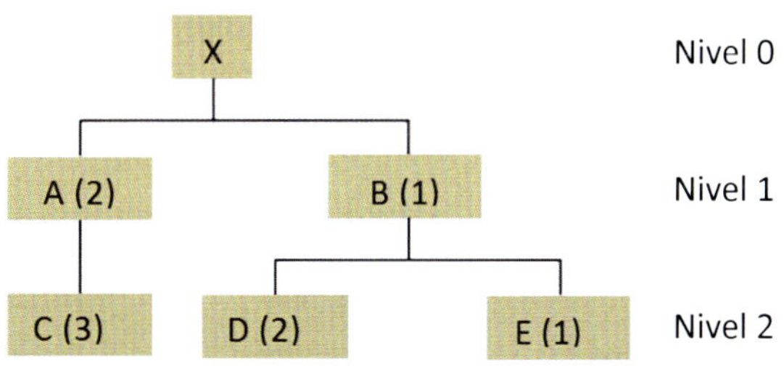

Datos del registro de inventario. Se necesitan conocer datos de existencias tanto para el producto terminado como para el resto de componentes, así como del plazo de entrega de cada uno de ellos.

Artículo	Existencias (al comienzo del periodo de planificación)	Lead time (semanas)	S.S.	Tamaño del lote
X (Producto terminado)	40	2	5	20
A	60	1	--	10
B	20	1	--	10
C	100	1	--	50
D	100	2	30	50
E	100	2		50

Los **resultados** que se obtienen del MRP I son:

- El **plan de producción**, especificando, para el producto final, las cantidades a fabricar en cada periodo.

- El **plan de aprovisionamiento** donde se detallan las órdenes de compras a realizar a los proveedores y en qué momento se van a llevar a cabo según lo establecido en la planificación.
- **Informes de excepción**. Este informe recoge las incidencias ocurridas en la planificación, por ejemplo, retrasos de las órdenes de fabricación, los cuales repercuten en el plan de producción y en los plazos de entrega de producción final.

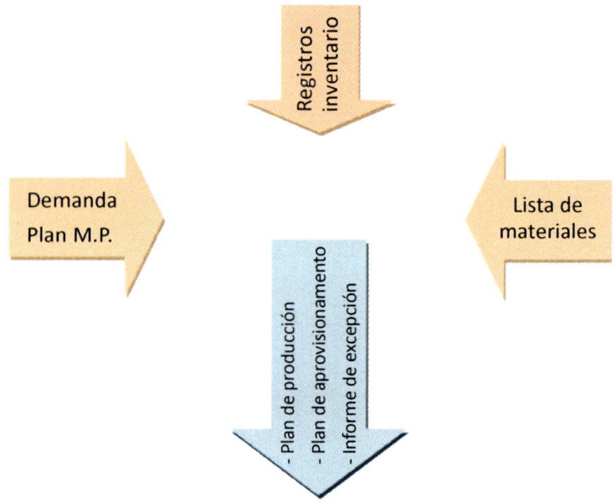

Figura 4.32. Datos necesarios para hacer la planificación MRP I (entradas) y resultado de la misma (salidas). Elaboración propia.

Cálculo de la emisión de órdenes planificadas del MRP I.

La planificación empieza siempre por el nivel 0, realizando la plantilla MRP I correspondiente a dicho nivel y se continua por los niveles siguientes. Cuando en un mismo nivel coinciden más de un componente es indiferente empezar por cualquiera de ellos.

En la plantilla de planificación de necesidades del producto terminado (nivel cero) se analizan las necesidades de materiales para tener disponible el producto final en el momento en que se necesita.

Este paso lleva a explosionar el MRP con los artículos de nivel inferior de la lista de materiales. Es decir, a partir de la plantilla MRPI del producto terminado se hacen las plantillas MRP I de los artículos que pertenecen al nivel inmediatamente inferir (nivel 1) de la lista de materiales, pero teniendo en cuenta que ahora las necesidades brutas de dichos artículos son las emisiones de órdenes planificadas del nivel superior y así sucesivamente (este dato aparece en la plantilla MRP I en la última línea: «Cantidades a pedir»).

La **plantilla** que se utiliza para hacer los cálculos de la planificación puede ser la siguiente:

Plantilla MPR										
Datos del producto →	**Código**				**Descripción:** Tijera					
	Nivel en estructura: Nivel 0				**Cant. en Siguiente nivel**					
Datos del stock →	**Stock máximo**				**Método:** MRP I			SS: 50 unidades		
Datos de aprovisionamiento →	**Proveedor principal:**				**LEA:** 500		**TS:** 2 Semanas			
	Proveedor auxiliar:									
PLANIFICACIÓN MRP										
HORIZONTE: 2 MESES	Febrero		Marzo				Abril			
INTERVALO: SEMANA	7	8	9	10	11	12	13	14	15	16
Necesidades brutas					300	600		800	300	
Entradas programadas										
Existencias totales			550	550	550	250	150	150	350	50
Stock de seguridad			50	50	50	50	50	50	50	50
Existencias disponibles			500	500	500	200	100	100	300	0
Necesidades netas			0 (-500)	0 (-500)	0 (-200)	400	0 (-100)	700	0	0
Cantidades MRP a recibir TS →	2 semanas					500		1.000		
Cantidad MRP a pedir → Proveed. Principal				500		2 x 500				

Figura 4.33.
Modelo de plantilla MRP I.

Recuerda . . .

La planificación de necesidades de materiales (MRP) permite administrar el inventario y planificar pedidos de partes y piezas con demanda dependiente. Se dice que un producto tiene demanda dependiente en la medida que su demanda se puede derivar de un producto de categoría superior. Por ejemplo, las ruedas de un coche, los cristales de las lunas delanteras, las alfombrillas, etc. son partes de demanda dependiente, basadas en la demanda de coches (demanda independiente).

Los **conceptos** que se utilizan en la **plantilla MRP I** son:

Necesidades Brutas (NB). Son las que vienen determinadas por la demanda. Para los productos terminados finales se corresponden con las cantidades que aparecen en el Plan Maestro de Producción y para los productos intermedios o semiterminados es el resultado de multiplicar la cantidad necesaria para fabricar el producto final, por la cantidad demandada del producto final (aparece en la última fila de la plantilla «cantidades MRP a pedir»). Por ejemplo, en el caso de la tijera (producto final) se necesitan 2 tornillos, entonces habría que multiplicar por 2 las cantidades demandadas. Si suponemos que en una semana determinada la cantidad MRP a pedir es 100 significa que las necesidades brutas de tornillos serían 100 X 2 = 200 unidades en esa semana.

Entradas programadas. Son aquellas cantidades que entran en la empresa y que son ajenas al proceso de planificación.

Existencias totales (ET). Es el *stock* al principio del periodo de planificación del producto final y de sus componentes (datos del registro de inventarios) destinado a satisfacer las necesidades brutas (demanda) descritas anteriormente. Si en un periodo hubiera entradas programadas, estas se sumarían a las existencias totales de dicho periodo.

$$ET = Existencias\ (i) + Entradas\ Programadas$$

***Stock* de seguridad (SS).** Es aquella cantidad de producto final y de componentes que no se puede utilizar para satisfacer las necesidades brutas pues responde a demandas imprevistas y/o retrasos en plazos de entrega.

$$SS = Dm\ (Pme - Pe) = Dm\ .\ R$$

Existencias disponibles o disponibilidad (ED). Son las existencias realmente disponibles que tiene la empresa para hacer frente a la demanda.

$$ED = ET - SS$$

Necesidades netas (NN). Es la cantidad que realmente se debe solicitar para satisfacer las necesidades brutas. Se calcula de la siguiente manera:

$$NN = NB - ED$$

Se pueden dar tres situaciones:

- **NN > 0** → No hay suficiente *stock* para cubrir la demanda (NB). Hay que pedir.
- **NN = 0** → Es la situación ideal. Las existencias disponibles son exactamente igual a la demanda.
- **NN < 0** → En este caso el signo negativo significa sobrante, es decir, las existencias disponibles son mayores que la demanda. En la plantilla se pone CERO en la casilla de NN.

Lead Time puede ser tanto el tiempo de procesado en máquina como el tiempo necesario para adquirir un producto o la suma de ambos tiempos.

Lotificación es la cantidad (lote) a pedir.

Horizonte de planificación es el número de semanas para el que se hace la planificación de necesidades.

Ejemplo

Ejemplo: Hacer la planificación de necesidades de materiales con los siguientes datos:

Lista de materiales: producto terminado (tijera) que se compone de tres partes: un lado derecho, un lado izquierdo y dos tornillos que unen ambos lados.

TIjera (Producto terminado)

Parte izquierda (1) **Tornillos (2)** **Parte derecha (1)**

Datos del plan maestro de producción

Semanas (Planificación temporal)	9	10	11	12	13	14	15	16
Necesidades Brutas (Tijeras)			400	600	-	800	300	-

Del registro de inventarios se tienen los siguientes datos:

Artículo	Existencias (Al comienzo del periodo de planificación)	Lead Time (semanas)	S.S.	Tamaño del Lote
Tijera	550	2	50	500
Parte Izq.	700	2	--	600
Parte Dcha.	500	1	--	800
tornillos	425	1	125	1.000

Plantilla MRP del producto terminado

Plantilla MPR		
Datos del producto	**Código** **Nivel en estructura:** Nivel 0	**Descripción:** Tijera **Cant. en Siguiente nivel**
Datos del stock	**Stock máximo**	**Método:** MRP I SS: 50 unidades
Datos de aprovisionamiento	**Proveedor principal:** **Proveedor auxiliar:**	**LEA:** 500 **TS:** 2 Semanas

PLANIFICACIÓN MRP											
HORIZONTE: 2 MESES		Febrero		Marzo				Abril			
INTERVALO: SEMANA		7	8	9	10	11	12	13	14	15	16
Necesidades brutas						300	600		800	300	
Entradas programadas											
Existencias totales				550	550	550	250	150	150	350	50
Stock de seguridad				50	50	50	50	50	50	50	50
Existencias disponibles				500	500	500	200	100	100	300	0
Necesidades netas				0 (-500)	0 (-500)	0 (-200)	400	0 (-100)	700	0	0
Cantidades MRP a recibir	TS	2 semanas					500		1.000		
Cantidad MRP a pedir	Proveed. Principal				500		2 × 500				

Estas serán las NB de los componentes del siguiente nivel en la estructura (nivel 1) multiplicadas por la cantidad en la que participe cada uno de ellos. Por ejemplo, para los tornillos habría unas NB en la semana10 de 500 × 2 = 1.000 y en la semana 12 de 1.000 × 2 = 2.000; resto de semanas no tiene NB.

4.6.4. Sistemas de reaprovisionamiento de cantidad variable-periodo fijo

En este ámbito destaca el **sistema de revisión periódica.**

Consiste en revisar los *stocks* de forma periódica de tal manera que en el momento de la revisión se ordena un pedido por la cantidad necesaria para alcanzar un determinado nivel, conocido como nivel objetivo o nivel máximo.

Es decir, que el *stock* de ese momento más la cantidad objeto de pedido será igual al nivel objetivo establecido. Por tanto, la cantidad a pedir es variable, en función del nivel de *stocks* en el momento de la revisión y el tiempo entre reposiciones es fijo.

$$Q = N.O. - \textit{Nivel Stock momento de la revisión}$$

Donde:

Q = Cantidad a pedir en cada pedido

$N.O.$ = Nivel Objetivo

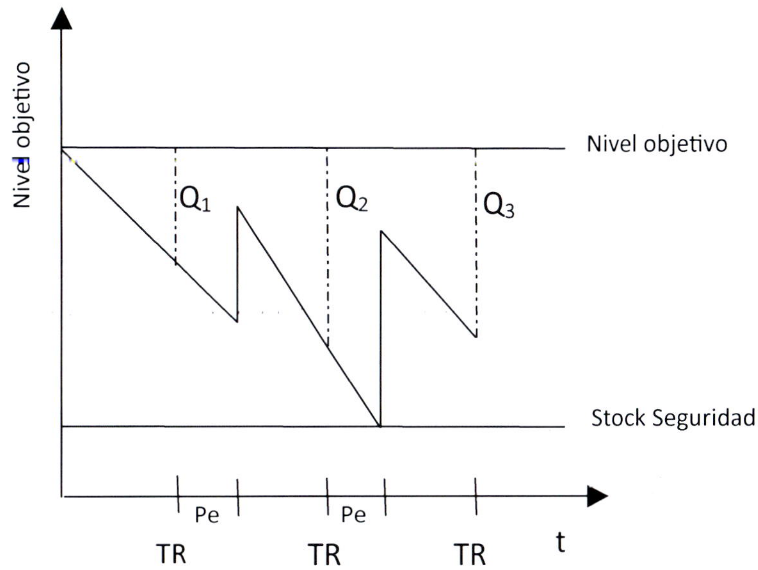

Figura 4.34. Representación del sistema de revisión periódica.

Este sistema de reaprovisionamiento es útil cuando:

- Existe mucha rotación de productos en almacén y no compensa llevar un seguimiento continuado de cada uno de ellos.
- Los costes de emisión de pedido son bajos.
- Al realizar pedidos simultáneos de distintos productos se consiguen ventajas adicionales.

¿Cómo se determina el nivel objetivo o nivel máximo? Este nivel viene dado por la siguiente fórmula:

$$N.O. = SS + Dm \,.\, Pe + Dm \,.\, TR$$

$$N.O. = SS + Dm(Pe + TR)$$

Donde:

TR = Plazo de revisión (fijo)

Entonces, ¿cada cuanto tiempo hay que hacer un pedido?

Recuerda . . .

El nivel objetivo o nivel máximo está condicionado por el tipo de producto, por su ritmo de ventas, por la capacidad del almacén, por la capacidad financiera de la empresa y por las posibilidades de suministro de los proveedores.

A través de la fórmula de Wilson se calcula, por una parte, el número de pedidos, y a partir de aquí se obtiene el tiempo que transcurre entre cada pedido:

$$N = \sqrt{\frac{D.\left[A+(P.i)\right]}{2.E}}$$

$$TR = \frac{360}{N}$$

Donde:

N = N° Pedidos al año

Un ejemplo de aplicación de este sistema de reaprovisionamiento es con los productos perecederos.

Ejercicio

12. Una empresa tiene una demanda diaria de 40 unidades del producto «X». El coste de almacenamiento de cada producto supone unos costes de 0,35 u.m. Los costes de emisión de pedido son de 1,8 €. Queremos calcular el número de pedidos anuales y el tiempo que debe pasar de un pedido a otro.

Se pide:

- Calcular el tiempo de reaprovisionamiento (TR).
- Calcular el nivel objetivo sabiendo que el plazo de entrega es de 3 días.
- ¿Qué factores influyen en el nivel objetivo?

4.6.5. Sistemas de reaprovisionamiento de cantidad variable-periodo variable

Se le denomina, también, «sistema de aprovisionamiento por conveniencia». Dentro de este sistema se encuentra el aprovisionamiento especulativo que se hace para aprovechar las variaciones en los precios de adquisición; por tanto, no se basa en una demanda de clientes.

4.7. Control económico

Es el tipo de control que realiza la empresa con el fin de lograr un equilibrio entre lo que se ha planificado y lo que realmente se ha realizado, ya sea considerando a la organización en su conjunto o bien a nivel de un determinado ámbito, en este caso, gestión de *stocks*. Implica un seguimiento de **CÓMO** se están utilizando los recursos por la repercusión que tienen en la **liquidez** y en la **rentabilidad** de la empresa.

Pretende evitar que se produzcan desviaciones en relación a los objetivos marcados y, en caso de que aparezcan, se tienen que definir acciones correctoras. Así, para que el control económico sea satisfactorio es necesario:

- Identificar las variables implicadas en la gestión de *stocks* ya que sobre ellas se van a llevar a cabo las actuaciones de control (niveles de *stocks*, demanda, plazos de pago a proveedores, plazos de cobro a clientes, capital inmovilizado en *stocks*, costes, deuda de clientes, deuda con proveedores).

Figura 4.35.
Control económico.

- Analizar los resultados, ver cómo evolucionan, compararlos con los obtenidos por otras empresas del mismo sector y de las mismas o parecidas características y si estos son peores de lo esperado, hay que actuar con rapidez para contrarrestar los efectos no deseados. Para ello se utilizan **ratios**, en concreto:
  - El índice de rotación de *stocks*: indica la renovación de *stocks* y su influencia en la liquidez de la empresa.
  - El periodo medio de maduración: es un indicador de la capacidad de la empresa para generar recursos líquidos; permite analizar la política de cobro y de pago de clientes y proveedores, así como la eficiencia de la gestión de las existencias.
  - El índice de cobertura. Relacionado con la liquidez de la empresa.
  - El punto muerto, punto de equilibrio o umbral de rentabilidad. Es un indicador de la rentabilidad de la empresa.

4.7.1. Ratios de control económico

Los índices permiten analizar y estudiar una situación determinada respecto a una meta prevista o criterio de aceptación establecido, así como las medidas y acciones que se deben llevar a cabo para encauzar y solucionar los problemas derivados de la gestión. También permite la comparación con otras empresas.

A través de los índices, se ve cómo está una organización con respecto al objetivo propuesto, la evolución y la tendencia.

Figura 4.36.
Índices de control.
Evolución y tendencia.

a) Índice de rotación (R)

El índice o ratio de rotación es una magnitud fundamental para la gestión y control de las existencias referida a un momento determinado.

Se suele medir en términos anuales, aunque también pueden medirse las rotaciones mensuales, semanales e incluso diarias.

Relaciona las salidas con el *stock* medio, situando en el numerador las salidas totales del periodo considerado y en el denominador las existencias medias de dicho periodo.

$$R = \frac{Salidas}{Stock\ Medio} = N^{o}\, de\, veces\, ...$$

El resultado indica el número de veces que, por término medio, han rotado las existencias durante un periodo de tiempo o el número de veces que, por término medio, se renuevan las existencias durante un periodo de tiempo.

El índice de rotación se puede determinar utilizando –tanto para las salidas (numerador) como para el *stock* medio (denominador)– unidades físicas o unidades monetarias teniendo en cuenta que cuando se calcule dicho índice, se deben cumplir dos requisitos:

1. Que tanto la cifra de salidas como la de *stock* medio deben ser comparables, es decir, que ambas cantidades deben estar expresadas en la misma unidad de medida y referidas al mismo periodo de tiempo.

2. Que el *stock* medio debe ser representativo, debe reflejar la magnitud media del *stock* en el periodo de tiempo considerado.

Cuando se halla la rotación de un solo producto, es indiferente utilizar la fórmula con unidades monetarias o con unidades físicas. Pero cuando lo que se busca es analizar la rotación de varios productos, como ocurre en un almacén, se debe utilizar la expresión en unidades monetarias.

Su valor, en sí mismo, no es necesariamente bueno o malo pues depende del tipo de empresa, aunque es muy importante que siempre presente un valor elevado. Cuanto mayor sea el índice de rotación mayor será la renovación de inventarios como consecuencia de un aumento de las salidas y de una mejor gestión de *stocks* y, por tanto, tendrá mayores beneficios.

El beneficio sobre el capital invertido se puede obtener a través del producto del margen por la rotación, expresado a través de la fórmula:

$$Bfo. = Mg\ x\ R$$

Si, por ejemplo, un artículo rota 10 veces en un año, quiere decir que se ha recuperado 10 veces el dinero invertido en ese artículo y, en consecuencia, se ha obtenido un beneficio 10 veces mayor.

Figura 4.37. La rotación de *stocks* indica el número de veces que se renuevan las existencias en almacén.

Cálculo del índice de rotación de *stocks* (R)

Como ya se ha indicado anteriormente, para calcular el índice de rotación de *stocks* (R) se parte de la fórmula genérica:

$$R = \frac{Salidas}{Stock\ Medio}$$

Entonces, se trata de identificar, por una parte, cada uno de los **flujos de salida** en cada fase del ciclo de explotación y, por otra, su correspondiente ***stock* medio.**

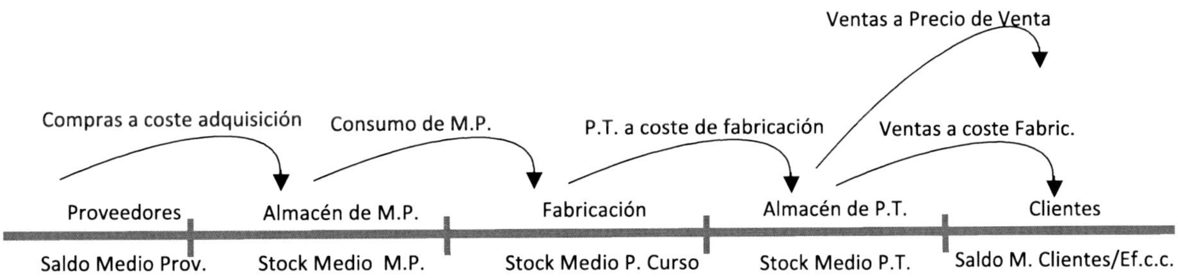

Figura 4.38.
Gráfico de flujos de salida y *stocks* medios en una empresa industrial. Elaboración propia.

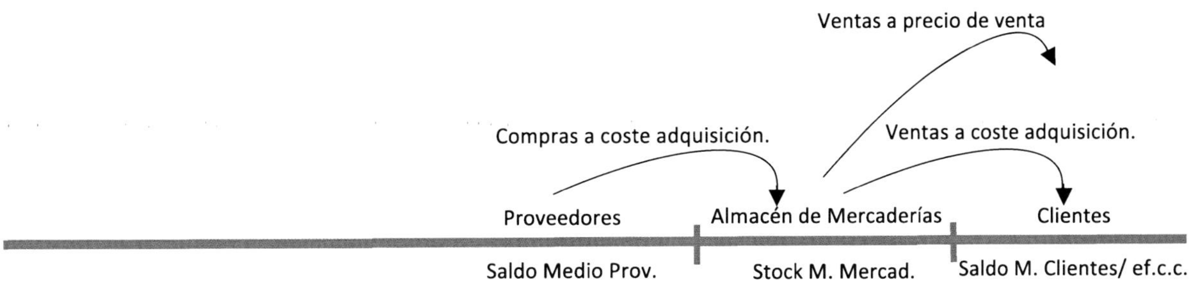

Figura 4.39.
Gráfico de flujos de salida y *stocks* medios en una empresa comercial. Elaboración propia.

En los gráficos, se ven claramente, representados mediante flechas, cuáles son los **flujos de salida:**

- Compras a coste de adquisición.
- Consumo de materias primas (M.P.).
- Productos terminados (P.T.) a coste de fabricación.
- Ventas a coste de fabricación o a coste de adquisición, según se trate de una empresa industrial o comercial respectivamente, para hallar la rotación de P.T. en almacén.
- Ventas a precio de venta para la rotación del saldo de clientes.

Igualmente, se identifican los ***stocks* medios:**

- *Stock* medio de M.P.
- *Stock* medio de productos en curso de fabricación.
- *Stock* medio de P.T.
- Saldos medios de proveedores y de clientes.

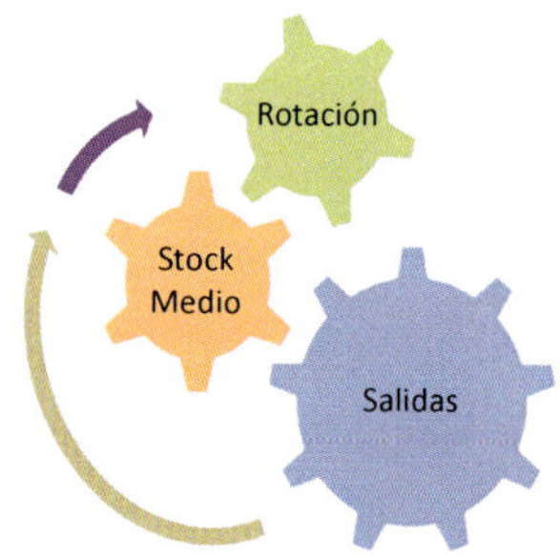

Figura 4.40.
Variables que intervenen en el procés de rotació.

Las cantidades (en unidades físicas y/o en unidades monetarias), que representan tanto las **salidas** como los ***stocks* medios** se obtienen de la **contabilidad** de la empresa.

Si bien no es problema extraer los datos contables para calcular las salidas, conviene hacer las siguientes precisiones para calcular el *stock* medio:

- El *stock* medio cuando existe un único plazo de reaprovisionamiento (tiem-po entre dos pedidos) es la media aritmética simple entre el stock máximo, que coincide con la cantidad de pedido (Q) que entra en almacén, y el stock mínimo que refleja el stock justo en el momento de recibir la cantidad de pedido.

$$Sm = \frac{Q}{2}$$

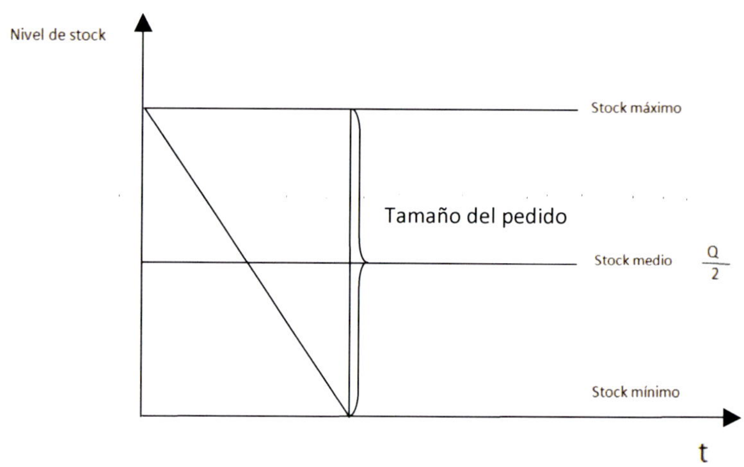

Figura 4.41.
Representación del *stock* medio con un solo periodo de reaprovisionamiento. Elaboración propia.

- Si existe más de un periodo de reaprovisionamiento, todos son iguales y las cantidades que se solicitan en cada pedido son también iguales (**cantidad fija y periodo fijo**), suponiendo las ventas constantes, entonces el *stock* medio coincide con la media aritmética simple de un periodo, como en el caso anterior.

$$Sm = \frac{Q}{2}$$

- Cuando la cantidad a pedir es igual en cada pedido y los tiempos de reaprovisionamiento son variables (**cantidad fija y periodo variable**), los niveles máximos son siempre los mismos ya que la cantidad que se pide es siempre igual. Por tanto, la fórmula del stock medio sigue siendo la media aritmética de la cantidad que se recibe por pedido.

$$Sm = \frac{Q}{2}$$

- Cuando la cantidad a pedir en cada pedido es variable y el periodo de reaprovisionamiento es fijo (**cantidades variables y fechas fijas**), se producen distintos niveles máximos como consecuencia de las cantidades variables de los pedidos y también distintos niveles mínimos, por lo que la fórmula es la siguiente:

$$Sm = \frac{\sum (a_i + b_i)}{2n} \quad \begin{array}{|l} a_i = \text{Nivel máximo de stock en cada periodo} \\ b_i = \text{Nivel mínimo de stock en cada periodo} \\ n = \text{Número de periodos de reaprovisionamiento} \end{array}$$

- Cuando la cantidad a pedir en cada pedido es variable y el periodo de reaprovisionamiento es también variable, **(cantidades variables y fechas variables)**, varían los *stocks* máximos y mínimos. Además, al ser los periodos de reaprovisionamiento variables, la fórmula del *stock* medio es la media aritmética **ponderada** para cada periodo de reaprovisionamiento.

$$Sm = \frac{\sum (a_i + b_i) t_i}{2n} \quad \begin{array}{|l} a_i = \text{Nivel máximo de stock en cada periodo} \\ b_i = \text{Nivel mínimo de stock en cada periodo} \\ n = \text{Número de periodos de reaprovisionamiento} \\ t_i = \text{Tiempo de cada periodo de reaprovisionamiento} \end{array}$$

Otras formas de calcular el *stock* medio:

- Si las fluctuaciones de los niveles de *stock* en almacén son escasas se tienen en cuenta las existencias iniciales (E_i) en almacén al principio de un periodo y las existencias al final (E_f) del mismo periodo, por ejemplo un año. En este caso, el *stock* medio (Em o Sm) es la media aritmética simple de las existencias iniciales y las finales.

$$Em = \frac{\text{Existencias inciales} + \text{Existencias finales}}{2}$$

$$Sm = \frac{Ei + Ef}{2}$$

- Sumar todas las cantidades almacenadas durante un cierto periodo tiempo (regla general un año) y hallar la media aritmética de las diversas medidas del inventario tomadas en ese periodo de tiempo.

Una vez cuantificadas las salidas y calculados los respectivos *stocks* medios se puede pasar al **calculo del índice de rotación.**

R_1. Rotación de M.P. Número de veces que, por término medio, se renuevan las existencias de M.P. en almacén en un periodo de tiempo determinado.

$$R_1 = \frac{\text{Consumo de } M.P.}{\text{Stock Medio } M.P.}$$

R_2. Rotación de productos en cursos de fabricación. Número de veces que, por término medio, se renueva el proceso de fabricación en un periodo de tiempo determinado.

$$R_2 = \frac{\text{Productos terminados a coste de fabricación}}{\text{Stock Medio } p.c.f.}$$

R_3. Rotación de productos terminado. Número de veces que, por término medio, se renuevan los productos terminados en almacén en un periodo de tiempo determinado. En empresas industriales las ventas se valoran a coste de fabricación y en empresas comerciales las ventas se valoran a coste de adquisición (ver figuras 4.38 y 4.39).

$$R_3 = \frac{\text{Ventas a coste de fabricación}}{\text{Stock medio de productos terminados}}$$

$$R_3 = \frac{\text{Ventas a coste de adquisición}}{\text{Stock medio de productos terminados}}$$

$R_{4.}$ Rotación saldo de clientes. Número de veces que, por término medio, se renueva el saldo de clientes a través del cobro a los mismos en un periodo de tiempo.

Evidentemente no es una rotación de *stocks* al igual que pasa con la rotación de proveedores. Sin embargo, se ven dentro de este apartado de rotaciones para completar el ciclo teniendo en cuenta que, posteriormente, se van a analizar para el cálculo del periodo medio de maduración.

$$R_4 = \frac{Ventas\ a\ precio\ de\ Venta}{Saldo\ medio\ Clientes\ y\ Efectos\ c.\ cobrar}$$

$R_{5.}$ Rotación saldo de proveedores. Número de veces que, por término medio, se renueva el saldo de proveedores a través del pago a los mismos en un periodo de tiempo.

$$R_5 = \frac{Compras\ a\ proveedores\ a\ precio\ de\ adquisición}{Saldo\ medio\ de\ Proveedores\ y\ Efectos\ c.\ pagar}$$

Ejemplo

El siguiente gráfico sirve de ejemplo de análisis e interpretación de índices. En este caso, con datos de un índice de rotación de la empresa Inditex:

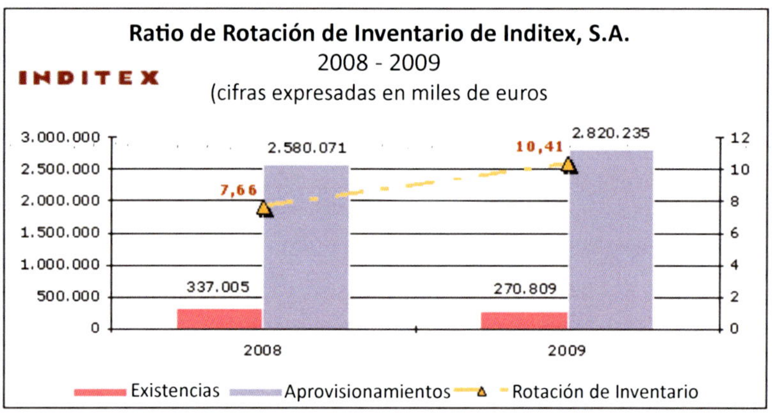

Figura 4.42. Tabla de datos evolución. Ratio de rotación Inditex.

Muestra la evolución del inventario de la empresa Inditex. Las existencias han disminuido en 2009 con respecto al año anterior. Esto influye positivamente en la rotación de 2009.

Asimismo, muestra la tendencia: ha pasado de tener una rotación de 7,66 a 10,41 veces.

Los datos permiten la comparación con otras empresas.

Ejercicio

13. Calcular las rotaciones de la empresa PALMA, S.A. que se dedica a la fabricación de productos de limpieza y realizó las siguientes operaciones en relación al producto «X». El periodo de referencia es un año y todas las cantidades se expresan en miles de u.m.

Compró materias primas por valor de 2.800 u.m de las cuales consumió 2.500 u.m. teniendo un *stock* medio de M.P. almacenado de 150 u.m. El saldo medio que mantuvo con los proveedores fue de 300 u.m.

El coste de la producción anual ascendió a 6.400 u.m. y el stock medio de productos en curso de fabricación fue de 310 u.m.

Las ventas a coste de fabricación fueron de 7.000 u.m. y el stock medio de productos terminados 100 u.m.

Las ventas a precio de venta fueron un 25% las ventas a coste de fabricación. El saldo medio de clientes y/o efectos comerciales a cobrar ascendió a 1.000 u.m.

b) Periodo medio de maduración

Los bienes que forman parte del activo circulante como son las materias primas, productos semiterminados, productos terminados, etc., se encuentran sometidos al ciclo de explotación de la empresa llamado también ciclo corto o ciclo dinero-mercaderías-dinero. Este ciclo se inicia con la compra de materias primas a proveedores, continua con su almacenamiento hasta que dicha materia prima se introduce en el proceso productivo y, posteriormente, se obtienen los productos terminados.

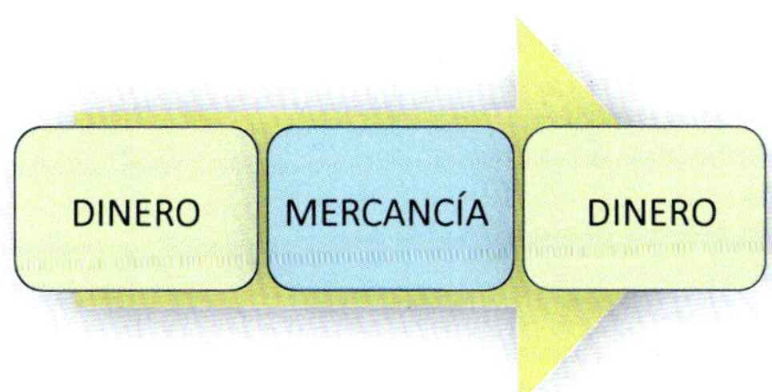

Figura 4.43. Ciclo de explotación.
Tiempo que se tarda en recuperar la inversión.

A su vez, los productos terminados son almacenados hasta el momento de su venta a los clientes, generando de esta forma una deuda a favor de la empresa (si la deuda aparece en la factura) o derecho de cobro (si la deuda está documentada, por ejemplo, en un pagaré, en una letra de cambio, o en otro documento de pago). Cuando esta deuda sea cobrada, se cierra el ciclo para volver de nuevo a comprar mercancía con parte de ese dinero y, de esta forma, comenzará un nuevo ciclo.

Figura 4.44. Fases del ciclo de explotación.
Elaboración propia.

La **duración del ciclo de explotación** se conoce como **periodo de maduración**. Ahora bien, como su duración no es constante debido a que unas veces se tarda más que otras en producir, o en cobrar, etc. se considera en términos medios por lo que se conoce como **periodo medio de maduración.**

También se puede definir como el tiempo que, por término medio, transcurre desde que se adquieren las materias primas a los proveedores hasta que se recupera

Recuerda . . .

Como la cantidad de existencias en almacén fluctúa a lo largo del tiempo entre un nivel máximo y un nivel mínimo, hay que trabajar con stock medio por periodo, entendiendo por *stock* medio la cantidad de stock equivalente a las distintas cantidades de *stock* que ha habido en el almacén en un periodo de tiempo determinado.

El periodo de reaprovisionamiento es el tiempo que pasa desde que se hace un pedido hasta el siguiente.

El plazo de entrega es el tiempo que se tarda en servir un pedido.

Las rotaciones son el número de veces que se renuevan los *stocks* en almacén.

la inversión por la venta y cobro a los clientes, o el **número de días** que, por término medio, se tarda en recuperar una unidad monetaria invertida en el ciclo de explotación.

Cálculo de la duración del período medio de maduración

El periodo medio de maduración de la empresa se calcula a través de la rotación de cada uno de los subperiodos que lo componen. Una vez calculadas las rotaciones basta con dividir 360 (año comercial) o 365 (año natural) entre cada una de ellas. El resultado se expresa en días.

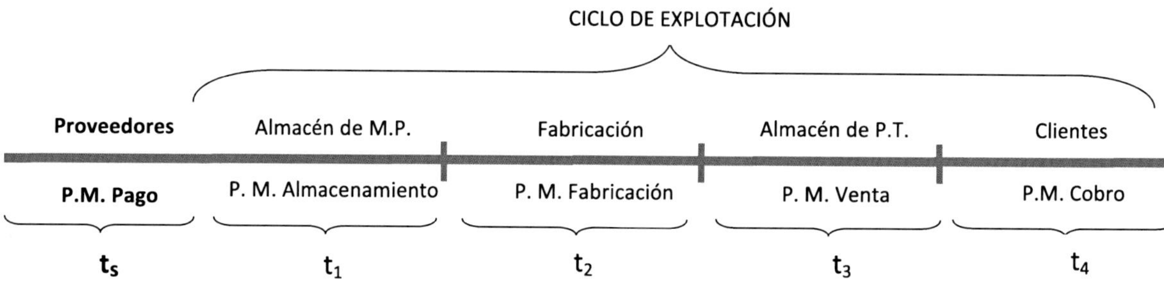

Figura 4.45.
Representación del ciclo de explotación de una empresa industrial. Elaboración propia.

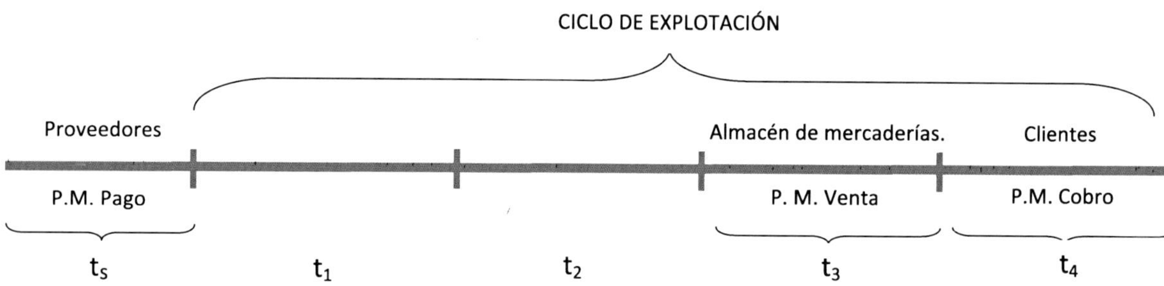

Figura 4.46.
Representación del ciclo de explotación de una empresa comercial. Elaboración propia.

t_1. **Periodo medio de almacenamiento (Pm_a).** Tiempo que, por término medio, permanecen las materias primas en almacén en espera de su incorporación al proceso de fabricación.

$$Pm_a \left| \begin{array}{l} R_1 = \dfrac{Consumo\ de\ M.\ P.}{Stock\ medio\ M.\ P.} \\ t_1 = \dfrac{360}{R_1} \end{array} \right.$$

t_2. **Periodo medio de fabricación (Pm_f).** Tiempo que, por término medio, tarda la empresa en fabricar sus productos. En el proceso de fabricación, además de las materias primas, se incorporan otros factores (mano de obra, energía, amortización...). Por tanto, el coste de la fabricación terminada incluye todo ello.

$$Pm_f \left| \begin{array}{l} R_2 = \dfrac{Productos\ terminados\ a\ coste\ de\ fabricación}{Stock\ Medio\ p.\ c.\ f.} \\ t_2 = \dfrac{360}{R_2} \end{array} \right.$$

t_3. Periodo medio de venta (Pm_V). Tiempo que, por término medio, permanecen los productos terminados en almacén en espera de ser vendidos.

$$Pm_V \left| \begin{array}{l} R_3 = \dfrac{Ventas\ a\ coste\ de\ fabricación}{Stock\ medio\ de\ productos\ terminados} \\ t_3 = \dfrac{360}{R_3} \end{array} \right.$$

t_4. Periodo medio de cobro (Pm_c). Tiempo que, por término medio, tarda la empresa en cobrar a sus clientes. De otra manera, tiempo que por término medio, la empresa financia a los clientes.

$$Pm_c \left| \begin{array}{l} R_4 = \dfrac{Ventas\ a\ precio\ de\ Venta}{Saldo\ medio\ Clientes\ y\ Efectos\ c.\ cobrar} \\ t_4 = \dfrac{360}{R_4} \end{array} \right.$$

Entonces, el tiempo (días) que dura el ciclo de explotación de la empresa será la suma de estos cuatro subperiodos:

$$Pmm\ (económico) = t_1 + t_2 + t_3 + t_4$$

A este resultado se le conoce como **periodo medio de maduración económico.**

t_5. Periodo medio de pago (Pm_p). Tiempo que, por término medio, tarda la empresa en pagar a sus proveedores o tiempo que por término medio, los proveedores financian a la empresa.

$$Pm_p \left| \begin{array}{l} R_5 = \dfrac{Compras\ a\ proveedores\ a\ precio\ de\ adquisición}{Saldo\ medio\ de\ Proveedores\ y\ Efectos\ c.\ pagar} \\ t_5 = \dfrac{360}{R_5} \end{array} \right.$$

Si al **periodo medio de maduración económico** se le **resta** el **tiempo que tardamos en pagar a los proveedores** se obtendrá el número de días que la empresa va a necesitar financiación o **periodo medio de maduración financiero:**

$$Pmm\ (financiero) = t_1 + t_2 + t_3 + t_4 - t_5$$

Cuando el **Pmm** de una empresa se considere **corto**, al compararlo con los obtenidos por otras empresas del sector, indica una mayor eficiencia y efectividad en la utilización de los recursos de la organización.

Por el contrario, un **Pmm alto**, también por comparación con otras empresas, implica baja rotación, mayores necesidades de financiación, costes más elevados, menos ciclos de explotación que se podrán llevar a cabo en el transcurso del ejercicio económico y menos eficiencia por parte de la empresa.

En consecuencia, a la empresa le interesa que el ciclo de explotación sea lo más corto posible. Sin embargo, acortar uno de los subperiodos que componen el ciclo de explotación, el período medio de cobro a clientes, puede chocar con otras políticas de la empresa ya que al darles menos días de crédito pueden irse a comprar a otras empresas de la competencia que les ofrezcan mayores plazos de pago.

Pero, ¿de dónde se obtienen los datos?

- El precio de adquisición se obtiene de la factura del proveedor o de la contabilidad general (registra la factura), ya sea para valorar las M.P (empresa industrial) o las mercaderías (empresa comercial). También se puede obtener de la ficha de almacén de M.P.
- El consumo de M.P. y el *stock* medio de M.P. se obtiene del inventario de M.P. (ficha de almacén).
- El coste de fabricación de los productos terminados viene determinado por los datos que arroje la contabilidad analítica o contabilidad de costes.
- El *stock* medio de productos en curso de fabricación se saca del inventario de productos en curso de fabricación (ficha de almacén).
- El importe de las ventas a coste de fabricación se obtiene del inventario de productos terminados así como el *stock* medio de productos terminados.
- El importe de las ventas a precio de venta se saca de la contabilidad general (registra la factura al cliente), así como los saldos de clientes y/o efectos comerciales a cobrar y los saldos de proveedores y/o efectos comerciales a pagar.

c) Índice de cobertura

El **índice de cobertura**, llamado también **periodo de cobertura**, indica el número de días que se puede atender a la demanda prevista con el *stock* medio, o también el número de días que tardan en agotarse las existencias pudiendo atender a los pedidos sin que haya rotura de *stocks*.

Se calcula dividiendo el *stock* medio entre las salidas. Al igual que para el cálculo del índice de rotación, se trata de identificar las salidas en cada fase del ciclo de explotación y sus respectivos *stocks* medios. Es el inverso del índice de rotación.

La fórmula genérica es la siguiente:

$$Ic = \frac{Stock\ Medio}{Salidas}\ x\ 365$$

$$Ic = \frac{1}{R}\ x\ 365$$

A continuación se muestran los más utilizados en gestión de *stocks*:

Ic m.p. Índice de cobertura de las M.P. Días, que, por término medio, tardan en agotarse las M.P. para hacer frente a las necesidades de fabricación.

$$IC\ m.\ p. = \frac{Stock\ Medio\ M.\ P.}{Consumo\ M.\ P.}\ x\ 365$$

Ic p.t. Índice de cobertura de los P.T. Días, que, por término medio, tardan en agotarse los P.T. para hacer frente a los pedidos de los clientes.

$$IC\ p.t. = \frac{Stock\ medio\ P.\ T.}{Ventas\ a\ coste\ de\ fabricación}\ x\ 365\ (Empresa\ industrial)$$

$$IC\ p.t. = \frac{Stock\ medio\ P.\ T.}{Ventas\ a\ coste\ de\ adquisición}\ x\ 365\ (Empresa\ comercial)$$

d) Punto muerto o umbral de rentabilidad

Para llevar a cabo la planificación económica de la empresa se tiene que analizar un dato muy importante: es el denominado «punto muerto», «punto de equilibrio» o «umbral de rentabilidad».

El punto muerto representa el nivel de ventas donde la empresa no obtiene ni beneficios ni pérdidas. Es decir, donde los ingresos totales coinciden con los costes totales siendo, por tanto, el resultado igual a cero.

Se entiende también como el volumen de operaciones (ventas) que tiene que realizar la empresa para cubrir todos sus costes, tanto los fijos como los variables.

La determinación del punto muerto se basa, por tanto, en la clasificación de los costes totales en costes en fijos y costes variables con el objetivo de utilizar las relaciones que existen entre estos costes y la producción vendida.

El análisis del punto muerto se hace en base a las siguientes hipótesis:

- La **cantidad de productos fabricados** coincide con los productos vendidos. Esto implica que las existencias iniciales coinciden con las finales en el periodo de análisis.
- El análisis del punto muerto se realiza a **corto plazo.**
- El **precio de venta** permanece **constante** durante el ejercicio, así como también permanece constante el precio de los factores de producción.
- La **política económica** de la empresa, **tecnología** utilizada, y la **eficiencia productiva** no varía durante el ejercicio.
- Los **ingresos totales (I_T) de la empresa son crecientes**; es decir, aumentan a medida que aumentan las unidades vendidas.

$$I_T = p \times q$$

$$p = Precio$$

$$q = Cantidad$$

- Los **costes variables son crecientes**, se presume que crecen a medida que crece el volumen de producción**.**

$$C_V = Coste\ Variable\ Unitario$$

$$CV_T = CV \times q$$

- Los **costes fijos son constantes** e independientes del dependen del volumen de producción.

$$C_F = Costes\ Fijos$$

- Los **costes totales también son crecientes**, pues dependen de los costes variables.

$$C_T = Costes\ Totales$$

$$C_T = C_F + CV_T$$

Así, **la fórmula** para calcular el punto muerto es la siguiente:

El **beneficio** en el punto muerto es igual a cero

$$Bfo. = Beneficio$$

$$Bfo. = I_T - C_T = 0 \rightarrow I_T = C_T$$

$$p\ x\ q = C_F + C_v q \rightarrow (p\ x\ q) - (C_v q) = C_F \rightarrow q(p - Cv) = C_F$$

$$q = \frac{C_F}{P - C_V} = \frac{C_F}{Margen\ de\ Contribución}$$

Donde:

$I_T = Ingresos\ Totales$

$C_T = Costes\ Totales$

$p = Precio$

$C_F = Costes\ Fijos$

$C_V = Coste\ Variable\ Unitario$

$P - C_V = Margen\ de\ constribución$

$CV_T = CV\ x\ q$

Recuerda . . .

Los costes fijos son aquellos en los que incurre la empresa y que no dependen del volumen de producción en el corto plazo. Los costes fijos son generalmente costes indirectos, por ejemplo: amortizaciones, seguros, alquileres, gastos de mantenimiento, etc.

Costes variables son aquellos que sí dependen de los volúmenes de producción; es decir, son aquellos que varían ante cambios en el volumen de producción. Generalmente son costes directos, por ejemplo: consumo de materias primas, la mano de obra directa, etc.

Sin embargo, hay otros costes que tienen un componente fijo y otro variable, como por ejemplo: la electricidad o el teléfono. Estos costes se denominan costes mixtos.

El punto muerto **se puede expresar** en función de:

- **Unidades físicas** que necesita fabricar y vender para no incurrir en pérdidas (beneficio cero).

$$q = \frac{C_F}{p - C_v}$$

- **Unidades monetarias**, en relación a la cifra de ventas necesaria para cubrir todos los costes (costes fijos y costes variables).

$$q = \frac{C_F}{\frac{p - C_v}{Ventas\ Netas}} = \frac{CF}{\frac{Margen\ de\ Contrib.}{Ventas\ Netas}}$$

- Actividad, es decir, del nivel de actividad al que la empresa necesita trabajar para cubrir todos sus costes.

El problema del análisis del punto muerto es que se realiza para un solo producto, entonces para una empresa con producción múltiple una posible solución es determinar el punto muerto en unidades monetarias.

El punto muerto **proporciona la información** sobre los siguientes aspectos:

- Riesgos ante posibles variaciones en los volúmenes de producción.
- Efectos del aumento de los costes fijos.
- Efectos sobre el beneficio ante variaciones de precios y costes.

Por otra parte, presenta también ciertas **limitaciones:**

- La información solo es válida para el corto plazo para que se admita que el coste fijo es constante.
- La diferenciación entre costes fijos y costes variables puede, en ocasiones, ser compleja. Por ejemplo, el coste por depreciación de un equipo industrial si se calcula de forma lineal es un coste fijo; pero si se calcula en función del número de horas de funcionamiento, se puede considerar variable.
- El análisis se hace para un único producto.

- Normalmente, el volumen de productos vendidos no es independiente del precio de venta.
- La producción tiene que coincidir con las ventas, es decir, todo lo producido se tiene que vender para que las existencias no varíen. Sin embargo, producción y ventas no suelen ser procesos simultáneos, lo que incide en las existencias.

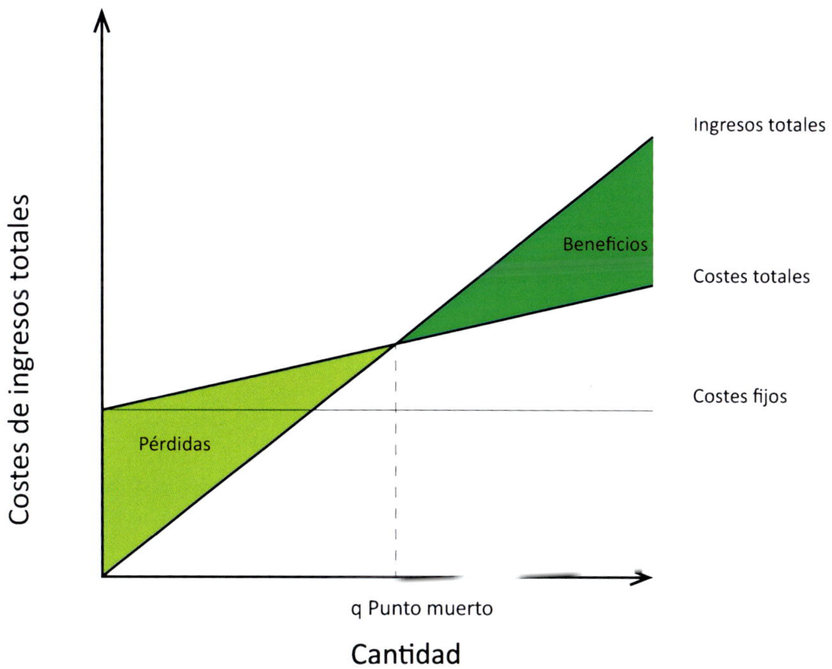

Figura 4.47. Representación gráfica del punto muerto. Elaboración propia.

Las ratios deben relacionar magnitudes homogéneas en el numerador y en el denominador. Por tanto, al hallar el periodo medio de cobro a clientes (t4) y el periodo medio de pago a proveedores (t5) hay que tener en cuenta que tanto los saldos de clientes y/o efectos c. a cobrar como los de proveedores y/o efectos c. a pagar (ambos aparecen en el denominador de la fórmula de cálculo de rotaciones) llevan incorporado el IVA.

Por tanto, el IVA también habrá que tenerlo en cuenta en la correspondiente partida de compras o de ventas respectivamente (numerador de la fórmula de rotaciones). La justificación se puede ver a través de los asientos contables:

(Asiento contable de una compra)

100	Compras			
21	H.P. IVA soportado	a	Proveedores	121

(Asiento contable de una Venta)

121	Clientes	a	Ventas	100
		a	H.P. IVA Rep.	21

Recuerda . . .

Los ciclos se suceden en la empresa a lo largo del tiempo de forma ininterrumpida y son de dos tipos: el ciclo a corto plazo, ciclo corto o ciclo de explotación, y el ciclo a largo plazo, ciclo largo o ciclo de capital.

Ejemplo

El punto muerto para una empresa que presenta una estructura de costes fijos de 600.000 u.m. y unos costes variables unitarios de 800 u.m. en relación a un producto que se vende a 1.800 u.m./unidad, sería:

$$q = \frac{C_F}{p - C_v}$$

$$q = \frac{600.000}{1.800 - 800} = 600 \ unidades$$

Una vez calculado el punto muerto la empresa tiene que preguntarse si puede o no alcanzar ese volumen de producción y venta de 600 unidades como mínimo en un periodo de tiempo dado. Si por las características de la empresa –analizando y comparando también las ventas de la competencia, pidiendo información a proveedores, etc.– la respuesta es negativa, entonces es preferible comprar el producto que fabricarlo.

Ejemplo: Datos relativos a la Empresa Indra, S.A. http://www.eleconomista.es/interstitial/volver/aciertoabril/empresa/INDRA/perfil (Puede acceder al enlace en la carpeta de descargas correspondiente a este libro que se halla en www.marcombo.info)

	31/12/2013	% Evolución	31/12/2011	% Evolución	31/12/2010
Periodo Medio de Cobro (días)	252	3,55	243,36	4,80	232,2
Periodo Medio de Pagp (días)	414,36	8,58	381,6	-4,24	398,52
Rotación de Inventario (días)	168,84	34,77	125,28	26,08	99,36

En 2013, como ha ocurrido durante los últimos ejercicios –en particular desde 2010–, Indra ha venido llevando a cabo distintas acciones para compensar los efectos de la fuerte caída de actividad en el mercado español. Esta situación del que era entonces su mercado mayoritario ha afectado negativamente tanto a los márgenes como a la posición de balance (por el alargamiento de los periodos de pago de clientes).

Esta situación es muy frecuente hoy en día debido a las fuertes necesidades de crédito y a la poca liquidez de los mercados. Esto ha provocado que muchas compañías presenten concurso de acreedores, anteriormente denominado suspensión de pagos. Debido a la actual crisis económica, el departamento de gestión de cobros ha adquirido una gran importancia. Ya no basta con vender sino que hay que acometer una labor de gestión y seguimiento de la cartera de clientes.

Otro de los factores que puede afectar negativamente a este indicador es la política comercial de crédito. En determinadas ocasiones, para incrementar las ventas se ofrece el aplazamiento del pago con el consiguiente coste financiero que ello supone. Asimismo, el aumento de la morosidad en la cartera de clientes puede hacer que se dispare el periodo medio de cobro.

Ejercicio

14. Cómo sería el punto muerto si:

a) $P > CV$

b) $P < CV$

c) $P = CV$

15. Analizar la situación de la empresa INDRA según los datos que se aportan a continuación. ¿A qué periodo de tiempo se refiere?

http://www.eleconomista.es/empresa/INDRA/perfil (Puede acceder al enlace en la carpeta de descargas correspondiente a este libro que se halla en www.marcombo.info)

	31/12/2013	% Evolución	31/12/2011	% Evolución
Ratios generales y de actividad				
Punto muerto	1,09	-3,54	1,13	-4,24

16. Un restaurante, trabajando a su ritmo habitual, ha servido durante el mes de abril menos menús que los habituales. Por ese motivo decide hacer un estudio con el fin de conocer el número mínimo de menús que se deben servir para no obtener pérdidas. Para ello analiza la evolución de los datos de marzo y abril:

	Marzo	Abril
Ventas	1.000 menús a 4 €/u.	550 menús a 4 €(u.
Coste variable unitario	2,20 €/u.	2,10 €/u.
Costes fijos	1.200 €	1.200 €

17. ¿Qué se puede hacer para reducir los periodos medios de maduración de almacenamiento (t1), fabricación (t2), ventas (t3) y pago a proveedores (t5)?

18. ¿Cuántos subperiodos tiene que calcular una empresa comercial para conocer el tiempo que dura su ciclo de explotación?

4.8. Control de incidencias

Las incidencias son aquellos hechos inesperados que producen anomalías en el funcionamiento de la empresa con efectos indeseados para la misma.

Ejemplos de incidencias que se pueden presentar en la gestión de *stocks* son los retrasos en los plazos de entrega, tanto de proveedores como a clientes, interrupciones del proceso productivo por fallos en el funcionamiento de las máquinas, roturas de *stock* por una mala previsión de demanda o por otros motivos, cambios legislativos que afecten al proceso de producción y/o venta, errores en la preparación de pedidos, huelgas, problemas de calidad del producto, etc.

Dependiendo del tipo de incidencia se plantean posibles alternativas de solución, por ejemplo, negociar con proveedores nuevos plazos de entrega, cambiar de proveedores, sustitución de maquinaria, formación del personal que gestiona los *stocks*, política de devoluciones, adquisición de programas informáticos de gestión, etc.

Pero no todas las incidencias tienen la misma relevancia por lo que habrá que priorizarlas, en un protocolo de actuación, en base a los siguientes parámetros:

- Impacto. Determina la importancia de la incidencia en función de a qué y/o a quién afecte.
- Urgencia: Determina los tiempos máximos para resolverla. Está en función de lo anterior.
- Recursos, materiales y humanos que se requieran para gestionarlas.

Por tanto, el objetivo de la gestión de incidencias es dar una solución a las mismas de manera rápida y eficiente dejando constancia documental de todo aquello que ha tenido una repercusión negativa en la gestión de *stocks* de forma que no vuelva a producirse o, al menos, que se reduzcan sus efectos.

EMPRESA	PARTE DE INCIDENCIAS	HOJA __/__

Gestión de stocks — Responsable/s: ____________________

FECHA	Hora	GRADO DE IMPORTANCIA (1 a 5)	DESCRIPCIÓN/CAUSA	PERSONA RESPONSABLE	FECHA REPARACIÓN	OBSERVACIONES
__/__/__					__/__/__	
__/__/__					__/__/__	
__/__/__					__/__/__	
__/__/__					__/__/__	
__/__/__					__/__/__	
__/__/__					__/__/__	

Figura 4.48. Modelo de parte de incidencias. Elaboración propia.

Ejercicio

19. Poner ejemplos de incidencias: de calidad de productos, con proveedores, con clientes, relacionadas con el proceso de fabricación, y relacionadas con la organización del almacén. Analizar las causas/soluciones y, posteriormente, registrarlas en el parte de incidencias.

Figura 4.49. Rotura de *stocks*. Situaciones de demanda.

4.9. Coste de rotura de *stock* o coste de ruptura

Es el coste originado por no disponer de productos en el almacén. Se le conoce también como coste de carencia.

Es un coste subjetivo y difícil de valorar puesto que no se tiene información previa sobre la decisión que va a tomar el cliente cuando no se le suministre el producto.

El importe de dicho coste depende del número de artículos no vendidos, de la duración de la situación de carencia, de si se ha perdido al cliente o si se ha diferido la demanda. Además hay que tener en cuenta que la imagen de la empresa ante una rotura de *stocks* sale perjudicada, lo que puede influir en la pérdida de clientes potenciales.

Se pueden distinguir **dos situaciones de demanda insatisfecha:**

Demanda diferida: Se produce cuando un cliente, ante una rotura de *stocks* en la empresa proveedora, aplaza la compra hasta el momento en que dicha empresa disponga de los productos que ha solicitado.

Demanda perdida: Se da cuando el cliente no espera a que la empresa disponga de las existencias que le faltaban para hacer frente a la demanda no atendida y se va a otra empresa de la competencia.

Una forma de cuantificar el coste de rotura es a través del porcentaje que representan los niveles de demanda perdida y de demanda diferida en relación a la demanda servida en un periodo, normalmente un año, utilizando para ello las siguientes fórmulas:

$$D_d = \frac{N^o\ Uds.diferidas}{N^o\ Uds.servidas}\ x\ 100$$

D_d = Demanda diferida

$$D_p = \frac{N^o\ Uds.\ perdidas}{N^o\ Uds.\ servidas}\ x\ 100$$

D_p = Demanda perdida

Ejemplo

Una empresa tiene unas ventas anuales de 150.000 unidades de un determinado producto. A lo largo del periodo ha tenido una demanda diferida de 20.000 unidades, el porcentaje de demanda diferida es del 13,33%.

$$D_f = \frac{20.000}{150.000}\ X\ 100\ = 13{,}33\%$$

4.10. Asignación de *stocks* entre almacenes de una red logística

Dentro de las **decisiones estratégicas** que se tienen que tomar en la empresa se encuentran, desde el punto de vista logístico, aquellas que tienen que ver con el almacén. En concreto, las que se refieren al número y tamaño adecuado de almacenes, la ubicación, la asignación de espacio para cada producto, así como la **asignación de *stocks* entre almacenes.**

Figura 4.50. La asignación de *stocks* entre almacenes es una decisión estratégica.

El objetivo de estas decisiones debe ser la configuración de la **red logística** con una doble finalidad:

- **Reducir los costes totales** anuales en todos los niveles de la organización: compras, producción, gestión de *stocks*, instalaciones, transporte, etc.).
- Introducir la necesaria **flexibilidad y agilidad** que requiere el almacenamiento para satisfacer las demandas y las fluctuaciones del mercado.

La asignación del *stock* entre almacenes se orienta a proporcionar altos niveles de servicio y tiene un impacto importante en el *stock* en tránsito y en el *stock* de seguridad.

Es decir, que cuanto mayor sea el número de almacenes, menor será el nivel de *stock* en tránsito, ya que, para atender la demanda, el tiempo total de los productos en tránsito se reduce.

Recuerda . . .

Un índice permite comparar una magnitud con un patrón establecido y si no cumple el objetivo previsto habrá que tomar medidas para controlarlo.

Esto no ocurre con el *stock* de seguridad debido a que aumenta la incertidumbre de la demanda o, en el mejor caso, se mantiene. Así, si se decide contar con un nuevo almacén para servir a un determinado mercado, la demanda media de dicho almacén es menor, pero no necesariamente va a tener un menor nivel de incertidumbre.

Por otra parte, el nivel de rotación de *stocks* está relacionado directamente con el número de almacenes y con la asignación de *stocks* que se haya efectuado entre ellos.

Figura 4.51. Distribuyendo el *stock* entre almacenes de una red logística.

Ejemplo

1. Supongamos que una empresa tiene una rotación anual de 10. Es decir, que las mercancías se renuevan en almacén 10 veces al año, (cada 36 días) y que la meta que se había marcado como objetivo era la de conseguir una rotación 8 (cada 45 días). En este caso, el índice nos informa de que la rotación supera el criterio de aceptación (10 > 8). Por tanto, no debe tomar ningún tipo de acción. El proceso está controlado. Si por el contrario, la rotación hubiera sido, por ejemplo, 6 (cada 60 días) (6 < 8), el indicador no cumple el criterio de aceptación, por tanto habrá que tomar medidas para reconducirlo.
2. Una empresa A tiene un índice de rotación R = 20 para un determinado tipo de mercancías y otra empresa B, de la competencia, tiene un índice R = 30. A través de la comparación de ambos índices se ve que la empresa A está en desventaja con respecto a la empresa B: es menos competitiva. Tendrá que actuar incrementando las salidas y/o disminuyendo el stock medio.
3. Si el consumo anual de un determinado producto en una empresa es de 6.000 unidades y el promedio de existencias almacenadas es de 600 unidades, su índice de cobertura será de 0,1 años (36 días, 1,2 meses).

Ejercicio

20. ¿Cómo se puede mejorar el índice de rotación de una empresa?

4.11. Sistemas de información y comunicación en las relaciones con clientes y proveedores

En el entorno altamente competitivo en el que se encuentran las empresas, donde la comercialización y venta son claves para su supervivencia, desde una perspectiva de orientación de servicio al cliente, cobra especial interés la gestión de la información como factor clave para la toma de decisiones.

Tras el importante avance de la informática, tiene lugar la revolución de las comunicaciones pasando de un medio tradicional de comunicación en papel a un medio de comunicación electrónico que permite el acceso a la información a todos los miembros de la organización.

Aparece entonces el **concepto de información como un recurso más** que la empresa tiene que gestionar para aumentar la capacidad competitiva ya que la obtención y tratamiento de la información contribuye además a mejorar la gestión de los recursos tradicionales:

- Aumenta la motivación de los empleados como consecuencia de la mejora de procedimientos internos de trabajo.
- La selección de los proveedores es más adecuada.
- La respuesta al cliente es más rápida.
- Aumentan y mejoran las relaciones con proveedores y clientes.
- Se crean nuevos canales de distribución.
- Se mejoran los procesos en tiempo y coste.
- Se mejora la calidad de productos y servicios.
- Aumenta la capacidad de respuesta frente al cambio.
- Aumenta el control del negocio mediante los sistemas de información.

Entonces, ¿cómo se gestiona la información? Las empresas utilizan los **sistemas de información** para proporcionar a las personas la información que necesitan mediante el uso de las Tecnologías de la Información y Comunicación **(TIC). Integran**, por tanto, personas, procesos, datos y tecnología, no solo en el ámbito de la propia empresa sino que van más allá, para colaborar, de forma eficiente, con proveedores, distribuidores y clientes compartiendo con estos además de datos, también conocimientos.

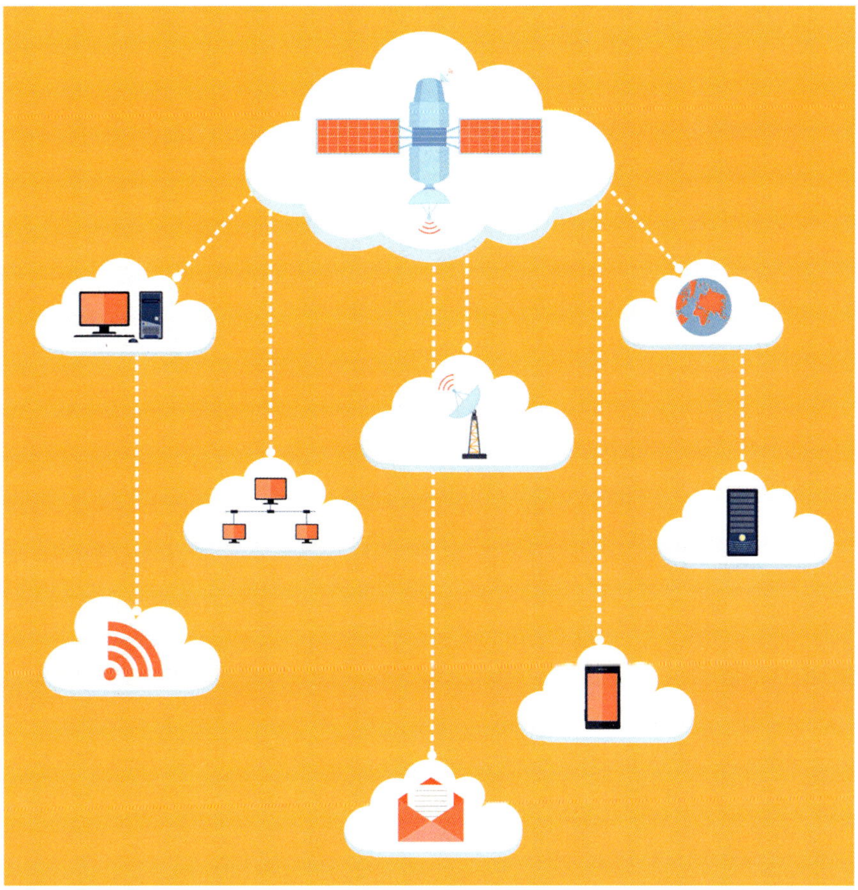

Figura 4.52. Representación de un sistema de información en «la nube», un cambio en la forma en que se utilizan los sistemas de información.

Entre los sistemas de información empresarial más utilizados los que se presentan en la siguiente tabla:

HERRAMIENTAS TIC MÁS UTILIZADAS EN LA GESTIÓN DE LA EMPRESA

EMPRESA EN SU CONJUNTO	APROVISIONAMIENTO	ALMACENAMIENTO	FABRICACIÓN	PICKING	DISTRIBUCIÓN
ERP (Enterprise Resource Planning)	**EDI** (Electronic Data Interchange)	**CÓDIGOS DE BARRAS**	**MRP I** (Material Requeriment Planning)	**PICK TO LIGHT**	**EDI** (Electronic Data Interchange)
	VMI (Vendor Managed Inventory)	**RFID** (Radio Frequency Identification)	**MRP II** (Manufacturing resource planning)	**PICK TO VOICE**	**CRM** (Consumer Relationship Management)
	CRP (Continuous Replenishment Program)	**WMS** (Warehouse Management System)		**CÓDIGOS DE BARRAS**	**GPS** (Global Position System)
				RFID (Radio Frequency Identification)	

Figura 4.53. Herramientas TIC en gestión empresarial. Elaboración propia.

ERP, planificación de recursos empresariales (*Enterprise Resource Planning*). Es un programa informático que gestiona de forma integrada la empresa en su conjunto utilizando una única base de datos. Esto facilita el intercambio de información y la comunicación entre los distintos departamentos de la empresa, evitando de esta forma que se duplique la información. La principal empresa proveedora de este software es SAP.

Por otra parte, ahora además se puede intercambiar información y conocimiento entre todas las partes implicadas en un canal logístico, desde el proveedor hasta el cliente (gestión de la cadena de suministros: *Supply Chain Management*) a través de la interconexión de los sistemas ERP de distintas empresas gracias a las posibilidades que proporciona el sistema EDI (*Electronic Data Interchange*). Si la conexión se lleva a través de protocolos abiertos como los utilizados en internet (www, etc.) las empresas utilizan lo que se denominan soluciones B2B (*Bussiness to Bussiness*) y B2C (*Bussiness to Consumer*).

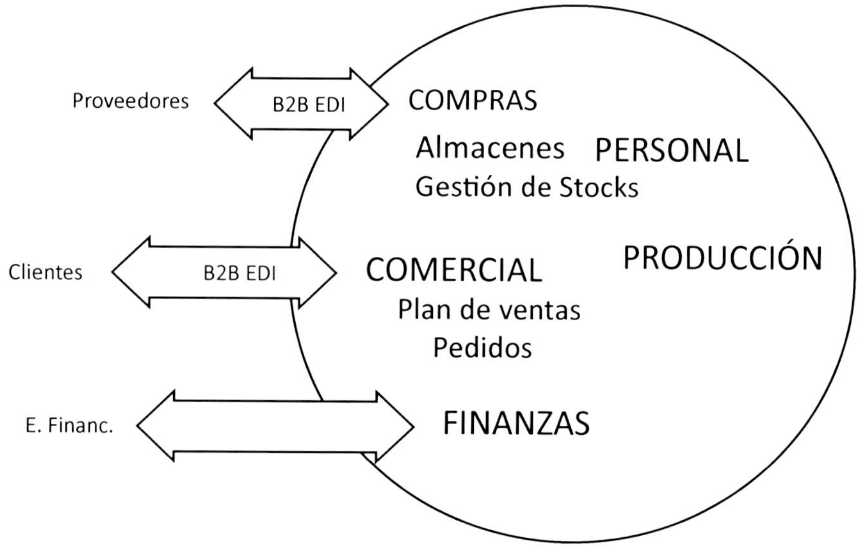

Figura 4.54. Representación de un sistema integrado de gestión empresarial. Elaboración propia.

EDI, intercambio electrónico de datos (*Electronic Data Interchange*). Según la definición que da Telefónica, es: «la transmisión electrónica de documentos comerciales normalizados entre ordenadores, de modo que la información pueda ser procesada sin necesidad de intervención manual».

VMI, inventario gestionado por el vendedor (*Vendor Managed Inventory*) y **CRP, programa de reposición continua** (*Continuous Replenishment Program*). Son sistemas de reaprovisionamiento que utilizan el intercambio de información (EDI/Internet), de tal manera que es el propio proveedor quien gestiona los niveles de *stock* de una empresa a la que vende, y el que genera los pedidos. El CRP es considerado una parte del VMI.

WMS, sistema de gestión de almacenes (SGA) del inglés (*Warehouse Management System*). Es un sistema de información que permite una gestión adecuada del *stock* en almacén.

***Pick to light*.** Es un sistema de información que guía visualmente al personal de almacén hacia la ubicación exacta donde tiene que recoger los productos del pedido. Al terminar la operación se pulsa un botón de confirmación y el *stock* se actualiza automáticamente.

Figura 4.55.
Imagen del sistema *Pick to light*. http://www.salvesenlogistica.es/sites/default/files/pick1_0.jpg

***Pick to voices*.** Con este sistema el personal del almacén, a través de un receptor y de un auricular, puede recibir y transmitir información acerca de la operación de *picking* que está llevando a cabo.

MRP I, planificación de las necesidades de material (*Material Requirements Planning*). Sistema de información para planificar y controlar la producción y las compras.

MRP II, planificación de las necesidades de material (*Manufacturing Resource Planning*). Este sistema tiene como objetivo la planificación y el control no solo de materiales, sino de todos los recursos de la empresa.

TMS, sistema de Gestión del Transporte (*Transportation Management System*). Este sistema facilita la planificación de los servicios de transporte, permite hacer un seguimiento de la carga; permite la consolidación de carga para pedidos de pequeño tamaño, y debido a que es posible realizar la trazabilidad de la carga, el sistema resuelve casi automáticamente determinados tipos de incidencias.

CRM, gestión de las relaciones con los clientes (*Customer Relationship Management*). Ayudan a las organizaciones a identificar a clientes potenciales, conseguir que esos clientes potenciales pasen a ser clientes de la empresa (captación) mediante campañas de mercado efectivas y que las relaciones sean en el tiempo (fidelización).

Las soluciones CRM manejan información sobre el historial de cualquier cliente, qué productos ha adquirido, cuándo se ha comunicado la empresa con él, dónde se encuentran ubicados, etc. para poder ofrecerle lo que necesita en el momento en que lo necesita. (En internet hay pruebas gratuitas de CRM, por ejemplo: http://crm.dynamics.com/es-latam/home).

Ejemplo

1. Dell es una empresa de ordenadores que hizo un cambio en su organización cuando, en 1984, introdujo el modelo de «negocio directo». Este modelo consiste en adaptar la producción a la demanda y en la venta directa de los productos al consumidor.

   Paralelamente, Dell introdujo otro cambio: dejó de fabricar la mayor parte de los componentes de sus ordenadores (lo usual en este tipo de empresas, como IBM o H.P., era que los fabricasen) para comprárselos a sus proveedores. Todo ello, unido al gran avance de las tecnologías de internet, le ha dado la posibilidad de compartir información sobre producción y diseño. De esta manera, Dell tiene una capacidad de respuesta al mercado muy rápida, ha reducido inventarios pues sus proveedores conocen las necesidades de componentes que Dell va a necesitar y en qué momento ya que tiene información sobre los pedidos que le hacen a Dell, también le permite hacer previsiones de demanda más ajustadas al tener información de las necesidades de grandes clientes.

2. Se ha comentado que la información mejora los procesos. Por ejemplo la mejora del proceso de ventas requiere un amplio conocimiento de la demanda, del mercado, de las tendencias del mismo, de la competencia. El proceso de producción requiere una selección adecuada de materiales por lo que necesita información de sus características, así como de sus proveedores. También es necesario mantener al día la información sobre la aparición de nuevas máquinas, innovación tecnológica, etc.

Ejercicio

21. ¿Qué información se requiere para mejorar el proceso de compras de una empresa que se dedica a la fabricación de productos textiles, en concreto, moda infantil de cero a doce años, suponiendo que actúa en tres segmentos del mercado, con precios bajos, medios y altos?

22. Analizar el significado que cobra la información en palabras de Enric Casi, director ejecutivo de Mango: se trata de «producir lo que vende y no producir para ver si se vende».

23. Hacer un informe sobre la utilización de las herramientas TIC en empresas de tu localidad.

24. Definir qué es la «customización».

4.12. El ciclo del pedido del cliente

El pedido supone un flujo de información que conecta al cliente con la empresa y la percepción que va a tener el cliente sobre la empresa depende de cómo se gestione el ciclo del pedido.

Esta información consta, básicamente, de datos sobre el cliente, sobre el producto o servicio solicitado, cantidad, precio, plazo de entrega, medio de transporte lugar y fecha de entrega, etc.

Una vez que la empresa acepta el pedido se convierte en un documento contractual que obliga a las partes implicadas y su incumplimiento va a penalizar a quien incumpla las condiciones, al pago de una indemnización.

Por tanto, desde el momento que el cliente emite una orden de pedido empieza el ciclo de pedido del cliente.

Recuerda . . .

Para la implementación de las TIC en la gestión de la cadena de suministro es muy importante que la empresa estructure bien los procesos y que la cultura empresarial sea favorable al cambio, es decir, se necesita un cambio organizacional.

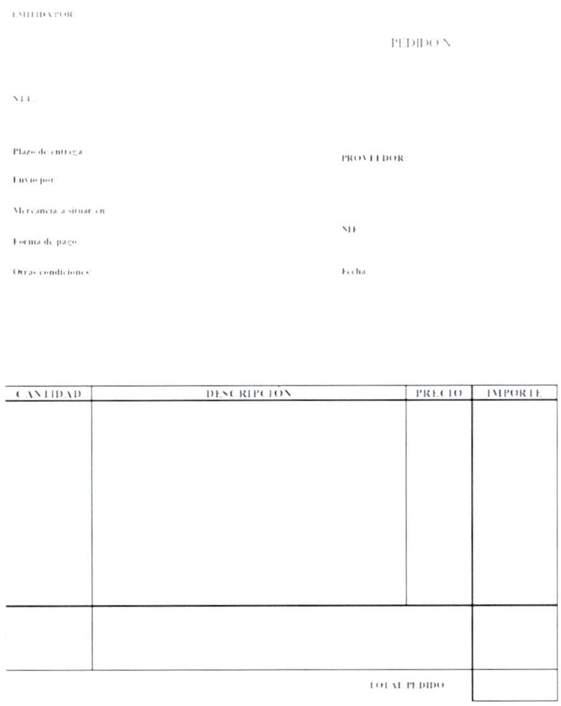

EMITIDA POR:

PEDIDO N.

NIF:

Plazo de entrega:

Envío por:

Mercancía a situar en:

Forma de pago:

Otras condiciones:

PROVEEDOR:

NIF:

Fecha:

CANTIDAD	DESCRIPCIÓN	PRECIO	IMPORTE
		TOTAL PEDIDO	

Figura 4. 56.
Modelo de orden de pedido.

El ciclo de pedido del cliente se puede definir como el tiempo que transcurre desde que el cliente da una orden de compra a través de la emisión de un pedido y el momento de la recepción de las mercaderías solicitadas.

Entonces, ¿qué actividades o qué fases forman parte del ciclo del pedido?

- En primer lugar, el cliente tiene una necesidad y la materializa en un pedido.
- Dicho pedido se recibe en la empresa y se realizan las tareas que tienen que ver con la recepción del mismo. Se comprueba que todos los datos del pedido son correctos y se prepara para analizar su viabilidad.
- Se estudia la seriedad y la solvencia del cliente en el sentido de que no sea moroso ni problemático. Es decir, en esta fase se analizan aspectos comerciales y financieros relacionados con el cliente.
- Una vez que se aprueba el pedido, se registra y se da de alta en el programa informático cumplimentando todos los campos necesarios que el programa requiera.
- Una vez dado de alta, habrá que reservar el producto para cumplir con el cliente.
- Si la empresa no tiene el producto final para atender el pedido, o si así lo decide, se prepara para la fabricación de los mismos.
- La fabricación empezará cuando se den las órdenes de fabricación.
- Cuando haya finalizado el plazo de fabricación se procederá a la entrega al cliente. Así, una vez entregado y facturado pasará a ser pedido terminado. Si hubiera una devolución posterior o una reclamación, este pedido que ha quedado cerrado podría volver a reactivarse pasando a un estado de «pedido reactivado».

Así pues, el **tiempo total del ciclo del pedido** es la suma de los tiempos empleados en cada una de las fases anteriores repartido en las actividades que se generan en cada una de ellas.

Una gestión adecuada del ciclo del pedido garantiza el mantenimiento de la empresa en el mercado.

Resumen

Para poder atender la demanda, cuando los flujos de producción y venta sean diferentes, la empresa deberá mantener un nivel adecuado de *stocks*.

Los *stocks*, existencias o inventarios son, por tanto, los artículos que están almacenados en espera de darles una utilización posterior (producción o venta) y gestionarlos implica determinar:

- Qué nivel de *stock* es necesario tener para cada artículo.
- La cantidad que se debe pedir en cada pedido: **cuánto pedir.**
- En qué momento se debe realizar el reaprovisionamiento: **cuándo pedir.**

La gestión de *stocks* forma parte de la función de aprovisionamiento de la empresa junto con la función de compras y la gestión de almacenes.

Los *stocks* se pueden clasificar según distintos criterios en función de los objetivos que se persigan, siendo estos: según su finalidad, según su naturaleza física (Plan General Contable) y según el criterio operativo.

El **análisis ABC** como criterio de clasificación de *stocks* trata de establecer qué artículos tienen mayor importancia en la empresa con el fin de gestionarlos mejor. Se basa en la regla 20/80 (Pareto) que indica que el 20% artículos se lleva el 80% de la variable de estudio considerada. Estos artículos son A y requieren un control exhaustivo.

Se conoce como **inventario** a la relación de existencias que posee la empresa. Requiere **recuento y valoración**. El **recuento** se puede hacer una vez al año o estableciendo ciclos y para su **valoración** se tienen que aplicar las **normas de valoración de *stocks***: las existencias se valoran por su coste de adquisición o por su coste de producción. Y cuando los precios no se pueden individualizar se utilizan los **métodos de asignación de valor PMP (precio medio ponderado) y FIFO (primera entrada primera salida).**

Los **factores** que afectan a la gestión de *stocks* son:

- La demanda. La previsión de la demanda.
- El conocimiento de los plazos. El tiempo que transcurre hasta que se tiene la mercancía solicitada en almacén.
- Los costes: coste de adquisición, coste de emisión de pedidos, coste de almacenamiento y coste de ruptura.
- El nivel de servicio. De él depende la satisfacción del cliente.

Los sistemas de reaprovisionamiento tratan de dar respuesta a cuánto y cuándo comprar, en función de las siguientes alternativas:

- Por cantidad fija y periodo variable: sistema de revisión continua, permanente o de punto de pedido.
- Por cantidad variable y periodo fijo: sistema revisión periódica.
- Por cantidad variable y periodo variable: sistema de revisión perfecta. Se le llama también «sistema d e aprovisionamiento por conveniencia».
- Por cantidad fija y periodo fijo. Se utiliza si la demanda es conocida.

El control económico de los *stocks* implica un seguimiento de los mismos. Se mide a través de ratios: el índice de rotación de *stocks*, el periodo medio de maduración, el índice de cobertura y el punto muerto.

El **control de incidencias** es importante para minimizar los efectos de aquellos hechos inesperados que producen anomalías en la gestión de *stocks*.

El **coste de rotura** de *stocks* se produce por la falta de *stock* en almacén para atender a la demanda.

La **asignación de *stocks* entre almacenes** de una red logística es una decisión estratégica que va a influir decisivamente en la gestión de *stocks*.

Los **sistemas de información y comunicación** en las relaciones con clientes y proveedores hacen que la empresa sea más competitiva.

El **ciclo de pedido del cliente** es el tiempo que transcurre desde que el cliente da una orden de compra a través de la emisión de un pedido y el momento de la recepción de las mercaderías solicitadas.

Test de evaluación

1. La función de aprovisionamiento se encarga de las siguientes actividades:

a) Compras.

b) Ventas.

c) Elegir al proveedor.

d) Ubicar la mercancía en el almacén.

2. La ruptura de *stocks* es:

a) El nivel de *stock* donde la empresa tiene que hacer un nuevo pedido.

b) El *stock* que se ha estropeado en almacén.

c) La falta de existencias para atender a los clientes.

d) Ninguna de las anteriores.

3. Los sistemas de información se utilizan para:

a) Intercambiar datos entre empresas.

b) Ser más eficientes.

c) Dar respuestas rápidas a los clientes.

d) Todas son ciertas.

4. El índice de rotación se refiere:

a) Al número de días que permanecen los productos en almacén.

b) Al número de veces que se renuevan los productos en almacén.

c) Al *stock* óptimo que debe tener la empresa.

d) Al capital invertido en *stock*.

5. Del plazo de entrega pactado con un proveedor para suministrar los pedidos es de 4 días. El nivel de *stock* máximo en almacén de un producto «A» es de 4.000 unidades que se consumen en 10 días. La empresa no tiene *stock* de seguridad. ¿Cuál será el punto de pedido?

a) 1.000 u.f.

b) 900 u.f.

c) 1.600 u.f.

d) 1.100 u.f.

6. Una empresa realiza una compra de un determinado producto por una cantidad muy superior a la que necesita para hacer frente a su demanda porque espera que el precio de dicho producto suba considerablemente en un periodo corto de tiempo. ¿Cómo clasificarías ese tipo de existencias?

a) *Stock* activo.

b) *Stock* especulativo.

c) *Stock* estacional.

d) *Stock* de seguridad.

7. El precio medio ponderado (PMP):

a) Valora las salidas de almacén según el precio de las existencias más antiguas.

b) Valora las existencias por el precio medio de adquisición de todas las entradas.

c) Valora las salidas de almacén por el precio de venta al cliente.

d) Todas son ciertas.

8. El inventario de los productos almacenados debe realizarse con una periodicidad:

a) Para los productos clasificados como A, debe ser superior.

b) Igual para todos los productos.

c) Para los productos clasificados con B y C no es necesario hacer inventario, no son importantes.

d) Todas son falsas.

9. Una empresa comercial que cobra sus ventas al contado, ¿cuántos subperiodos del periodo medio de maduración tiene?

a) Solo periodo medio de almacenamiento.

b) Periodo medio de almacenamiento y periodo medio de cobro.

c) Periodo medio de almacenamiento, periodo medio de venta y periodo medio de cobro.

d) Periodo medio de almacenamiento y periodo medio de venta.

10. El umbral de rentabilidad es:

a) El nivel de producción en el que los ingresos totales son iguales a los costes totales.

b) El nivel de producción en el que los costes totales son mínimos.

c) El nivel de producción obtenido por la empresa.

d) Todas son ciertas.

Actividades

1. Hacer una lista de las variables cuantitativas y cualitativas a tener en cuenta en la selección de proveedores.

2. ¿Para qué sirve la clasificación de existencias? ¿Qué criterio de clasificación se ha utilizado cuando se habla de mercaderías y en qué tipo de empresa se dan? Indicar otros posibles criterios de clasificación.

3. En la tabla que se presenta a continuación se muestran los resultados de un informe sobre la cadena logística en las 25 empresas que han sido valoradas con más puntuación en una encuesta. (http://www.gartner.com/newsroom/id/2023116) (Puede acceder al enlace en la carpeta de descargas correspondiente a este libro que se halla en www.marcombo.info).

La última columna (*Inventory Turns*) se refiere a la rotación de inventarios en dichas empresas.

Se pide:

a) Analizar, agrupando las empresas por sectores, el índice de rotación.

b) ¿Qué se puede hacer para aumentar las rotaciones en aquellas empresas que, por comparación, presenten unos índices menores?

Table 1 Chain Top 25 for 2012
The Gartner Supply

Cuando uno habla de eficiencia suele pensar en compañías como Amazon o Apple.

Rank	Company	Peer Opinion[1] (173 voters) (25%)	Gartner Opinion[1] (37 voters) (25%)	Three-Year Weighted ROA[2] (25%)	Inventory Turns[3] (15%)	Three-Year Weighted Revenue Growth[4] (10%)	Composite Score[5]
1	Apple	3241	651	20.2%	74.1	51.5%	**9.69**
2	Amazon	2713	435	4.4%	10.0	37.7%	**5.40**
3	McDonald's	1121	283	16.0%	142.4	7.2%	**5.37**
4	Dell	2131	546	6.8%	35.6	2.7%	**5.30**
5	P&G	1940	622	9.2%	5.5	2.5%	**5.05**
6	The Coca-Cola Company	1818	372	13.0%	5.8	19.7%	**4.85**
7	Intel	1006	406	16.2%	5.0	17.8%	**4.63**
8	Cisco Systems	1243	582	8.4%	11.0	5.5%	**4.46**
9	Wal-Mart Stores	1874	410	8.8%	8.3	4.2%	**4.24**
10	Unilever	1043	534	10.2%	6.0	5.5%	**4.21**
11	Colgate-Palmolive	697	342	19.6%	5.3	4.2%	**4.17**
12	PepsiCo	917	427	10.2%	7.7	17.6%	**4.05**
13	Samsung	1014	291	9.4%	17.1	15.9%	**3.67**
14	Nike	1073	278	13.3%	4.6	5.2%	**3.55**
15	Inditex	397	225	17.3%	4.0	10.3%	**3.37**
16	Starbucks	940	191	14.3%	6.2	6.3%	**3.28**
17	H&M	385	24	28.6%	3.6	5.7%	**3.09**
18	Nestle	651	196	15.9%	4.9	-9.5%	**3.06**
19	Research In Motion (RIM)	254	104	17.0%	11.3	13.3%	**3.00**
20	Caterpillar	876	226	4.6%	3.4	22.7%	**2.67**
21	3M	856	70	13.2%	4.4	8.4%	**2.65**
22	Johnson & Johnson	798	176	10.7%	3.2	2.1%	**2.55**
23	Cummins	142	52	11.9%	6.0	20.0%	**2.22**
24	HP	598	192	6.2%	13.7	2.8%	**2.22**
25	Kimberly-Clark	463	182	8.9%	6.1	3.5%	**2.21**

4. Realiza la ficha de almacén del producto «A». Existencias mínimas 100 unidades; existencias máximas 1.000 unidades.

a) Utilizar los métodos de asignación de valor FIFO y PMP teniendo en cuenta que durante el mes de junio del año 20xx ha realizado las siguientes operaciones:

FECHAS	CONCEPTOS	CANTIDAD (u.f.)	PRECIO (u.m.)
01/06/xx	Existencias inciales	600	120
03/06/xx	Venta fra. N° 48	100	175
05/06/xx	Compra Fra. N° 145 (4% IVA incluido) en el precio	200	95
08/06/xx	Compra Fra. N° 302 Dto. Comercial: 10%; Portes pagados: 30,- u.m.; Seguro: 20,- u.m.	300	100
10/06/xx	Venta fra. N° 49	400	200
14/06/xx	Venta fra. N° 50	300	--------
18/06/xx	Compra Fra. N° 654; Dto. Comercial 5%; Dto. Pronto pago 2%; Rappel: 1%; Seguro: 70,- u.m.; Portes debidos 30,- u.m.	500	140
20/06/xx	Venta fra. N° 51	800	170
25/06/xx	Compra Fra. N° 72; Derechos arancelarios 30,- u.m.	1.000	125
30/06/xx	Venta fra. N° 52	900	170

b) Calcula los beneficios obtenidos en la venta aplicando los 2 criterios de valoración. Analiza la situación.

5. Con los datos que se dan en la tabla que aparece a continuación:

	2013	2012	2011	2010	2009
P. M. Almacenamiento (t_1)					
Stock M. Materia Prima	731.168	684.360	668.282	679109	638414
Consumos	5.195.430	5.200.632	4.491.930	3.560.575	4.186.990
Consumo diario Materia Prima	14.230	14.248	12.300	9.750	11.475
P.M. Fabricación (t_2)					
Stock M. Productos en curso	826.920	644.920	594.850	601.970	452.260
Coste de la fabricación terminada	8.001.500	7.673.000	7.054.500	5.615.800	6.236.200
Producción diaria	21.920	21.000	19.325	15.390	17.100
P.M. de Venta (t_3)					
Stock M. Productos Terminados	104.300	137.500	133.540	96.600	89.280
Ventas a coste de producción + IVA	8.005.000	7.735.000	6.985.000	5.609.800	6.230.000
Ventas diarias a coste producción	21.900	21.190	19.100	15.370	17.100
P. M. de Cobro (t_4)					
Saldo Medio de Clientes	1.937.000	1.925.000	1.807.000	1.606.000	1.632.000
Ventas a precio de Venta	7.930.000	8.190.000	6.635.000	5.500.000	6.145.000
Ventas diarias a precio de venta	21.700	22.500	18.200	15.000	16.800
P. M. Maduración ($t_1+t_2+t_3+t_4$)					
P.M. de pago a proveedores (t_5)					
Saldo medio de Proveedores	1.937.385	1.927.025	1.807.140	1.606.350	1.632.700
Compras +IVA	7.927.130	8.190.000	6.634.700	5.485.425	6.144.800
Compras diarias	21.720	22.430	18.175	15.000	16.830
P. M. M. (financiero) ($t_1+t_2+t_3+t_4-t_5$)					
	2013	**2012**	**2011**	**2010**	**2009**

Se pide:

a) Analizar qué tipo de empresa es.

b) Analizar los niveles de existencias en almacén en comparación con las necesidades diarias.

c) ¿Cómo son los periodos de almacenamiento y de fabricación?

d) ¿Por qué presenta un periodo de venta tan bajo?
¿Qué significado tiene en esta empresa?

e) ¿Cómo evolucionan los distintos subperiodos (en porcentaje)?

f) ¿Qué tendencia se aprecia?

g) ¿Por cuántos días necesita la empresa financiación?

6. Para el 10 de agosto/2014 se está analizando la posibilidad de organizar un concierto de un conocido artista en el Estadio Vicente Calderón de Madrid. Se sabe que por la actuación cobra 30.000 €. Además por alojamiento se tendrán que pagar 90 €; por publicidad 10.000 €; por consumo de energía eléctrica durante el evento, 5.000 €. El precio de la entrada es de 40 € y a cada persona que asista se le va a dar un regalo de su último disco cuyo importe asciende a 5 €.

Se pide:

a) ¿Cuántas personas deben asistir al concierto para cubrir costes?

b) ¿Cuántas personas deben asistir si se desea tener un beneficio de 20.000 €?

7. Realizar una clasificación ABC de los artículos en función de la inversión inmovilizada en *stocks* (valor del *stock* medio que permanece inmovilizado en el almacén), y determinar el modelo de gestión de *stocks* a aplicar a cada categoría de artículos A, B o C. Representar gráficamente.

ARTÍCULO	STOCK MEDIO ALMACENADO	VALOR DEL STOCK MEDIO ALMACENADO
1	110	525
2	50	22.500
3	50	12.200
4	50	725
5	40	625
6	45	6.500
7	55	1.800
8	25	850
9	70	1.100
10	30	575
11	50	950
12	50	1.550
13	25	800
14	100	775
15	40	10.800
16	50	675
17	60	8.000
18	30	1.000
19	20	550
20	50	27.500
TOTAL	1000	100.000

8. Analizar las herramientas TIC que se pueden utilizar para desarrollar un sistema de información y comunicación en una empresa que se dedica al diseño de proyectos de paisajismo, tanto públicos como privados (jardines, parques, etc.), así como a la venta de todo tipo de plantas y de productos de jardinería.

Es una empresa mediana, cuenta con 125 trabajadores en plantilla y tiene una amplia cartera de clientes tanto nacionales como internacionales.

Su compromiso con las personas y con el medio ambiente forma parte de su política de empresa.

Hasta el momento no tiene implementado ningún sistema de gestión de la información, por lo que prácticamente todos los procesos los gestiona de forma manual. Esto hace que no se conozcan de forma rápida y precisa las existencias de la empresa con el consiguiente problema para la empresa.

Se pide:

a) Identificar todos los procesos que se originan en la empresa.

b) Identificar los tipos de existencias que tiene la empresa.

c) Identificar los posibles proveedores.

d) ¿Qué cambio se tiene que producir en la organización para poder llevar a cabo la informatización de los procesos?

e) Herramientas TIC para gestionar el *stock* de forma automática.

f) ¿Cómo conseguirías los siguientes resultados?:

- Aumentar la calidad de los procesos.
- Mejorar el servicio al cliente.
- Aumentar la productividad de la empresa.

- Prestar más atención a la innovación y el diseño.
- Mejorar la relación con los proveedores.
- Aumentar la motivación del personal.
- Eliminar tareas inútiles.
- Dedicar mayor atención al tratamiento de la información.

g) Presentar un informe que recoja todos los puntos anteriores.

9. Una empresa estima consumir 50.000 unidades al año de un determinado producto sobre la base de 300 días de actividad. El precio del producto es de 100 u.m. y el precio de venta de 150 u.m. El coste de emisión de pedidos es de 300 u.m. Para el valor de *i* se asumirá el 3,25%.

Se pide:

a) ¿Qué cantidad por pedido debería realizar si quiere aplicar la gestión por volúmenes óptimos de pedido?

b) ¿Cuántas reposiciones haría al año?

c) ¿Cuánto supondrían los costes totales de gestión de *stock*?

d) Suponiendo que el plazo de entrega del proveedor es de 4 días con un posible retraso de 1 día, ¿cuál sería el punto de pedido?

e) ¿Qué margen comercial tiene esta empresa?

f) Representar gráficamente los costes totales de gestión de *stocks*.

10. Una empresa de Burgos que se dedica a la fabricación de bicicletas cuenta con la siguiente información sobre el modelo de bicicleta **BC-Deport/14:**

Lista de materiales de la bicicleta

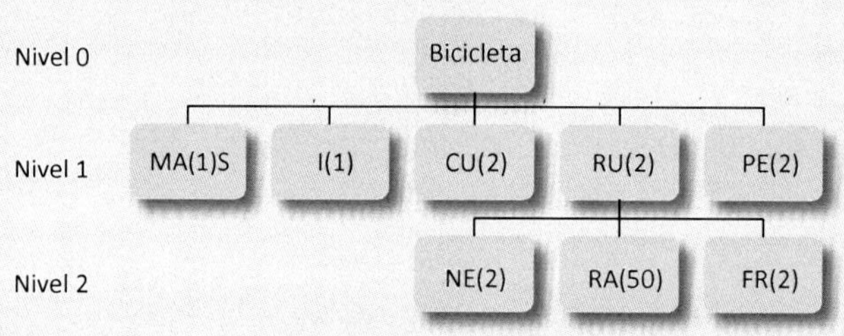

Datos de inventario. La bicicleta se fabrica en lotes de 100 unidades y la situación del *stock* presenta los siguientes datos:

Artículo	Nivel de inventario	Stock de seguridad	Lead time (semanas)
BC-Deport/14	150	--	2
Manillar	50	--	3
Sillín	300	50	1
Cubiertas	100	75	1
Ruedas	200	50	2
Pedales	75	--	1
Neumáticos	100	75	1
Radios	5.000	400	1
Frenos	100	--	1

Los datos del programa maestro de producción reflejan los siguientes datos para el modelo de bicicleta **BC-Deport/14** durante un horizonte temporal de dos meses (marzo-abril):

SEMANAS	9	10	11	12	13	14	15	16
DEMANDA (Necesidades brutas)	130	100		90	120	90	-	-

Se pide:

a) Realizar las plantillas MRP del nivel 0.

b) Explosión del MRP nivel 1.

c) ¿Qué se consigue con un sistema MRP?

d) Consideraciones de la demanda de la bicicleta en relación a la fabricación de lotes.

Unidad 5 Gestión de las operaciones sujetas a logística inversa

En esta unidad veremos

5.2.1. Actividades de logística inversa

La logística inversa engloba multitud de actividades. Algunas de ellas, como son la recuperación y el reciclaje de los productos, inciden directamente en el medio ambiente evitando su deterioro. Otras, buscan obtener beneficios y mejoras en los procesos productivos y de abastecimiento de los mercados. Por ejemplo, a través de los procesos de retorno de excesos de inventario, devoluciones de clientes, etc.). Por tanto, la logística inversa se encarga de:

- Las devoluciones de clientes.
- La recuperación y reciclaje de envases, embalajes y residuos.
- Los procesos de retorno de excesos de inventario, productos obsoletos e inventarios estacionales.

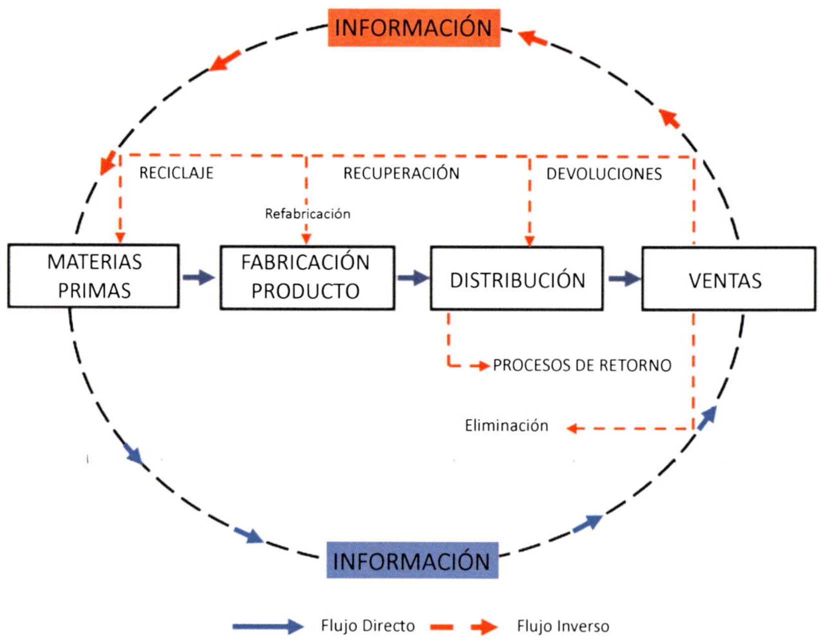

Figura 5.4. Representación de las actividades de logística inversa o reversa. Elaboración propia.

- **Las devoluciones de clientes.** Se producen cuando un cliente no se siente satisfecho con el producto que ha comprado.
- **La recuperación y reciclaje de envases, embalajes y residuos.** Dentro de este apartado se pueden presentar distintas alternativas de recuperación de producto:
  - **Reutilización**: Consiste en recuperar el producto en sí para darle un nuevo uso. Su aplicación no es generalizada, en gran parte a causa de la rápida obsolescencia de los productos en una época de fuerte cambio tecnológico.
  - **Reparación:** Consiste poner al producto usado en condiciones de volver a funcionar. No genera un nuevo producto, alarga la vida del producto que ha sido reparado. Estas operaciones se suelen desarrollar en el domicilio del cliente o en los servicios técnicos de reparaciones y, por lo general, la calidad de estos productos reparados suele ser inferior a la de los productos nuevos. Ejemplos de esta opción de recuperación son pequeños aparatos eléctricos y electrónicos.
  - **Restauración:** Implica reacondicionar y mejorar la calidad de un producto usado ampliando su vida útil sin llegar a tener la calidad del producto original. En ocasiones estas operaciones de restauración suelen acompañarse de otras en las que se mejora tecnológicamente alguno de los componentes del producto. Ejemplos de este tipo de recuperación se dan en la industria de la aviación civil y militar.

Figura 5.5. El reciclado de productos se puede realizar de diferentes formas.

Figura 5.6.
Apilado de papel para reciclar.

- **Refabricación:** También implica reacondicionar y mejorar la calidad de un producto usado ampliando su vida útil, pero con esta opción el nivel de calidad que se consigue es equivalente al del producto original consiguiendo unos costes de fabricación que, en ocasiones, pueden ser entre un 30 y un 50% inferiores al de los originales. Como ejemplos de refabricación tenemos electrodomésticos, fotocopiadoras o cámaras fotográficas desechables.
- **Canibalismo**: Este nombre se suele dar a la opción de recuperación de productos fuera de uso en la que únicamente se recupera una pequeña parte de los componentes reutilizables que se destinarán a las opciones de reparación, restauración y refabricación. Ejemplos de elementos recuperables a través de esta opción son determinados componentes electrónicos.
- **Reciclaje:** Consiste en el reaprovechamiento de materiales para ser utilizados de nuevo como materia prima en un proceso de fabricación. El reciclaje es una solución al problema que presentan los productos al final de su vida útil. Es la opción más conocida y la de mayor aplicación: vidrio, papel, cartón, latas, etc.
- **Recuperación de energía:** Consiste en obtener energía mediante la combustión de determinadas partes de los productos. El residuo que genera se utilizaría como materia prima; sin embargo, en la práctica no se está haciendo una óptima utilización de los mencionados residuos.
- **Vertido:** Es el último recurso en la eliminación de los productos al final de su vida útil, debido a los costes y requerimientos que exigen los vertederos y a no desestimar otras alternativas de recuperación.

- **Los procesos de retorno de excesos de inventario, productos obsoletos e inventarios estacionales.** En este apartado se incluyen los **productos no vendidos**. Mediante estos procesos de retorno se trata de reincorporarlos de nuevo al mercado adecuado.

Así pues, las referencias al concepto de logística inversa se realizan tanto desde el punto de vista de las **devoluciones** como desde el punto de vista de la **recuperación** de materiales y productos. Esto da lugar a que se hable de una **logística de devoluciones** (*return logistics*) y de una **logística para la recuperación** (*recovery logistics*) como dos realidades que coexisten en el concepto de logística inversa.

Ejemplo

Xerox busca que el 100% de las partes de sus productos se recuperen totalmente. IBM gestiona la recuperación de sus productos en varios países. General Electric Medical Systems (GEMS) posee un programa de retorno de viejos equipos hacia su centro de reciclado en Milwaukee (USA). Eastman Kodak Co. recibe cámaras desechables de grandes tiendas que utilizan los puntos de venta para recoger sus productos al final de su vida útil. Así, se estima que, por término medio, el 76% del peso total de una cámara desechada es reutilizado en la producción de una nueva.

5.2.2. Razones para aplicar la logística inversa en las empresas

La importancia de la logística inversa ha ido aumentando en los últimos años, debido principalmente a las siguientes razones:

- **Requisitos legales** en relación con el medioambiente. Muchas empresas han empezado programas de recuperación de productos para cumplir con la normativa vigente y se han dado cuenta de que parte de sus beneficios procede ahora de estos programas.
- **Reputación e imagen** de la organización. Aquí también las empresas han detectado que aplicando criterios ecológicos a la gestión (reciclado, reutilización, etc.)

Recuerda . . .

Las actividades de logística inversa que realizan las empresas son variadas y según el sector predomina un tipo de actividad sobre el resto, aunque en determinados sectores, como el de la electrónica, se realizan simultáneamente la mayoría de ellas.

no solo contribuyen al desarrollo sostenible sino que, además, constituyen incentivos para que sus productos sean más aceptados por los clientes, aunque no todos ellos compren por esta razón.

- **Reducción de costes**. Se consigue al dar un tratamiento adecuado a todas las actividades de logística inversa. Así, por ejemplo, las compañías involucradas en actividades de recuperación pueden alcanzar ahorros de entre un 40 y un 60% de los costes de producción de un producto completamente nuevo contra una inversión de solo un 20% (Dowlatshahi, 2000).
- **Incremento de las ventas en internet y las mejoras en la atención al cliente** han hecho que aumenten las devoluciones y, en consecuencia, las empresas tengan que buscar soluciones para dar a las devoluciones el tratamiento más eficiente.
- **Recuperación de materias primas** difíciles de conseguir.

Todo lo explicado lleva a la conclusión de que la aplicación de la logística inversa en la empresa responde no solo a razones legales en relación con el medio ambiente, sino también a razones de imagen corporativa y a que aporta a la empresa una ventaja competitiva con respecto a aquellas que no la apliquen.

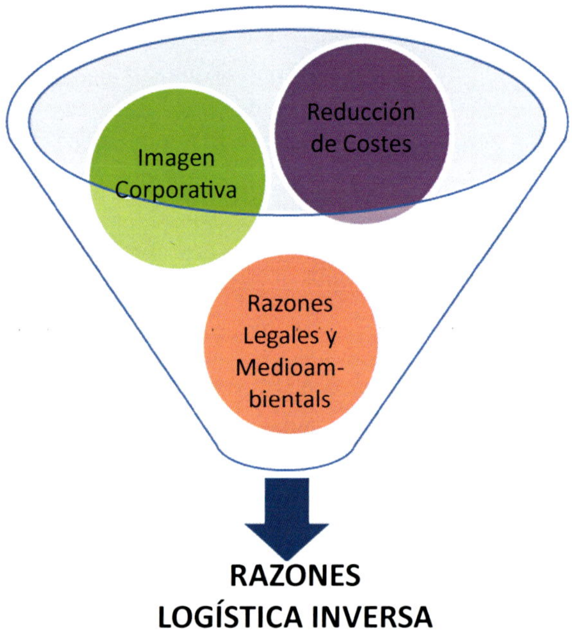

Figura 5.7. Razones para la logística inversa. Elaboración propia.

5.2.3. Etapas de aplicación de la logística inversa

La aplicación de la logística inversa comienza en la **etapa de investigación, desarrollo y diseño del producto** donde se tiene que pensar en crear productos y envases que se puedan reutilizar en el proceso productivo; continúa en la **etapa de producción**, donde se tiene que tener en cuenta que sea factible recibir nuevamente las partes de los productos que pueden ser reutilizados (rediseño de procesos) y que permita la fabricación de estos nuevos productos; y en la **etapa de distribución**, donde se deben poner en marcha mecanismos para hacer frente a las devoluciones.

5.3. Devoluciones

Desde el momento que existan productos que se estén vendiendo podrá haber devoluciones de dichos productos que, por distintos motivos, no satisfacen las necesidades del cliente.

Figura 5.8.
Devoluciones de *stocks*.

Las devoluciones de productos se han visto, a menudo, tanto por fabricantes, distribuidores y minoristas, como una fuente generadora de costes y de insatisfacción de clientes.

Sin embargo, la fuerte competencia a la que están sometidas las empresas en los últimos años ha influido en la forma de fidelizar clientes, dándose cuenta de que un elemento clave de la satisfacción de los mismos está relacionado con la política de devoluciones que adopten en su organización, y que la gestión eficiente de la logística inversa puede darles una ventaja competitiva.

Figura 5.9.
Devoluciones. Flujo inverso.

Se puede decir, por tanto, que las devoluciones de productos han crecido y seguirán creciendo, sobre todo, por los siguientes factores:

Recuerda ...

La devolución de mercancías tiene un valor trascendental para la empresa. Así la logística inversa tiene una especial importancia ya que se ocupa de gestionar los flujos de productos desde su lugar de consumo a su lugar de origen para recuperar su valor inicial o parte del mismo o darles el uso más adecuado.

- Poca diferenciación que presentan los productos entre sí (fuerte competencia).
- Aumento de las ventas a distancia y por internet. Según datos expuestos por el INE (Instituto Nacional de Estadística), aproximadamente el 32% de la población ha comprado en línea durante 2013. Por otra parte, la asociación Ecommerce Europe señala que hay cerca de 15 millones de compradores *online* o, como son denominados en el sector, *e-shoppers*, que han gastado 13.000 millones de euros en España; y aunque la cifra ha ido aumentando año tras año, dista mucho de la alcanzada por países que se sitúan al frente de Europa en compras por internet, como por ejemplo Francia con 45.000 millones de euros). En Inglaterra 1 de cada 3 prendas que se venden en línea se devuelven (Informe Kelkoo).
- Cambio de paradigma en las empresas que están pasando de tener una estrategia de ofrecer productos a otra estrategia de dar servicio al cliente. En este sentido, el porcentaje de devoluciones va a depender del compromiso de la empresa hacia la logística inversa, lo que implica que deben establecer, cada vez más, políticas efectivas de devoluciones.

Las devoluciones suponen un porcentaje muy importante sobre la cifra de ventas, aunque esta cifra varía dependiendo del sector y del mercado considerado. En algunos casos la logística inversa alcanza cifras elevadas.

Así, en el sector editorial las devoluciones suponen el 25% de los libros y hasta el 50% en el caso de las revistas. En la venta por catálogo las devoluciones se sitúan entre un 15% y un 30% y, en el caso de la electrónica, el porcentaje oscila entre un 10 y un 20% (datos de Danzas Solutions).

Ejemplo

La política de devolución del grupo Inditex supone una gran ventaja competitiva para la empresa. Hay una gran flexibilidad a la hora de cambiar o devolver un producto, por lo que todo son facilidades para los clientes. En caso de cambio o devolución, simplemente hay que acudir a cualquiera de los establecimientos, lo que permite ver los productos y con probabilidad adquirir alguno nuevo.

Ejercicio

4. ¿Influye en el comportamiento del consumidor la política de devoluciones que practique la empresa?

5. Analiza la estrategia comercial de al menos 5 empresas que realicen ventas por internet. ¿Cómo le afecta a cada empresa desde el punto de vista de la logística inversa?

EMPRESA	SECTOR	FORMA DE PAGO	TIEMPO PARA HACER LA DEVOLUCIÓN	GASTOS DE ENVÍO	OBSERVACIONES

6. La frase «y si no se encuentra satisfecho le devolvemos su dinero» es una declaración de intenciones de la empresa española El Corte Inglés con respecto a la logística inversa. Reflexiona sobre su significado tanto para la empresa como para el consumidor.

Gestión de las devoluciones

El flujo de devoluciones de mercancías desde el punto de destino hasta el punto de origen requiere de una **gestión específica** a la que hay que dar la misma importancia que a la del proceso logístico directo.

Por este motivo, la definición de una buena **política de devoluciones** es esencial para que todo el proceso de devoluciones se efectúe de forma eficiente.

Por el contrario, una gestión deficiente de las devoluciones puede representar pérdidas importantes del nivel de ventas además de una situación crítica en las relaciones comerciales de las partes implicadas.

Otro elemento importante a tener en cuenta en la gestión de devoluciones es **actuar con rapidez** para llevar a cabo la devolución, ya que si no se corre el riesgo de crear una cantidad innecesaria de productos obsoletos.

Ejemplo

En ocasiones, los distribuidores acumulan cantidades de productos a devolver a la espera de tener un mayor lote para remitírselo al fabricante originándole un coste añadido por stock obsoleto y pérdidas a ambas partes.

Otras veces, sin embargo, la gestión de devoluciones se hace a través de un intermediario como es el caso de la empresa CEDIFA, una central de devoluciones que opera en el sector farmacéutico, que proporciona el servicio de logística inversa a diversos agentes de dicho sector, realizando la gestión integral de sus productos caducados y/o retirados por las autoridades sanitarias, mediante el registro, revisión, clasificación, empaquetado y envío a los laboratorios farmacéuticos productores o a gestores autorizados para su destrucción.

Recuerda . . .

Un canal adecuado y una política clara de devoluciones ayudan a optimizar el inventario de productos y a no incurrir en costes de obsolescencia innecesarios.

5.4. Evaluación de las causas de las devoluciones

La gestión de devoluciones implica conocer las causas que las originan para minimizar los costes asociados a las mismas.

Entre las causas más frecuentes de **devolución de mercancías** se encuentran las que se recogen en la siguiente tabla:

CAUSAS DE DEVOLUCIÓN	PROBLEMA	ACCIÓN o ACCIONES (Dependiendo de la empresa y del producto)
MERCANCÍA DAÑADA MERCANCÍAS DEFECTUOSAS VICIOS OCULTOS INCUMPLIMIENTO DE ESPECIFICACIONES	CALIDAD	REPARACIÓN RESTAURACIÓN REFABRICACIÓN REUTILIZACIÓN RECICLAJE COMERCIALIZACIÓN CANIBALISMO RECUPERACIÓN ENERGÉTICA VERTIDO
MERCANCÍA CADUCA	CADUCIDAD	
ERRORES EN PEDIDO (no coincide la cantidad y/o el producto solicitado) INCUMPLIMIENTO DE PLAZOS DE ENTREGA RETRASOS INCIDENCIAS EL TRANSPORTE	INSATISFACCIÓN DEL CLIENTE. RECHAZO EN LA ENTREGA	
PRODUCTOS NO VENDIDOS	COMERCIAL	
EXCESOS DE STOCK FIN DE SERIE/ FIN PROMOCIÓN	INVENTARIO	

Tabla 5.1. Causas de devoluciones. Elaboración propia.

En el caso de las **prestaciones de servicio** la dificultad de la devolución es mayor puesto que no existe la posibilidad de devolución física y no se puede proceder al retorno del servicio realizado.

No obstante, la reclamación que realiza el cliente debe considerarse una devolución siempre y cuando implique una nueva realización del servicio. En este sentido, el Servicio de Atención al Cliente tendrá gran importancia pues será el responsable de atender las reclamaciones y de tomar acciones para solucionarlas.

Ejemplo

Según la OCU (Organización de Consumidores y Usuarios), en su informe del día 8/01/2014, en la práctica el 93% de los consumidores que compra en línea decide quedarse con el producto comprado; el resto, solo el 7%, decide devolver el producto. Estas son sus razones:

- no me gustaba/no lo necesitaba (2%)
- no era lo que pedí (2%)
- llegó dañado (2%)
- me quedaba pequeño/grande (1%)

Recuerda . . .

Una factura rectificativa es un tipo de factura que se emite: cuando la factura original no cumpla alguno de los requisitos establecidos como obligatorios -tanto para la factura completa u ordinaria como para la factura simplificada-; cuando las cuotas repercutidas se hubiesen determinado incorrectamente o cuando se produzcan circunstancias que, de acuerdo con la ley del IVA, den lugar a la modificación de la base imponible (Reglamento de facturación Real Decreto 1619/2012, de 30 de noviembre de 2012.)

5.4.1. Acciones a realizar con los productos devueltos

Cuando se procede a una devolución de mercancías se pone en marcha todo un procedimiento que afecta tanto al cliente como al proveedor.

Si la empresa tiene fijada una política de devoluciones, el procedimiento formará parte de la misma, de tal manera, que la gestión de los flujos de información y de productos, como consecuencia de las devoluciones, se realizará de forma sistemática.

Entre las acciones a realizar pueden encontrarse las siguientes:

1. El cliente se pone en contacto con su proveedor para comunicarle la devolución de su pedido, total o parcial, y las causas.
2. Se retira la mercancía del almacén del cliente.
3. Transporte hasta el almacén indicado por el proveedor.
4. Recepción de la mercancía por parte del proveedor y ubicación en zona de devoluciones para su revisión.
5. Revisión para comprobar el estado del material devuelto, análisis de los resultados obtenidos y, si procede, determinar acciones que permitan solventar las causas del problema. Todo ello debe permitir evitar la recurrencia.
6. Si el producto es correcto se colocará con el resto de productos de su categoría, en las mismas condiciones de calidad y se dará de alta en el inventario.
7. Si el producto no puede destinarse a la venta como producto de primera calidad entonces se le dará un destino adecuado: venta en mercados secundarios, donaciones a oenegés, reparación, etc.
8. Se hace la documentación administrativa: factura rectificativa y abono de la cantidad correspondiente al cliente.

Nombre de la Empresa:

Dirección:

N.I.F.:

Fecha:..

Nº de Factura:...................................

Nombre del Cliente:

Dirección:

N.I.F.:

Referencia	Descripción	Cantidad	Precio	Importe
xxxx				
xxxx				
xxxx				
xxxx				
xxxx				
xxxx				
Dxxxx		-		-
Dxxxx		-		-
Dxxxx		-		-
Dxxxx		-		-
Dxxxx		-		-
Dxxxx		-		-

FACTURA RECTIFICATIVA

El motivo de la devolución es ....

....

La presente factura modifica la factura de la Serie...

Base imponible	
I.V.A. 18%	
Total Factura	

Figura 5.10. Modelo de factura rectificativa.

5.4.2. Política de devoluciones

La política de devoluciones marca las líneas estratégicas de actuación de la organización en ese ámbito; da información sobre cómo debe llevarse a cabo el proceso de devolución y es un elemento clave de decisión para los clientes a la hora de hacer un pedido.

Tiene especial relevancia en las compras en línea, junto con la rapidez del servicio y la forma de pago.

Implica tomar decisiones en relación a si las actividades de logística inversa se van a llevar por la propia empresa o se van a externalizar:

- Proceso logístico propio. Es la empresa la que lleva a cabo todo el proceso de logística inversa. Controla todas las actividades que de él se deriven y define qué hacer con cada posible devolución (volver al mercado, reparar, etc.). También controla los tiempos del proceso tratando de acortarlos al máximo para minimizar los costes asociados a las devoluciones.
- Proceso logístico externalizado (*Outsourcing*). En este caso se contrata la realización del proceso de logística inversa con empresas especializadas en este campo. Es precisamente por la especialización de estas empresas por lo que el proceso logístico se puede realizar de manera más eficiente y mejor. Sin embargo, la empresa que contrata este servicio debe tener cierto control del proceso.
- Política de devoluciones «cero». La empresa que adopta esta política significa que no aceptará devoluciones de pedidos. Esta decisión supone una barrera para el comercio. Para paliar los efectos negativos de su aplicación, el proveedor ofrece al cliente otro tipo de facilidades (por ejemplo, precios de adquisición

más bajos), y entonces, ante una posible devolución, será el cliente el que decidirá qué hacer con el producto: destruirlo o hacer lo que considere oportuno, en función de lo que haya pactado con el proveedor (en empresas industriales). En determinadas empresas comerciales, aplicar esta política significaría una pérdida de clientes importante.

Este enfoque es utilizado por varias compañías electrónicas, con resultados inesperados. En ocasiones, los productos que se suponía que habían sido desechados se encontraron en mercados secundarios.

- Tratamiento de las devoluciones a través de Centros de Devolución Centralizados (CDC) o centros de recuperación de PFU. Estos centros tienen la finalidad de concentrar las devoluciones de los productos de un sector, por ejemplo el farmacéutico, producidas por cumplimiento de su fecha de caducidad o por otras causas.

Figura 5.11. Central que realiza el servicio de logística inversa en el sector farmacéutico.

Ejemplo

Los productos que más devoluciones presentan en compras por internet, según la OCU (Organización de consumidores y usuarios) en su informe del día 8/01/2014, son los siguientes:

- Ropa: 13%
- Artículos deportivos: 7%
- Electrónica: 6%
- Muebles y hogar: 5%

Ejercicio

7. ¿Pueden generar beneficios las devoluciones de productos?

5.5. Costes afectos a las devoluciones

Los costes logísticos asociados a las devoluciones presentan cierta complejidad. Se pueden distinguir dos bloques:

Recuerda . . .

Los costes afectos a las devoluciones cada vez impactarán más por las políticas de ventas y la reducción del ciclo de vida del producto.

- **Los relacionados con el propio proceso de devolución:**
  - **Coste del transporte de la mercancía.** Este coste viene determinado por el traslado de la mercancía desde el punto de destino (cliente) hasta el punto de origen (proveedor). Será considerado coste de logística inversa íntegramente, cuando la política de devoluciones de la empresa estipule que las devoluciones no suponen coste alguno al cliente o, cuando sea compartido entre las partes, en la proporción que la corresponda.
  - **Coste de seguro.** Será el importe de la prima que se abone por asegurar la mercancía durante el transporte hasta el local del proveedor.
  - **Coste de recepción del material devuelto y traslado a zona específica de devoluciones.** Es difícil de determinar. Se calcula en función del tiempo y de los medios empleados en esta actividad (hora/persona, hora/máquina, otros).
  - **Coste de revisión y análisis de la mercancía devuelta.** También es difícil de determinar. Consiste en analizar las causas que han motivado la devolución y proponer soluciones. Está en relación con el tiempo y los medios utilizados. Las variables a tener en cuenta, como en el apartado anterior.
  - **Coste administrativo.** Es el generado por toda la información y documentación que requiere el proceso de devoluciones: notas, factura rectificativa, modificaciones de datos en el inventario, etc. Se determina en base a los medios materiales y humanos utilizados en la gestión de la devolución.
  - **Coste por compensaciones al cliente.** Será un coste más si se ha acordado una compensación por los perjuicios ocasionados al cliente.
- **Los relacionados con el proceso de almacenamiento y manutención de productos en almacén.** Si el producto devuelto, una vez revisado, está en condiciones de volver a ser comercializado pasará a formar parte del *stock* activo de la empresa participando de los mismos costes de almacenamiento y manutención que el resto de productos almacenados.

Una forma sencilla de reducir los costos del flujo logístico inverso es a través de reducir el volumen de productos. Es decir, en primer lugar, hay que evitar la entrada de aquellos productos que no pueden ser aprovechados (identificar los productos que no cumplan con los requisitos de devolución). Y, en segundo lugar, una vez que los productos están dentro del flujo logístico inverso, deberían ser recuperados (reutilización, reciclado, etc.).

Ejercicio

8. Analizar cómo afecta a los fabricantes de automóviles la disposición adicional decimosexta de la Ley 2/2011, de 4 de marzo, de Economía Sostenible (BOE de 5 de marzo de2011), desde el punto de vista de los costes afectos a las devoluciones cuando exijan a un concesionario-distribuidor una compra mínima de automóviles para disponer de *stocks*. ¿Podrá el distribuidor devolver los productos suministrados (vehículos o piezas) y no vendidos una vez transcurran 60 días desde su adquisición, al mismo precio que le fueron comprados, quedando obligado el proveedor, a volver a adquirirlos en las mismas condiciones que se vendieron?

5.6. Sistemas de información

La complejidad y la rapidez de las operaciones de logística inversa hacen que el sistema de información sea de gran importancia para generar eficiencias en la empresa, puesto que son los flujos de información los que mantienen el flujo logístico abierto.

Figura 5.12. El flujo de la información es primordial, tanto como el flujo del material.

Los sistemas de información utilizan principalmente redes informáticas orientadas a la integración entre empresas, debido a que:

- Facilitan la relación entre clientes y proveedores dado el carácter interempresarial de la cadena logística.
- Facilitan la integración con los operadores logísticos ya que es habitual subcontratar con ellos los servicios logísticos.

Desde el punto de vista del **ámbito de aplicación** de los sistemas de información, ya sea para la logística inversa como para otras operaciones de la empresa, existes tres tipos:

a) Aquellos que están orientados a una **actividad o proceso concreto**. Por ejemplo, para la automatización de almacenes o para la gestión de devoluciones, entro otros procesos.

b) Los orientados al funcionamiento del **conjunto del sistema logístico**.

c) Los **sistemas integrados de información**. Se aplican a la gestión de totalidad de la empresa a través de internet (EDI, Electronic Data Interchange).

Figura 5.13. Tipos de sistemas de información según ámbito de aplicación. Elaboración propia.

Figura 5.14.
La satisfacción del cliente es la base de los sistemas de gestión de la información.

Actualmente, los sistemas de información que se utilizan para gestionar los flujos de logística inversa son:

- **ECR,** Respuesta Eficiente al Consumidor (Efficient Consumer Response). La estrategia ECR se basa en el trabajo colaborativo de fabricantes y detallistas para satisfacer las necesidades expresadas o latentes de los consumidores de manera más rápida, con mayor calidad y a menor coste. En el caso de la logística inversa, la gestión de devoluciones, embalajes y palés son importantes para atender debidamente al consumidor.

  Una de las herramientas tecnológicas más eficientes en la que se apoyan los procesos de respuesta eficiente al consumidor es la **captura automática de datos**, que consiste en introducir datos a un sistema de información de forma automática utilizando diversos tipos de tecnologías diseñadas para tal fin.

  Los sistemas de captura automática de datos más comunes son los **códigos de barras**, **el reconocimiento de la voz** y la **tecnología de radiofrecuencia.**

- **Sistemas de seguimiento**. Con acceso a través de internet, los sistemas de seguimiento permiten al cliente conocer, en todo momento, el estado de su pedido, pero también de los artículos pendientes de preparar o las devoluciones realizadas.

- **ERP, Enterprise Resource Planning.** Son aplicaciones interempresariales que facilitan la integración de sistemas de información independientes, permitiendo el intercambio de datos entre redes distintas. El propósito de una aplicación ERP es apoyar a los clientes de la empresa, **dar tiempos rápidos de respuesta a sus problemas**, así como un eficiente manejo de información que permita la toma de decisiones y **minimizar los costes**.

Ejemplo

Como ejemplos de sistemas de información utilizados por todo tipo de empresas de ámbito internacional, principalmente por las dedicadas a la prestación de servicios de logística, se encuentra el software creado por la empresa SAP A.G. de Alemania; también está Return Service Management creado por Metrix L.L.C. de Estados Unidos. Estos sistemas ayudan a gestionar la diferente casuística que se da en las devoluciones de productos.

Ejercicio

9. Elabora un informe con las distintas herramientas con las que cuentan los sistemas de información.

5.7. Reutilización de unidades y equipos de carga. Pools de palés

Recuerda . . .

La eficiencia de la logística inversa depende de la calidad de los sistemas de gestión de la información.

Los palés son un elemento básico para la cadena de suministro, por lo que se exige controlar su gestión, custodia y las operaciones que conllevan las paletas vacías. Es necesario un uso racional de los mismos para conseguir minimizar costes y optimizar las operaciones de la gestión logística.

Por ello, desde asociaciones como AECOC se promueven los Sistemas de *Pools* de paletas estándares que cumplen con los requerimientos de los usuarios y permiten obtener las eficiencias de funcionamiento en la cadena de suministro. Esto sin perjuicio de que en ciertos entornos determinados se usen paletas particulares.

Las paletas deben ofrecer garantías de seguridad a los operarios que operan con ellas, máxima durabilidad, el mínimo impacto medioambiental y alta productividad en el funcionamiento de los procesos de almacenaje, transporte y manuales.

Ejemplo

Si en la empresa "A" existen paletas reutilizables en mal estado que carecen de la calidad que garantiza su aplicación, estas no deben ser utilizadas.

Recuerda . . .

Los *pools* de paletas son organizaciones de servicios por las cuales las partes intervinientes (empresas de servicios pools, proveedores, empresas de almacenaje/transporte y distribuidores) acuerdan la adopción de un sistema de Pool de paletas, es decir, de reutilización de las mismas para minimizar costes, entre otros objetivos.

Las paletas de madera deben ser exclusivamente **EUR UNE-58-006-94 de 800 x 1.200 mm o 800 x 600 mm**. En el caso de paletas de plástico, hierro u otros materiales que se apliquen en el entorno abierto de la cadena de suministros y con tamaños de 800 x 1.200 mm y 600 x 800 mm, estas deben ajustarse a los requerimientos de los usuarios.

Existen **recomendaciones de *pools* de paletas** realizadas por AECOC y que son el marco de mejores prácticas y oportunidades para aumentar la eficiencia de su control y gestión.

Actualmente existen diversas empresas *pools* en el mercado que son propietarias de parques de paletas que alquilan a los proveedores para su utilización a un coste determinado. Estos proveedores utilizan los palés con sus productos y los envían a sus clientes finales. Las empresas *pools* propietarias de las paletas realizan todas las actividades logísticas de recuperación de las paletas, clasificación, reparación y gestión de la información de todo el proceso. Estos sistemas están definidos como **gestores de paletas de *pool*.** Los sistemas *pools* de paletas de cualquier tipo de material deberán identificar las paletas de su propiedad con color y anagrama exclusivos de la empresa concreta.

También pueden existir proveedores de productos, propietarios de paletas, que gestionan de forma coordinada con sus clientes el uso de las mismas. Con el fin de mantener una optimización de los recursos y gestión eficiente de dichas paletas propiedad de los proveedores, el Comité de Logística de AECOC acuerda, entre otras posibles fórmulas, la aplicación de la gestión centralizada de paletas, para aquellos proveedores que lo deseen, a través de sistemas definidos como **gestores logísticos de paletas de proveedor.**

Las empresas *pools* suelen realizar dos contratos mercantiles: con la empresa contratante del servicio y con la de distribución; incluyendo la cláusula que quien pierda la paleta debe asumir su coste. Todos los intervinientes suelen acordar no vender, comprar o intercambiar las paletas *pool*.

Ejercicio

10. Lee y comenta el siguiente artículo: http://www.lrmconsultorialogistica.es/blog/feed/17-noticias/170-pool-pallets-paletas-chep-dia-carrefour.html (Puede acceder al enlace en la carpeta de descargas correspondiente a este libro que se halla en www.marcombo.info).

11. Lee y resume las «Recomendaciones AECOC para la logística (RAL) Principios generales de funcionamiento de los pool de paletas». Lo puedes encontrar en el siguiente enlace:

https://www.transgesa.com/blog/para-que-sirve-un-pool-de-palets/ (Puede acceder al enlace en la carpeta de descargas correspondiente a este libro que se halla en www.marcombo.info).

Recuerda . . .

Con contenedores y embalajes reutilizables la empresa puede obtener un importante ahorro en costes logísticos.

5.8. Contenedores y embalajes reutilizables

Siguiendo el mismo objetivo de minimización de costes y cuidado del medio ambiente, las empresas pueden utilizar embalajes y contenedores reutilizables.

Existen tantos contenedores reutilizables como las empresas demanden; pueden ser estandarizados o realizados a medida según encargo.

Un contenedor reutilizable es aquel que permite su uso durante varios años, ya que están fabricados en plástico resistente. La base es la parte más solida y resistente, mientras que las paredes de plástico suelen ser totalmente plegables para el transporte de retorno.

Normalmente se usan para almacenamiento de productos y mercancías a pequeña escala y sus traslados. Por ejemplo, se suelen utilizar para llevar productos manufacturados del sector textil, alimentos envasados, medicamentos...

En cuanto al embalaje reutilizable, la empresa debe estudiar para mejorar su competitividad la utilización del mismo, que dependerá, por ejemplo, del número de envíos que realice o los puntos de distribución a los que debe enviar la mercancía. Como norma general para que el sistema sea rentable, el embalaje debe completar como mínimo cuatro flujos por año en comparación con un embalaje de un solo uso.

Figura 5.15. Modelo embalaje reutilizable.

Las principales características que deben presentar los embalajes reutilizables son:

- facilidad de uso
- resistencia
- ligereza

Ejemplo

Una empresa dedicada a la fabricación de intermitentes de vehículos ubicada en Valladolid que realiza seis envíos diarios a Francia. La frecuencia de los envíos y el hecho de que exista un único punto de distribución harán rentable la utilización de embalajes reutilizables.

Ejercicio

12. Piensa, al menos, tres ejemplos de actividades en los que puedan utilizarse contenedores reutilizables.

Resumen

- La logística inversa se encarga de la gestión de los flujos de productos y de información desde el lugar de consumo al lugar de origen para recuperar su valor o parte de su valor inicial o darles el uso más adecuado.
- Incluye actividades como devoluciones, reutilización, restauración, reciclaje, refabricación, reparación, recuperación energética, canibalismo y vertidos.
- El propósito de la logística inversa es crear valor económico, ecológico, legal o de imagen de marca comprometida con el medio ambiente.
- La aplicación de la logística inversa comienza en la etapa de investigación, desarrollo y diseño del producto y continúa en la etapa de producción; en la etapa de distribución se ponen en marcha los mecanismos para hacer frente a las devoluciones.
- Tres factores influyen en el crecimiento de las devoluciones: la poca diferenciación de los productos, el aumento de las ventas por internet y el cambio de paradigma en las empresas que han pasado de la estrategia de ofrecer productos a otra basada en dar servicio al cliente.
- La gestión de las devoluciones implica conocer las causas que las provocan para actuar sobre ellas y minimizar los costes asociados a las mismas.
- La eficiencia de la logística inversa depende de la calidad de los sistemas de información. Estos utilizan principalmente redes informáticas orientadas a facilitar las relaciones entre clientes y proveedores y, en su caso, con los operadores logísticos.
- Los sistemas informáticos que se utilizan para gestionar la logística inversa son los ECR (código de barras, reconocimiento de voz, radiofrecuencia), sistemas de seguimiento y los ERP.
- Los sistemas *pools* de paletas permiten una reutilización de las mismas con el consiguiente ahorro en costes.
- Los contenedores y embalajes reutilizables son una opción a tener en cuenta por las empresas, según el número de envíos que realicen en su actividad. Permiten un ahorro importante de costes, a la vez que constituyen una acertada política medioambiental de la industria.

Test de evaluación

1. Las principales razones que dan lugar a la logística inversa son:

a) Legales.

b) Medioambientales.

c) Imagen de empresa.

d) Todas son correctas.

2. Las actividades de logística inversa son:

a) Las entregas de productos desde el distribuidor al consumidor final.

b) El reciclado.

c) Las reclamaciones de un producto que no ha recibido un cliente.

d) La reutilización de materiales de nuevo en el proceso productivo.

3. No es causa de devolución:

a) Las entregas de productos defectuosos.

b) El reciclado.

c) Pedido no solicitado.

d) Los productos no vendidos.

4. Los sistemas de información se utilizan para:

a) Intercambiar datos entre empresas.

b) Ser más eficientes.

c) Dar respuestas rápidas a los clientes.

d) Ninguna de las anteriores.

5. Un *pool* de paletas es:

a) Un sistema de alquiler de paletas.

b) Una conexión de palés.

c) Un acuerdo logístico.

d) Ninguna es correcta.

6. Para gestionar un sistema *Pool* de paletas, estas deben:

a) Estar normalizadas.

b) Ser europeas.

c) Estar realizadas de madera.

d) Ninguna es correcta.

7. El uso racional de embalajes reutilizable dependerá de:

a) Número de envíos que se realicen.

b) Volumen de dichos envíos.

c) Ambas son correctas.

d) Ninguna es cierta.

8. Para que el sistema de embalaje reutilizable sea rentable, el embalaje debe completar como mínimo .... en comparación con un embalaje de un solo uso.

a) 4 flujos por año.

b) 5 flujos por año.

c) 3 flujos por año.

d) 2 flujos por año.

9. Los embalajes reutilizables deben ser:

a) Realizados de madera.

b) Completamente rígidos.

c) Realizados con paredes rígidas.

d) Ninguna es correcta.

10. Los sistemas informáticos que se utilizan para gestionar la logística inversa son:

a) Código de barras.

b) Sistemas de seguimiento.

c) ERP.

d) Todas son correctas.

Actividades

1. Indica las etapas de aplicación de la logística inversa.

2. Relaciona la logística inversa con la ley 11/1997, de 24 de abril, de envases y residuos de envases.

3. Estudia el caso de Xerox como ejemplo de empresa que utiliza la logística inversa en su estrategia empresarial.

4. Indica cuáles son los costes asociados a las devoluciones de productos.

5. Analiza la política de devoluciones de ventas *on line* en dos empresas que conozcas.

6. ¿Por qué involucrarse en actividades de logística inversa?

7. Realiza un esquema de *pool* de paletas basándote en las recomendaciones de AECOC presentes en el siguiente enlace: http://sede.aecoc.es/web/logistica.nsf/RAL%20Funcionamiento%20de%20los%20Pools.pdf (Puede acceder al enlace en la carpeta de descargas correspondiente a este libro que se halla en www.marcombo.info).

8. Busca en el siguiente enlace cuatro soluciones de embalajes reutilizables: http://www.logismarket.es/cajas-embalajes-reutilizables/1170655128-cp.html (Puede acceder al enlace en la carpeta de descargas correspondiente a este libro que se halla en www.marcombo.info).

9. ¿Existen embalajes isotérmicos reutilizables? Justifica tu respuesta.

10. Lee y comenta el artículo recogido en el siguiente enlace: http://www.packaging.enfasis.com/notas/71108-destacan-beneficios-envases-reutilizables-plastico-logistica-frutas-

Unidad 6 Supervisión de los procesos realizados en almacén

En esta unidad veremos

6.1. Sistemas de calidad en el almacén

6.2. Técnicas para el control y evaluación del trabajo del almacén

6.3. Aplicación de sistemas de seguridad para personas y mercancías

6.4. Métodos de evaluación del desempeño del trabajo

6.5. Necesidades de recursos humanos y técnicos del almacén

6.6. Programas informáticos y nuevas tecnologías aplicados al almacén

Recuerda . . .

ISO (International Standarization Organization) es la entidad internacional encargada de favorecer normas de fabricación, comercio y comunicación en todo el mundo. Entre las normas ISO más utilizadas se encuentran las referentes a los sistemas de calidad (ISO 9000, 9001 y 9004).

Para saber más sobre la norma ISO 9001:2008 consulta el siguiente enlace:

http://www.aenor.es/aenor/normas/normas/fichanorma

Puede acceder al enlace en la carpeta de descargas correspondiente a este libro que se halla en www.marcombo.info

6.1. Sistemas de calidad en el almacén

La **gestión del almacén** es un elemento clave para dar servicio a los clientes y puede aprovecharse para obtener importantes ahorros de costes, lo que se convierte en una ventaja competitiva para la empresa.

Si además se lleva a cabo con el compromiso de trabajar correctamente en cada situación y en cada momento, se estará aplicando la filosofía de la **calidad** a la gestión.

Por otra parte, si para la gestión de la calidad la empresa implementa un sistema de acuerdo a una serie de requisitos que se deben cumplir –en este caso, en relación a la calidad en el almacén– se denomina **sistema de gestión de la calidad**.

6.1.1. Evolución del concepto de calidad

Definir el concepto de "calidad" es complicado, dado que cambia a lo largo del tiempo. Así se observa que lo que se entendía por calidad hace unos años, ahora no se refleja como tal.

En el contexto de las organizaciones industriales, desde comienzos del pasado siglo, la calidad se definía como: **El grado en que un producto cumplía con las especificaciones técnicas establecidas cuando fue diseñado**. Se hacía referencia al **control de calidad** que se lleva a cabo para verificar la conformidad de los productos terminados con las especificaciones requeridas.

Posteriormente, en los años cincuenta, el concepto fue evolucionando en el sentido recogido en la norma ISO 8402 UNE 66-001-92: **Conjunto de propiedades y características de un producto o servicio que le confiere su aptitud para satisfacer unas necesidades expresadas o implícitas**. Surge el término "Quality Assurance" que podemos traducirlo como "**aseguramiento de la calidad**". Todo este ámbito que se circunscribe a la certificación ISO 9001-2008 ha pasado a denominarse actualmente **gestión de la calidad**.

Actualmente está en vigor la ISO 9001:2015 que presenta ciertos cambios:

- Supone un nuevo esquema para la organización.
- Se acentúan los términos *eficacia y riesgo*. Se pide que las empresas identifiquen el contexto en el que operan y localicen los riesgos y las oportunidades que tienen que ser tratadas.
- Se introduce el concepto de *gestión de cambio*.
- Los registros y los documentos pasan a llamarse *información documentada*.
- Se realiza un refuerzo en el enfoque por procesos; por lo que se amplía el concepto de cliente.
- Se elimina el concepto de acción preventiva.
- Se empuja a las organizaciones para que aproveche las oportunidades de mejora que le ofrece la nueva norma.

Recientemente, el concepto de calidad ha trascendido más allá de los límites de la organización y se define como: **Todas las formas a través de las cuales la organización satisface las necesidades y expectativas de sus clientes, de sus empleados, accionistas y de toda la sociedad en general**. En este sentido, han surgido varios términos como: "Total Quality Management", "Company Wide Quality Control", etc., que podríamos traducir como **"calidad total"** o **"excelencia"**.

Paralelamente a la evolución del concepto de calidad han evolucionado los sistemas de producción. Estos han pasado de realizar una producción en masa a una producción ajustada (*lean production*). Hasta el año 1950 la calidad de los productos y servicios la definía el proveedor de los mismos. La demanda era mayor que la oferta por lo que la preocupación de las empresas era crecer en términos de producción.

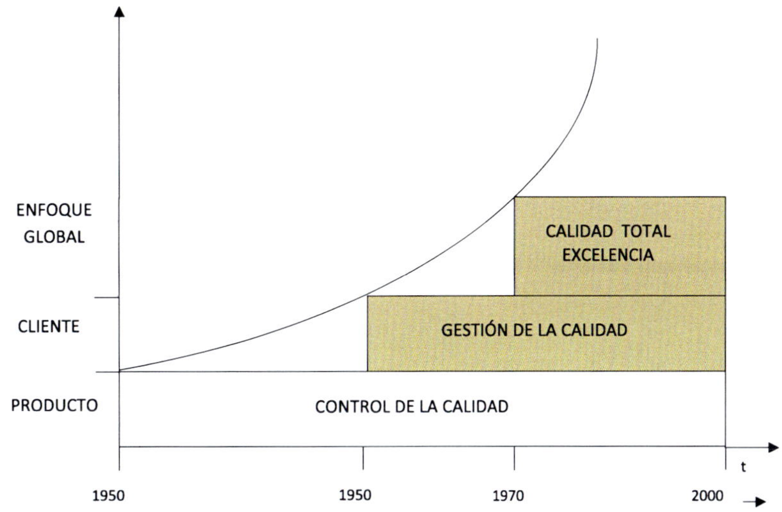

Figura 6.1. Evolución del concepto de calidad. Elaboración propia.

	AÑOS		
	20	70	90 →
SISTEMAS DE PRODUCCIÓN	En masa		Ajustada
CONCEPTO DE CALIDAD	Conformidad con especificaciones	Satisfacción de las necesidades de los clientes	Satisfacción de los clientes, empleados, accionistas y sociedad
ETAPAS DE LA GESTIÓN DE LA CALIDAD	Control de Calidad	Gestión de la calidad	Calidad Total - Excelencia

Figura 6.2. Evolución del concepto calidad/sistema de producción. Elaboración propia.

Sin embargo, en el momento actual, la situación ha cambiado radicalmente. Las organizaciones tienen que satisfacer clientes cada vez más exigentes, adaptarse a ciclos de vida de productos y servicios cada vez más cortos, hacer frente a una competencia muy fuerte, etc. En esta situación, tienen que centrarse en los clientes, buscando la manera de aumentar su satisfacción, creando un diferencial competitivo que les permita permanecer en el mercado.

Dado que son los destinatarios de los productos y servicios quienes perciben la calidad, habrá que orientar toda la actividad hacia ellos.

Ello implica conocer sus necesidades, anticiparse a sus deseos y adaptarse a sus requerimientos con el fin de satisfacerles.

Por tanto, se puede afirmar que la satisfacción del cliente no es estática: evoluciona a lo largo del tiempo por diversas causas. Por consiguiente, es importante que la organización recoja información de los clientes en dos momentos diferentes:

- A priori, para conocer sus necesidades.
- A posteriori, para evaluar el grado en que ha conseguido satisfacerlas.

ANTES	ENFOQUE ACTUAL
Producir bienes	Generar satisfacción del cliente
Calidad, al final de la cadena de producción	Calidad por procesos. Se controlan todas las operaciones de la cadena
Mejora mediante inversión	Mejora continua
Calidad lo hacían los inspectores	Calidad es cosa de todos los miembros de la empresa
Calidad significa subsanar errores	Calidad significa que cada operación se tiene que hacer bien a la primera
Unos pocos piensan	Todos piensan
Trabajo individual	Trabajo en equipo

Figura 6.3. Enfoques del concepto de calidad. Elaboración propia.

Control de calidad, aseguramiento de la calidad, gestión de calidad y calidad total

Control de calidad. Se realiza el control de calidad cuando se inspecciona un producto al final de la cadena de producción, es decir, una vez que se ha terminado. Si el producto no cumple con las especificaciones técnicas establecidas, el coste de la "no calidad" es muy elevado, pues al final del proceso el producto ya ha consumido componentes, horas de trabajo y/o energía. Por ello, se pasó de la inspección final del producto acabado al control de calidad en las diferentes fases del proceso.

Figura 6.4. Control de calidad.

Aseguramiento de la calidad. Las empresas se dieron cuenta que, para que los proveedores les enviaran los productos cumpliendo sus especificaciones, era necesario que documentaran todo lo que pudiera influir en la calidad del producto que les suministraban. Por ello empezaron a obligar a sus proveedores a garantizar (asegurar) la calidad.

Gestión de calidad. Gestionar la calidad significa llevar a cabo un conjunto de acciones, planificadas y sistemáticas, necesarias para garantizar que un producto o servicio satisfaga los requisitos establecidos sobre la calidad.

Calidad total. Es una estrategia global de gestión cuyo objetivo es que la organización responda de una manera equilibrada a las necesidades y expectativas de todas las partes interesadas.

Figura 6.5. La gestión de la calidad ha evolucionado desde el control de calidad hasta la Calidad total.

Ejercicio

1. Cita el nombre de al menos tres empresas que exijan a sus proveedores estar certificados en calidad para asegurarse de que los productos/servicios que les compran cumplan los estándares de calidad que han establecido.
2. Tu centro de estudios ¿está certificado en calidad? Si es así, solicita al responsable de calidad información sobre el sistema de gestión de calidad que tienen implantado.
3. Reflexiona sobre la calidad total a través del análisis del caso que trata la película *El gran hotel Budapest*.

6.1.2. La calidad para la mejora en el almacén

La calidad puede aplicarse a la empresa considerada en su conjunto, a todos sus productos y procesos o, de manera parcial, a una división o producto o proceso en particular.

Recuerda . . .

La logística está presente desde la compra de los aprovisionamientos, pasando por todo el proceso productivo, continuando por el almacenamiento y expedición de los productos y finalizando con el servicio postventa y las posibles devoluciones.

Considerando que el almacén es una de las áreas logísticas cuyas actividades no aportan valor añadido al producto como lo hacen otras áreas de la empresa, la aplicación de criterios de calidad en su gestión es fundamental para que la empresa sea más competitiva. Esto es especialmente importante en el entorno económico altamente competitivo en el que nos encontramos inmersos.

También es importante señalar que la satisfacción del cliente depende del valor percibido del producto o servicio con respecto a las expectativas que se tenían sobre el mismo.

$$\textit{Satisfacción del cliente} = \frac{\textit{Valor percibido}}{\textit{Expectativas}}$$

En base a esta función, lograr una mayor satisfacción del cliente se podrá conseguir: actuando sobre el numerador, mejorando el producto o servicio prestado, o bien actuando sobre el denominador, generando expectativas más realistas.

Pero, **¿cómo se consigue dar un buen nivel de servicio al cliente?**

En esencia, suministrándole los productos que se ajusten a sus especificaciones en el momento que tales productos son demandados y en la cantidad requerida.

Tradicionalmente la tendencia de las empresas para poder proveer ese nivel de calidad de servicio al cliente consistía en mantener grandes cantidades de *stocks* de todo tipo de productos y materiales.

Sin embargo, esta opción conlleva un coste asociado al mantenimiento de tales niveles de *stocks*. Es decir, a medida que el nivel de inventario aumenta, los costes de almacenamiento aumentan; pero disminuyen los de servicio al cliente, ya que existen menos posibilidades de pérdida de ventas y de clientes puesto que los productos están a su disposición en el almacén.

En este contexto, la gestión de calidad defiende que el nivel óptimo de inventario es cero o aquel que se sitúa en el punto más cercano posible al inventario nulo. Además, un nivel elevado de almacenamiento pude estar encubriendo problemas de calidad (errores, plazos de entrega demasiado largos, productos defectuosos, interrupciones en el proceso productivo, etc.) que deben ser solucionados.

Figura 6.6. Problemas de calidad encubiertos.

Puntos fuertes del almacén para cumplir con el principal objetivo de calidad

Entre las principales aportaciones del almacén, desde la perspectiva de la logística integral de la empresa, para conseguir satisfacer al cliente, se encuentran:

- Disponibilidad de inventario
- Cumplir con los tiempos de entrega (*lead time*)

- Fiabilidad y seguridad (0 defectos de la mercancía y 0 errores en la entrega)
- Capacidad de respuesta

Recuerda . . .

Son costes asociados al mantenimiento de stocks: obsolescencia, costes de transporte, coste de oportunidad, mermas y desperfectos, etc.

Todo lo anterior requiere, desde la perspectiva de la calidad, dos actuaciones esenciales:

- Controlar de manera sistemática las materias primas y los productos y servicios realizados para que cumplan con las normas definidas.
- Controlar el circuito de distribución para verificar el estado de las mercancías a su llegada al cliente, así como los plazos de entrega.

6.1.3. Sistemas de calidad en el almacén

Un sistema de calidad es un método de trabajo, planificado y sistemático, encaminado a conseguir la satisfacción del cliente. En general, el sistema de calidad debe diseñarse de acuerdo a las condiciones de la organización.

Los sistemas de calidad se basan en **estándares internacionales**, tales como:

- **ISO 9001: 2015.** Norma en vigor que sustituye a la ISO 9001:2008.
- **ISO 9001: 2008.** Especifica los requisitos para un sistema de gestión de la calidad.
- **ISO 14001: 2004.** Define los requerimientos de un sistema de gestión de calidad ambiental.
- **OHSAS 18001: 2007** (Occupational Health and Safety Management Systems). Especifica los requisitos para un sistema de gestión de la seguridad y salud en el trabajo.
- **ISO/IEC 27001: 2005.** Estándares que se aplican a los requisitos en temas de seguridad informática (control de riesgos, ataques, vulnerabilidades e impactos en los sistemas).
- **EFQM** (European Foundation for Quality Management). Propone un modelo que define a una organización teóricamente excelente, capaz de lograr y mantener los mejores resultados posibles. Se trata de un modelo no normativo, basado en la filosofía de la calidad total/excelencia cuyo concepto fundamental es la autoevaluación de la organización usando como guía un conjunto de criterios de excelencia empresarial y un conjunto de reglas para evaluar el comportamiento de la organización en cada criterio.

Figura 6.7. La Organización Internacional para la Estandarización (ISO) es una entidad que procura el desarrollo de normas estándares en todo el mundo.

La implantación de un sistema de gestión de la calidad proporciona a las organizaciones un marco para integrar la gestión de todas sus áreas y mejorar sus procesos.

Entre los beneficios que aporta la aplicación de un sistema de gestión de calidad en el almacén, se encuentran:

- Reducir los costes que se generan en el almacén y prevenir y, en su caso, reparar errores a través de acciones de mejora.
- Mejorar la gestión de los recursos asignados al almacén.
- Incrementar la calidad respecto plazos de entrega.
- Mejorar el nivel de satisfacción de los clientes.
- Mayor compromiso y motivación del personal de almacén en la consecución de los objetivos marcados.

Un sistema de gestión de calidad debe estar **documentado** con un **manual de calidad**, con **procedimientos** e **instrucciones técnicas** y, **se revisa** a través de **audi-**

torías. Esto quiere decir que, con la auditoría, se va a comprobar que aquello que en los procedimientos se dice que se hace, efectivamente se lleva a cabo.

Generalmente incluye el establecimiento de la **política de la calidad** y los **objetivos de la calidad**, así como la **planificación**, el **control**, el **aseguramiento** y la **mejora de la calidad**.

Entonces, **¿qué es la política de calidad?**

Según la norma ISO 9001: "La política de la calidad es el **documento base** para la implementación de un sistema de gestión de la calidad, marcará las directrices generales para la planificación del sistema y orientará a toda la organización hacia la satisfacción del cliente".

La política de calidad recoge:

- La misión: es el **"para qué"**, la razón de ser de la organización.
- La visión: es el **"hacia dónde"** se quiere ir. Consiste en una proyección, en una imagen de futuro de la organización.
- Los valores de la empresa, que constituyen el **"pilar"** de la organización. Son la clave de su modelo de gestión.

La política debe ser entendida y asumida por todo el personal, de tal modo que se consiga el compromiso con sus postulados.

Si el enunciado de la política de calidad es claro y preciso ayudará a la organización a orientar y dirigir mejor sus esfuerzos facilitando que todo el personal colabore y trabaje en pos de un mismo objetivo: la satisfacción del cliente.

Y, ¿qué son los objetivos de la calidad?

Los objetivos son la interpretación práctica de la política de calidad. Por tanto, la política es la base para el establecimiento de los objetivos de la calidad de la organización.

Ejemplo

Ejemplo de objetivo de calidad para el almacén:

NOMBRE EMPRESA	OBJETIVOS PARA EL AÑO 2014	Página 1/

OBJETIVO 1	Reducir en un 10% los errores en la preparación de pedidos con respecto al año anterior.	
Responsable de consecución	Personal encargado de la recepción y expedición de pedidos.	
Responsable de seguimiento	R. CALIDAD	
Plazo	Un año	
Registros	-Reclamaciones de clientes -Nª Pedidos recibidos	- Nº de horas de trabajo personal almacén - Etc.
Procedimientos	PO01:Preparación de Pedidos PG01: Reclamaciones y Sugerencias	
Acciones a realizar	• Detección de problemas y determinación de causas de los errores. • Elaborar un diagrama causa- efecto para solucionar el problema. • Realizar un curso de formación para el personal de almacén • ...	

Seguimiento del cumplimiento	Nº DE ERRORES DETECTADOS AL FINALIZAR EL 1º T	Nº DE ERRORES DETECTADOS AL FINALIZAR EL 2º T.	Nº DE ERRORES DETECTADOS AL FINALIZAR EL 3º T.
Revisión 1			
Revisión 2			
Revisión 3			

Figura 6.8. Modelo de presentación de objetivos de calidad. Elaboración propia.

Ejercicio

4. Elige tres empresas de ámbito internacional que conozcas. Analiza su policía de calidad: misión, visión y valores.
5. Tomando como base la política de calidad de las empresas anteriores, define un objetivo de calidad para cada una de ellas a nivel global de toda la organización y otro a nivel del almacén.

Y por último, **¿en qué consiste la planificación, el control, el aseguramiento y la mejora de la calidad?**

La metodología más sencilla y que mejor representa la gestión de la calidad es el ciclo PDCA, acrónimo de *Plan, Do, Check, Act* (Planificar, Hacer, Verificar y Actuar). También es conocido como ciclo de mejora continua o círculo de Deming, por ser Edwards Deming su autor.

Describe los cuatro pasos esenciales que es necesario llevar a cabo sistemáticamente para lograr la mejora continua, entendiendo como tal, el mejoramiento continuado de la calidad (disminución de fallos, aumento de la eficacia y eficiencia, previsión y eliminación de riesgos potenciales, etc.).

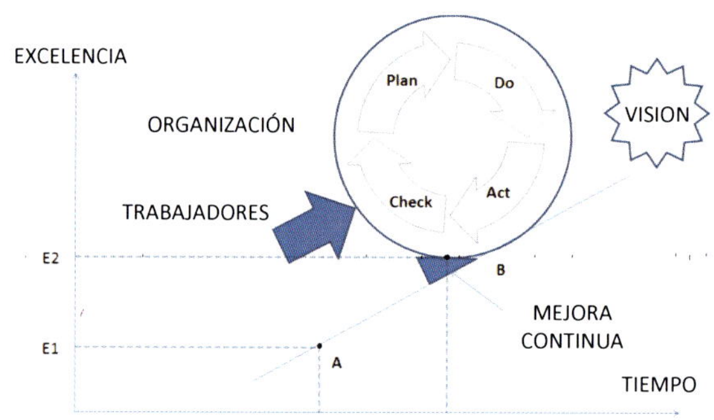

Figura 6.9. Representación del ciclo PDCA.

1. **Planificar (*plan*):** Se planifica en base a necesidades y expectativas. Es la parte más importante y compleja del ciclo, dependiendo el resto de esta. Consiste en establecer los objetivos y las medidas para alcanzarlos de acuerdo con el resultado esperado.
2. **Hacer (*do*):** Consiste en poner en marcha lo planificado. Es el verdadero compromiso con la calidad.
3. **Controlar o verificar (*check*):** Pasado un periodo de tiempo previsto de antemano, se analiza lo que se ha realizado, comparándolo con los objetivos y especificaciones iniciales, para evaluar si se ha producido la mejora esperada.
4. **Actuar (*act*):** Consiste en actuar para mejorar los procesos y la eficacia de los mismos según los resultados obtenidos en el paso anterior. Se trata de decidir lo que hay que mantener y lo que hay que corregir.

6.2. Técnicas para el control y evaluación del trabajo de almacén

Para llevar a cabo una gestión de la calidad en almacén en las mejores condiciones posibles, es necesario contar con el apoyo de técnicas que ayuden a su evolución.

Algunas de estas técnicas sirven para detectar/solucionar problemas con la participación del personal implicado, mientras que otras parten de mediciones o datos obtenidos del proceso a controlar y, a partir del análisis de estos datos, se definen las acciones pertinentes que permitan conseguir los resultados buscados.

6.2.1. Técnicas para el control del trabajo en almacén

El uso de determinadas técnicas o herramientas para el control del trabajo en una organización permiten resolver la mayoría de los problemas que surjan en la misma o en una parte de ella, en este caso el almacén, y sirven para analizar, identificar, priorizar, valorar y facilitar la toma de decisiones. Destacan por su sencillez de utilización y por su gran capacidad de análisis y mejora.

Las herramientas de mejora consiguen sus óptimos resultados cuando son utilizadas por grupos de trabajo, aunque también pueden ser empleadas individualmente, en una o varias etapas del ciclo PDCA. A continuación, se exponen algunas de las más utilizadas:

Diagrama de Gantt

Es un método que permite visualizar la situación de un proceso/proyecto concreto mediante la representación gráfica del tiempo que se va a dedicar a realizar cada una de las tareas planificadas para llevarlo a cabo. Para la generación de un diagrama de Gantt se han de seguir los pasos que se indican a continuación:

1. Definir el proceso y/o proyecto que se va a planificar con el nivel de detalle deseado.
2. Dividir el proceso y/o proyecto en fases o tareas, determinando la duración de cada una de estas.
3. Diseñar un cuadro o tabla colocando de izquierda a derecha y en el eje superior de las "X" las unidades de tiempo. Las fases o tareas se colocaran en el eje de las "Y" a la izquierda.
4. Las tareas o fases se representarán mediante barras horizontales, con una longitud equivalente a la duración de cada una de las fases.

El diagrama de Gantt se suele realizar utilizando una hoja Excel o con un programa informático (GanttProject, OpenProj, Smartsheet).

Tarea	Plazo	Semanas														
		1	2	3	4	5	6	7	8	9	10	11	12	13	14	15
Investigación de mercados	2 semanas	■	■													
Planificación preventiva del producto	3 semanas			■	■	■										
Diseño y desarrollo del producto	3 semanas					■	■	■								
Diseño y desarrollo del proceso	4 semanas						■	■	■	■						
Capacitación del personal	4 semanas								■	■	■	■				
Proceso de producción	5 semanas											■	■	■	■	■
Control de calidad	4 semanas												■	■	■	■
Homologación i certificación	2 semanas														■	■
Ventas	2 semanas														■	■

Figura 6.10. Ejemplo de diagrama de Gantt.

Ejercicio

6. Hacer un diagrama de Gantt, identificando en este supuesto, cada uno de los pasos que se han de llevar a cabo para la planificación de la mejora del proceso de picking en un almacén, teniendo en cuenta los siguientes datos:

TAREAS	FECHA INICIO	DURACIÓN	FECHA FINALIZACIÓN
Capacitación al personal en tareas de picking	01/03/2014	2 sem	16/03/2014
Mejora recepción de productos	12/03/2014	30 días	12/04/2014
Implementación lectores códigos de barras	13/03/2014	2 meses	13/05/2014
Capacitación al personal en lectores códigos barras	24/04/2014	15 días	09/05/2014
Adaptación sistema	15/06/2014	2 meses	15/08/2014
Paletización de la carga de forma estandar	16/04/2014	2 meses	16/06/2014

Diagrama de Pareto (Regla 20-80)

El diagrama de Pareto es una herramienta de análisis que ayuda a tomar decisiones en función de prioridades.

Esta herramienta aplicada a la gestión de almacén especifica que "el 80% de los problemas de calidad que se generan en el almacén se pueden solucionar si se eliminan el 20% de las causas que los originan". De esta manera, se permite:

- Conocer cuál es el factor o factores más importantes en un problema.
- Determinar las causas raíz de dicho problema.
- Decidir el objetivo de mejora y los elementos que se deben mejorar.

Ejemplo

Una empresa que comercializa 1.000 referencias de productos diferentes se ha propuesto como objetivo reducir el coste de almacenamiento (factor) en un 10% con respecto al año anterior. Por este motivo, se analizan los distintos componentes del mismo (causas) para actuar sobre ellos. Teniendo en cuenta que una partida importante de dicho coste está relacionada con los recorridos internos realizados en almacén (máquinas y personas), tanto para la ubicación como para la extracción de mercancías, se decidió buscar una solución al problema utilizando el análisis de Pareto. De esta manera, se detectó que solo el 20% de las referencias generaba el 80% de los movimientos en almacén; y al contrario, que el 80% de las referencias generaba solo el 20% de los movimientos. Por tanto, haciendo una reubicación de las mercancías utilizando el criterio de rotación se consigue un ahorro considerable de costes.

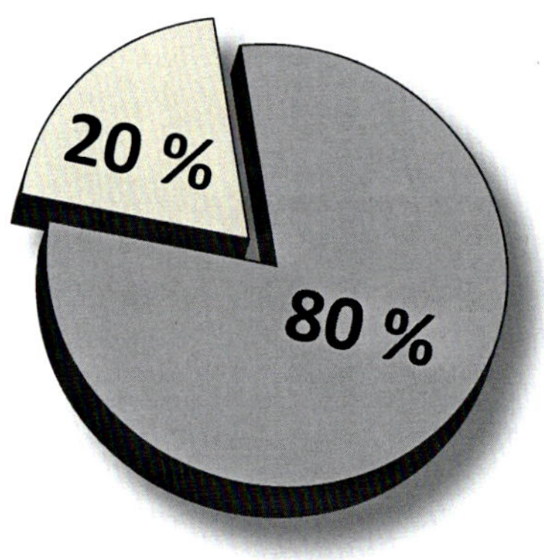

Figura 6.11. El análisis de Pareto también constituye una herramienta básica de la calidad.

Recuerda . . .

El análisis de Pareto se basa en el principio de que, en cualquier distribución, el 80% de los efectos están producidos por el 20% de las causas. También se le conoce como análisis ABC.

Diagrama causa-efecto

Este diagrama fue desarrollado por K. Ishikawa. Es conocido como diagrama de causa-efecto, también como "diagrama de las espinas de pescado" por la forma que tiene, o bien con el nombre de Ishikawa por su creador.

En el ámbito de los almacenes, se utiliza para facilitar el análisis de problemas mediante la representación de la relación entre un efecto (por ejemplo, retrasos en la entrega) y todas las causas o factores que originan dicho efecto (mala organización, falta de personal, roturas de *stock*...). Por este motivo recibe el nombre de "Diagrama de causa-efecto" o diagrama causal. Sirve, por tanto, para poner de manifiesto de forma gráfica las posibles causas asociadas a un efecto, facilitando de esta forma la tarea de identificar los factores verdaderos.

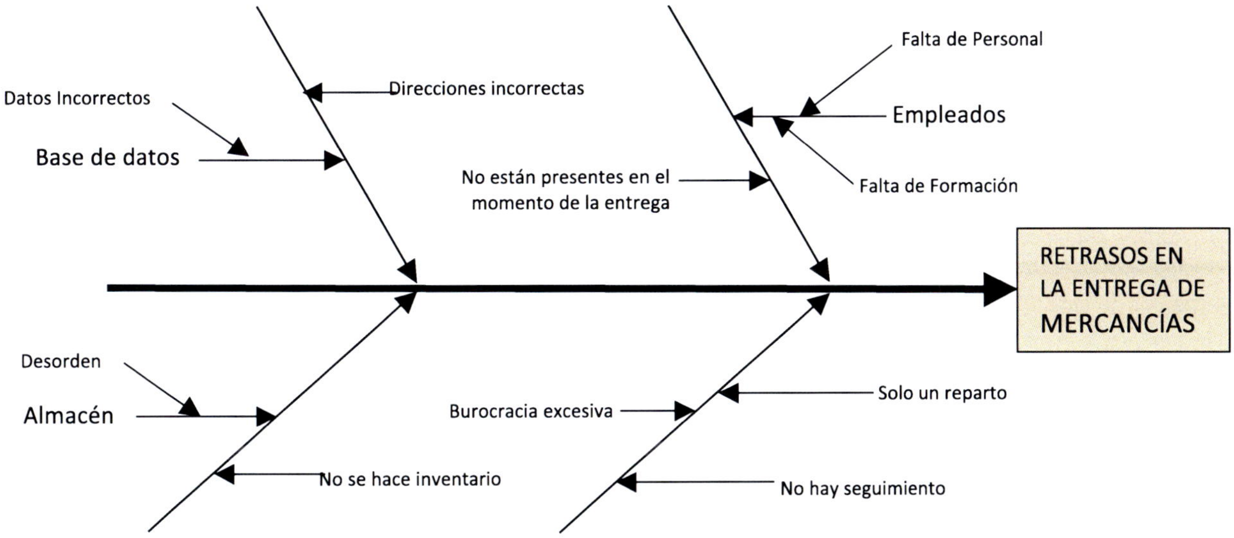

Figura 6.12.
Ejemplo de diagrama causa-efecto.

Otras herramientas

Otras herramientas que se pueden utilizar en almacén son:

- Histograma
- Diagrama de flujo
- Diagrama de dispersión
- Hoja de datos
- Gráfico de control
- Tormenta de ideas, etc.

6.2.2. Evaluación del trabajo del almacén

El análisis de la calidad en el ámbito del almacén de la empresa requiere, en primer lugar, identificar los **factores de calidad** de la misma; es decir, aquellos aspectos del almacén que determinan y caracterizan su calidad.

Una vez que se han identificado los factores de calidad hay que definir una serie de **indicadores** relacionados con cada uno ellos.

Estos indicadores van a permitir **evaluar los procesos** que se llevan a cabo en el almacén y, por tanto, **medirlos** en términos de eficacia y eficiencia del sistema de gestión de calidad.

Asimismo, la evaluación permite conocer **qué aspectos se deben mejorar** porque lo que no se mide no se conoce, y lo que no se conoce no se puede mejorar.

A continuación, se definen una serie de indicadores que son de utilidad para medir la calidad de la gestión del almacén. A cada indicador, según los objetivos de la empresa, se le asigna un criterio de aceptación. Por ejemplo, que el coste de almacenamiento unitario sea ≤ 0,40 euros. Si el indicador es mayor que esta cantidad será necesario definir medidas correctivas.

La siguiente tabla ofrece una relación de indicadores de gestión de almacenes:

Recuerda . . .

De aquellos clientes que cambian de proveedor, el 40% lo hace por razón de servicio, solo un 8% lo hace por razón de precio o producto.

INDICADOR	FÓRMULA	DESCRIPCIÓN
Coste Almacenamiento por U. almacenada	$\frac{\text{Coste de almacenamiento}}{\text{Nº Unidades Almacenadas}}$	Sirve para comparar costes y decidir si es más rentable subcontratar el servicio de almacenamiento o tenerlo propio o para tomar medidas para reducir los costes.
Coste Almacenamiento sobre ventas	$\frac{\text{Coste de almacenamiento}}{\text{Ventas}}$	Mide el impacto del coste de almacenamiento sobre la cifra de ventas.
% de utilización almacén	$\frac{\text{Espacio Utilizado}}{\text{Espacio Total}} \text{x } 100$	Mide la utilización del almacén. Si el % es inferior a 100 hay un coste de no utilización que será la diferencia entre 100 y el resultado de este indicador.
Índice de capacidad disponible	$\frac{\text{Espacio sin utilizar}}{\text{Espacio Total}} \text{x } 100$	Informa de la capacidad disponible en el almacén. Es el complementario del indicador anterior.
% Stock dañado	$\frac{\text{Stock dañado}}{\text{Stock total almacenado}} \text{x } 100$	Mide el impacto del stock dañado sobre el total para un periodo de tiempo y categoría de producto.
% de devoluciones	$\frac{\text{Stock devuelto}}{\text{Stock total almcenado}} \text{x } 100$	Mide el impacto del stock devuelto sobre el total para un periodo de tiempo y categoría de producto.
Nivel de cumplimiento entregas a clientes	$\frac{\text{Pedidos servidos OK}}{\text{Total de pedidos}}$	Consiste en calcular el porcentaje de pedidos servicios correctamente sobre el total de pedidos.
Nivel de servicio al cliente	$\frac{\text{pedidos servidos}}{\text{Total de pedidos}} \text{x } 100$	Mide la relación entre los pedidos servidos y los pedidos solicitados. Si fuera iguala 100%.
Indice de Rotación	$\frac{\text{Salidas de P. Terminados}}{\text{Stock Medio P. T}}$	Mide el Nº de veces que se renuevan las existencias de PT en almacén a lo largo de un periodo de tiempo (generalmente 1 año).

Figura 6.13. Tabla de indicadores. Elaboración propia

Ejercicio

7. En un almacén se reciben durante un periodo 200 pedidos. Se sirven 180. De ellos 10 presentan defectos y son devueltos, y 25 llegan con retraso. De estos 25 que llegan con retraso: 15 presentan problemas de embalaje, 2 problemas de etiquetaje y el resto problemas asociados al transporte. Calcula los indicadores correspondientes y analiza la información resultante.

6.3. Aplicación de sistemas de seguridad para personas y mercancías

Ya se ha estudiado en el capítulo 2 cuestiones acerca de la prevención de riesgos laborales, los principales riesgos existentes en almacenes, consejos para manejos de cargas...

En cumplimiento del deber de protección, el empresario deberá garantizar la seguridad y la salud de los trabajadores a su servicio en todos los aspectos relacionados con el trabajo. A estos efectos, en el marco de sus responsabilidades, el empresario realizará la prevención de los riesgos laborales mediante la integración de la actividad preventiva en la empresa y la adopción de cuantas medidas sean necesarias para la protección de la seguridad y la salud de los trabajadores, con las especialidades que se recogen en la ley de Prevención de Riesgos Laborales en esta materia, evaluación de riesgos, información, consulta y participación y formación de los trabajadores, actuación en casos de emergencia y de riesgo grave e inminente, vigilancia de la salud, y mediante la constitución de una organización y de los medios necesarios en los términos establecidos en la norma.

El empresario desarrollará una acción permanente de seguimiento de la actividad preventiva con el fin de perfeccionar de manera continua las actividades de identificación, evaluación y control de los riesgos que no se hayan podido evitar y los niveles de protección existentes, y dispondrá lo necesario para la adaptación de las medidas de prevención a las modificaciones que puedan experimentar las circunstancias que incidan en la realización del trabajo.

El empresario deberá garantizar que cada trabajador reciba una formación teórica y práctica, suficiente y adecuada, en materia preventiva, tanto en el momento de su contratación, cualquiera que sea la modalidad o duración de esta, como cuando se produzcan cambios en las funciones que desempeñe o se introduzcan nuevas tecnologías o cambios en los equipos de trabajo.

La formación deberá estar centrada específicamente en el puesto de trabajo o función de cada trabajador, adaptarse a la evolución de los riesgos y a la aparición de otros nuevos y repetirse periódicamente, si fuera necesario.

Ejemplo

Es necesaria la formación en conducción de carretillas para adquirir los conocimientos y habilidades suficientes y adecuadas en la conducción segura de carretillas elevadoras, obteniendo el carné pertinente y, de esta manera, cumplir de forma eficaz con la ley de Prevención de Riesgos Laborales y las recomendaciones que federaciones como la Federación Europea de manutención indica en materia formativa.

Entre los principales riesgos existentes en los almacenes se encuentran los relacionados con la manipulación de cargas en estanterías y los movimientos relacionados con estas, las caídas de cargas inestables, superar la capacidad máxima o caídas en altura, por no usar los medios adecuados.

Para ello se deben tener en cuenta ciertas cuestiones:

- Planificación y acciones previas.
  - Realizar revisiones periódicas del estado de la estructura de las estanterías, al efecto de garantizar el correcto anclaje al suelo o entre ellas. Además, realizar las revisiones pertinentes (del estado de las estructuras por parte de un técnico especializado y actuar en consecuencia).
  - Garantizar que los trabajadores saben interpretar las placas situadas en la cabecera de cada estantería, que informan sobre su capacidad.
  - Prohibir el almacenamiento en aquellas estanterías que presenten defectos.
  - Crear procedimientos de trabajo que establezcan la prohibición de uso de elementos no adecuados, como la carretilla elevadora u otros, para alcanzar materiales en altura elevando a una persona en las horquillas directamente, o sobre un palé.
- Supervisión y control.
  - Para cualquier trabajo en altura de localización superior a los 2 metros con respecto al suelo, se utilizará una escalera manual en buen estado, una cesta de seguridad para carretillas elevadoras en buen estado, o una plataforma elevadora.
  - Está prohibido elevar personas con la carretilla elevadora, sin utilizar un medio de izado homologado.

Recuerda . . .

Las obligaciones del empresario fundamentales en materia de prevención de riesgos laborales están referidas tanto a medidas de seguridad como formación y evaluación de riesgos.

- Todo palé, contenedor, etc. en mal estado, debe ser inmediatamente reemplazado.
- Las unidades de carga no pueden sobrepasar los límites perimetrales, altura y peso máximo establecidos en el diseño de la estantería.
- Está prohibido subirse o trepar por las estanterías.
- Repartir uniformemente la carga contenida en palés.
- No depositar cargas no previstas para el uso en las estanterías.

El RD1215/97, en el capítulo de disposiciones mínimas generales aplicables a los equipos de trabajo se determina que: "Cualquier equipo de trabajo que entrañe riesgo de caída de objetos o de proyecciones deberá estar provisto de dispositivos de protección adecuados a dichos riesgos."

Dicho dispositivo de protección, en el caso de las carretillas elevadoras frontales, retráctiles y carretillas de carga lateral, es el tejado de la propia máquina.

Estos equipamientos, para su completa adecuación a la normativa vigente, deben cumplir con ciertos requisitos ante la caída de objetos (FOPS) en ensayo normalizado según la norma UNE ISO-6055.

Así pues, cualquier modificación de estructura del tejado de la carretilla deberá ser objeto de recertificación CE y deberá haber superado con éxito los ensayos establecidos en la norma UNE-ISO- 6055.

De igual modo, aquellos apiladores de plataforma cerrada cuya altura de elevación sea superior a los 1.800 mm deberán equipar igualmente un tejado que cumpla con los anteriores requisitos.

Figura 6.14. Los equipos de trabajo están sujetos al cumplimiento de la normativa de seguridad.

La normativa actualmente aplicable a las carretillas es el Real Decreto 1644/2008 sobre máquinas respecto a los dispositivos de retención del operador, que establece lo siguiente: "Cuando exista riesgo de que los operadores u otras personas que transporten la máquina queden aplastadas entre elementos de la máquina y el suelo en caso de que esta vuelque o dé vueltas, en particular por lo que respecta a las máquinas equipadas con las estructuras de protección, sus asientos se deben diseñar o equipar con un dispositivo de retención que mantenga a las personas en sus asientos, sin que restrinja los movimientos necesarios para las operaciones o los movimientos con respecto a la estructura debidos a la suspensión de los asientos. Dichos dispositivos de retención no deberán instalarse si incrementan el riesgo."

Así pues, en la actualidad se encuentran los siguientes sistemas de retención:

- La cabina: es el recubrimiento superior delantero y trasero de un tejado protector de carretilla en combinación con las 2 puertas.

Recuerda ...

Los principales dispositivos de protección en las carretillas son: el tejado de la misma, el cinturón de seguridad y la cabina.

En el caso de equipamiento de cabina completa, el cinturón de seguridad no es obligatorio por entender que ya la propia cabina asegura que el conductor no va a salir del espacio de protección.

- El cinturón de seguridad: es el dispositivo de retención más comúnmente utilizado. Los cinturones deben ser pélvicos y nunca dorsales.

La norma UNE-EN 1726-1 sobre seguridad de carretillas de manutención, que regula los requisitos de especificación y procedimiento de ensayo de los sistemas de retención del operador señala que deben tener un dispositivo de retención (puede ser un cinturón u otro dispositivo) las carretillas elevadoras siguientes:

- Carretillas elevadoras contrapesadas y carretillas todo terreno, ambas con operador sentado en la dirección de marcha adelante y con puesto de operación no elevable.
- Carretillas de carga lateral, por un solo lado.

En el resto de carretillas de manutención no se considera la necesidad de colocar un cinturón de seguridad.

El RD 1215/1997 expresa, en su anexo 1, que los órganos de accionamiento de un equipo de trabajo que tengan alguna incidencia en la seguridad deberán ser claramente visibles e identificables y, cuando corresponda, estar indicados con una señalización adecuada.

Los órganos de accionamiento deberán estar situados fuera de las zonas peligrosas, salvo, si fuera necesario, en el caso de determinados órganos de accionamiento, y de forma que su manipulación no pueda ocasionar riesgos adicionales. No deberán acarrear riesgos como consecuencia de una manipulación involuntaria.

Si fuera necesario, el operador del equipo deberá poder cerciorarse desde el puesto de mando principal de la ausencia de personas en las zonas peligrosas. Si esto no fuera posible, la puesta en marcha deberá ir siempre precedida automáticamente de un sistema de alerta, tal como una señal de advertencia acústica o visual. El trabajador expuesto deberá disponer del tiempo y de los medios suficientes para sustraerse rápidamente de los riesgos provocados por la puesta en marcha o la detención del equipo de trabajo.

Los sistemas de mando deberán ser seguros y elegirse teniendo en cuenta los posibles fallos, perturbaciones y los requerimientos previsibles, en las condiciones de uso previstas.

La puesta en marcha de un equipo de trabajo solamente se podrá efectuar mediante una acción voluntaria sobre un órgano de accionamiento previsto a tal efecto.

Lo mismo ocurrirá para la puesta en marcha tras una parada, sea cual fuere la causa de esta última, y para introducir una modificación importante en las condiciones de funcionamiento (por ejemplo, velocidad, presión, etc.), salvo si dicha puesta en marcha o modificación no presentan riesgo alguno para los trabajadores expuestos o son resultantes de la secuencia normal de un ciclo automático.

Cada puesto de trabajo estará provisto de un órgano de accionamiento que permita parar en función de los riesgos existentes, o bien todo el equipo de trabajo o bien una parte del mismo solamente, de forma que dicho equipo quede en situación de seguridad. La orden de parada del equipo de trabajo tendrá prioridad sobre las órdenes de puesta en marcha. Una vez obtenida la parada del equipo de trabajo o de sus elementos peligrosos, se interrumpirá el suministro de energía de los órganos de accionamiento de que se trate.

Si fuera necesario en función de los riesgos que presente un equipo de trabajo y del tiempo de parada normal, dicho equipo deberá estar provisto de un dispositivo de parada de emergencia.

Figura 6.15.
Los riesgos existentes en los almacenes son múltiples.

Los equipos de trabajo para la elevación de cargas deberán estar instalados firmemente cuando se trate de equipos fijos, o disponer de los elementos o condiciones necesarias en los casos restantes, para garantizar su solidez y estabilidad durante el empleo, teniendo en cuenta, en particular, las cargas que deben levantarse y las tensiones inducidas en los puntos de suspensión o de fijación a las estructuras.

En las máquinas para elevación de cargas deberá figurar una indicación claramente visible de su carga nominal y, en su caso, una placa de carga que estipule la carga nominal de cada configuración de la máquina.

Ejercicio

8. Lee y haz un resumen del artículo recogido en el siguiente enlace sobre formación de operadores de carretillas elevadoras: http://www.seguridadysalud.ibermutuamur.es/IMG/pdf/La_formacion_de_los_operadores_de_carretillas_elevadoras.pdf (Puede acceder al enlace en la carpeta de descargas correspondiente a este libro que se halla en www.marcombo.info).

9. Busca en el siguiente enlace qué es un accesorio de elevación: http://www.fremap.es/SiteCollectionDocuments/BuenasPracticasPrevencion/Libros/LIB.015.pdf (Puede acceder al enlace en la carpeta de descargas correspondiente a este libro que se halla en www.marcombo.info).

6.4. Métodos de evaluación del desempeño del trabajo

Numerosos autores explican en qué consiste la evaluación del desempeño en el trabajo.

Según Byars & Rue [1996], la evaluación del desempeño o evaluación de resultados es un proceso destinado a determinar y comunicar a los empleados la forma en que están desempeñando su trabajo y, en principio, a elaborar planes de mejora.

Para Chiavenato [1995], es un sistema de apreciación del desempeño del individuo en el cargo y de su potencial de desarrollo.

Entre los objetivos fundamentales de la evaluación del desempeño, se encuentran:

a) Mantener niveles de eficiencia y productividad en las diferentes áreas funcionales, acorde con los requerimientos de la empresa.

b) Establecer estrategias de mejora y dar oportunidades de crecimiento profesional en la empresa.

- La evaluación del desempeño debe estar fundamentada en una serie de principios básicos que orienten su desarrollo.
- La evaluación del desempeño debe estar unida al desarrollo de las personas en la empresa.
- Los estándares de la evaluación del desempeño deben estar fundamentados en información relevante del puesto de trabajo.
- Deben definirse claramente los objetivos del sistema de evaluación del desempeño.
- El sistema de evaluación del desempeño requiere el compromiso y participación activa de todos los trabajadores.

La evaluación del desempeño tiene las siguientes ventajas:

- Mejora el desempeño, mediante la retroalimentación.
- Políticas de compensación: puede ayudar a determinar quiénes merecen recibir aumentos.
- Sirve para tomar decisiones de ubicación de personal dentro de la organización.

Ejemplo

Un trabajador con una alta calificación en su trabajo puede ser propuesto para un ascenso profesional: de esta manera se consigue una mayor motivación del personal al observar cómo su correcto desempeño laboral puede redundar en un ascenso profesional.

Como beneficios para el trabajador se apunta el conocer las expectativas de sus superiores, oportunidades de autoevaluaciones y autocríticas.

La empresa se beneficia de conocer a los individuos, su potencial; la necesidad de llevar a cabo actividades de formación para perfeccionar ciertas actividades del trabajador...

La evaluación requiere de estándares del desempeño, que constituyen los parámetros que permiten mediciones más objetivas. Estas mediciones serán verificadas por otras personas y, al precisar de su objetividad, deben ser medibles.

Ejemplo

Unidades realizadas, unidades defectuosas son cantidades medibles y observables, que no permiten la subjetividad.

Ejercicio

10. Cita las principales ventajas de realizar una evaluación del desempeño de un puesto de trabajo.

Existen varios métodos de evaluación del desempeño, cada uno de los cuales presenta las siguientes ventajas:

- **Métodos de escala** (escalas gráficas, escalas de puntuación, listas de verificación, escalas de calificación conductual, etc.). Evalúan el desempeño de las personas mediante factores de evaluación previamente definidos y graduados.

  Para su aplicación se utiliza un formulario de doble entrada en el cual las líneas horizontales representan los factores de evaluación de desempeño, en tanto que las columnas (verticales) representan los grados de variación de tales factores.

Ejemplo

Características subjetivas

Inteligencia y memoria |0 ________________________ |100

Criterio |0 ________________________ |100

Orden |0 ________________________ |100

Colaboración con la empresa |0 ________________________ |100

Características objetivas:

Puntualidad |0 ________________________ |100

Ausencia de errores |0 ________________________ |100

Productividad |0 ________________________ |100

Figura 6.16. La evaluación del desempeño es aplicable a cualquier función.

- Métodos con acento en la **selección de comportamientos** que se ajustan a la observación (método de elección forzada u obligatoria).

  Consiste en evaluar el desempeño de los individuos mediante frases descriptivas de determinadas alternativas de tipos de desempeño individual.

  La naturaleza de las frases puede variar mucho; no obstante, hay dos formas de composición:

  - Se forman bloques de dos frases de significado positivo y dos de significado negativo. Al juzgar al empleado, el supervisor o evaluador elige la frase que más se ajusta, y luego, la que menos se ajusta al desempeño del evaluado.

Se forman bloques de solo cuatro frases de significado positivo, al empleado. El supervisor o evaluador elige las frases que más se ajustan al desempeño del evaluado.

El evaluador obligatoriamente debe escoger solo una o las dos frases que más se aproximan al desempeño del trabajo evaluado.

El método de elección fue utilizado en la Segunda Guerra Mundial para seleccionar a los oficiales de las Fuerzas Armadas que debían ascender.

Ejercicio

11. Realiza un caso de evaluación del desempeño mediante el método de elección forzada tomando como referencia el contenido del siguiente enlace:

http://es.scribd.com/doc/3329807/FORMULARIO-DE-EVALUACION-DEL-DESEMPENO-POR-EL-METODO-DE-ELECCION-FORZADA (Puede acceder al enlace en la carpeta de descargas correspondiente a este libro que se halla en www.marcombo.info).

12. Realiza un caso de evaluación del desempeño mediante el método de comparación entre sujetos.

- Métodos de investigación o verificación en campo (frases descriptivas, establecimiento de categorías observables, etc.). Es un método de desempeño desarrollado con base a entrevistas de un especialista en evaluación con el supervisor inmediato, mediante el cual se verifica y evalúa el desempeño de sus subordinados.
- Métodos centrados en el registro de acontecimientos críticos o exitosos (método de incidentes críticos, registro de acontecimientos notables).
- Métodos con acento en la comparación entre sujetos. Son métodos que comparan a los empleados de dos a dos, anotándose en la columna de la derecha aquél que se considera mejor en cuanto al desempeño. En este método también pueden utilizarse factores de evaluación; de este modo cada hoja del formulario será ocupada por un factor de evaluación de desempeño.

Ejemplo

Empleados	Juan	María	Rosa
Juan	-----	-----	Rosa
María	Juan	-----	Rosa
Rosa	-----	-----	-----
	1	0	2

De acuerdo a esta tabla, el orden de evaluación sería: primero, Rosa (porque resultó seleccionada dos veces), segundo Juan y en tercer lugar María.

- Escala de calificación basada en el comportamiento. Utiliza el sistema de comparación del desempeño con determinados parámetros conductuales específicos.

Recuerda . . .

Entre los principales métodos de evaluación del desempeño del trabajo están los métodos de escala, métodos de elección forzada, métodos de investigación o verificación en campo, métodos centrados en el registro de acontecimientos críticos o exitosos...

6.5. Necesidades de recursos humanos y técnicos del almacén

La introducción de nuevas tecnologías en la gestión, la globalización y los nuevos conocimientos, entre otros, hacen que el entorno profesional sea altamente cambiante. Las organizaciones para poder continuar en el mercado deben adaptarse permanentemente, ello repercute en los recursos humanos, requiriendo su formación.

6.5.1. Necesidades formativas y planes de formación inicial y continua en el equipo de trabajo del almacén

El estudio de las necesidades formativas de nuestro personal es muy importante para que la formación realizada repercuta directamente en la competitividad y en el retorno de la inversión de la empresa.

Es necesario conocer por un lado las competencias que la empresa necesita y, por otro, las que el personal reclama. Es decir, la necesidad de formación es todo déficit observable de competencias técnicas en un trabajador, a cualquier nivel, cuando este déficit impide que la organización alcance sus objetivos razonables. La realidad empresarial está en un proceso de cambio constante y es preciso la adaptación de los trabajadores a la misma.

El proceso que suele seguirse es obtener información a través de cuestionarios a los trabajadores; analizando sus resultados y así establecer posibles acciones de mejora del nivel formativo de los trabajadores. Este es uno de los pasos fundamentales, ya que si la detección de necesidades no es correcta tampoco lo será el plan de formación porque no se adecuará a las necesidades que deben ser cubiertas.

Los profesionales deben estar formados y motivados para desempeñar de forma correcta su función dentro del organigrama empresarial y trabajo en el almacén; conociendo y utilizando las nuevas tecnologías; fomentando la calidad empresarial y la excelencia profesional.

Evidentemente, el tamaño de la empresa es un elemento importante a considerar a la hora de llevar a cabo las actividades formativas dentro del almacén al igual que el producto con el que se trabaja. No es lo mismo una empresa que posee productos de especial mantenimiento o peligrosidad que otra que carece de ellos; lo mismo ocurre con el número de referencias y tipos de clientes. Hay que fijarse en la propia organización y en sus sectores para detectar dónde impartir formación; en el análisis de cada puesto de trabajo y en el propio personal.

De todo esto se deduce la necesidad de realizar planes de formación en diversas áreas que traten temas de cambios tecnológicos, modificaciones en la gestión logística, en sistemas de gestión de calidad, en los que se pretende una mejora continua como objetivo fundamental.

Figura 6.17. Los planes de formación procuran la capacitación del personal.

Los planes de formación pueden ser reactivos; es decir, intentan solucionar problemas existentes y concretos. Por ejemplo, el caso de una nueva maquinaria de la que se desconoce todo su funcionamiento. Requerirá de un curso de formación.

También existen planes de formación proactivos, al anticiparse a las necesidades futuras de formación.

Las necesidades de formación pueden ser de formación vertical cuando, con las acciones formativas, se pretende cubrir aspectos de una tarea específica o de un grupo de tareas muy relacionadas. Por otro lado, una acción formativa cubrirá una necesidad horizontal cuando vaya a resolver deficiencias de competencias de diversos puestos de trabajo, que no tienen por qué estar relacionados entre sí. En un instituto, por ejemplo, la formación vertical se centraría en la mejora de las habilidades docentes. La formación horizontal podría referirse conjuntamente a conserjes, administrativos y profesores, por ejemplo, en atención al cliente.

Igualmente los planes de formación pueden ser a corto, medio o largo plazo.

El plan de formación deberá ser flexible, adaptándose a situaciones inesperadas que inicialmente no estuvieran programadas.

6.5.2. Elementos de un plan de formación

Los elementos de un plan de formación son:

- **Objetivos.** Aquello que pretende conseguir con el mismo. Deben ser evaluables. Lo idóneo es planificar y conseguir objetivos a corto, medio y largo plazo; además debe poder percibirse por parte de los empleados su avance en la formación.

Ejemplo

Se puede impartir un curso de iniciación de cierto programa informático y otro posteriormente de nivel avanzado; de esta manera se cubre la necesidad inicial y se desarrolla la misma a la vez que la formación de los empleados se complementa e incrementa.

- **Acciones** formativas a desarrollar.
- **Receptores** de las actividades de formación: departamentos interesados, clasificación de empleados, mandos intermedios... La formación en la empresa debe intentar abarcar a todos los trabajadores independientemente de su cualificación; evidentemente habrá que tener en cuenta sus motivaciones y expectativas.
- **Metodologías y modalidades** formativas a emplear: jornadas, conferencias, cursos...
- **Duración, tiempos y fechas** de las acciones y actividades. Franjas de mejor rendimiento; necesidad de realizar la formación en jornada laboral o no...
- **Presupuesto.**
- **Personal** que imparte formación y medios materiales.
- **Medios y técnicas para evaluar** el resultado de la formación y su rentabilidad; la satisfacción del personal destinatario, el beneficio generado; si se corresponde la formación impartida con las expectativas generadas... ¿Ha resultado válida la formación? ¿Fiable?
- **Divulgación** de la actividad formativa.

Lo realmente importante es que el plan de formación redunde en la satisfacción personal de los empleados y en su percepción; es decir, que los trabajadores vean alcanzados sus objetivos de formación.

Ejemplo

En una empresa pequeña dónde puede resultar más complejo la impartición de formación puede subcontratarse a otra empresa para realizar la misma. La formación es igual de relevante en la pequeña y en la gran empresa. Los trabajadores deben adaptarse a cambios tecnológicos y seguir avanzando en su formación.

Ejercicio

13. Realiza un posible plan de formación para una empresa concretando todos sus elementos.

14. Discute acerca de la idoneidad de realizar la formación dentro de la jornada laboral o fuera de ella.

15. Realiza un posible cuestionario a cumplimentar por los trabajadores que han realizado una jornada de formación. ¿Qué ítems preguntarías?

6.5.3. Carrera profesional para el equipo de trabajo del almacén

El organigrama del almacén puede variar según el tipo de empresa.

Figura 6.18. Las empresas determinan el organigrama mas adecuado.

Evidentemente en una empresa pequeña la departamentalización es diferente; suelen existir menos departamentos y las funciones necesarias se reparten entre los existentes.

En una empresa mediana/grande existe un departamento propio de almacén con un director o jefe de logística a la cabeza, que debe controlar los movimientos y relaciones del almacén con los proveedores, clientes, empresas; es decir, debe encargarse de la organización final, coordinándose con los jefes de compras y ventas. Estos departamentos están muy relacionados con el de almacén por lo que el grado de cooperación debe ser total, ya que la empresa debe funcionar siempre como un todo, independientemente que para una correcta gestión esté dividida en departamentos; el objetivo debe ser siempre final y empresarial; no deben existir objetivos parciales fragmentados.

Por debajo, en el organigrama se encuentra un jefe de almacén, responsable final del recinto y de las operaciones que allí se realizan.

Habitualmente también existe un responsable de recepción que controla y supervisa todas las operaciones que se llevan a cabo desde la entrada de las mercancías, hasta su traslado al almacén. El responsable de almacenamiento controlará la ubicación idónea de las mercancías.

El responsable de salidas o preparación de pedidos debe asegurar que los procesos de *picking* se lleven a cabo de forma correcta y en el plazo establecido, minimizando errores.

La gestión administrativa del almacén será llevada por personal administrativo.

En puestos operarios se encuentra a los mozos de almacén.

En la carrera profesional dentro del almacén debe procurarse que existan los procesos y mecanismos adecuados para poder desarrollarse personal y profesionalmente dentro de este departamento, fomentando la promoción profesional dentro de la empresa. A este respecto se debe proporcionar la formación adecuada para poder aspirar a puestos de mayor responsabilidad. De esta manera los trabajadores se verán más motivados en su trabajo diario y su esfuerzo será mayor.

Ejercicio

16. Visita la siguiente web y comenta la trayectoria profesional del puesto de mozo de almacén: http://plandecarrera.infojobs.net/puesto-de-trabajo/mozo-almacen (Puede acceder al enlace en la carpeta de descargas correspondiente a este libro que se halla en www.marcombo.info).

17. Comenta el siguiente artículo: http://icil.wordpress.com/2010/02/15/el-salario-de-un-director-de-logistica-un-jefe-de-almacen-o-un-director-de-compras (Puede acceder al enlace en la carpeta de descargas correspondiente a este libro que se halla en www.marcombo.info).

18. Comprueba y comenta en la siguiente dirección la descripción de una jornada típica de un jefe de logística: http://www.jobtransport.es/menu-candidatos/fichas-de-oficio/detail/smid/911/articleid/1/reftab/45.aspx (Puede acceder al enlace en la carpeta de descargas correspondiente a este libro que se halla en www.marcombo.info).

6.6. Programas informáticos y nuevas tecnologías aplicados al almacén

Actualmente se dispone de diversas soluciones tecnológicas que contribuyen a la gestión de un almacén. Estas garantizan no solo la rapidez y la fiabilidad, sino que también posibilitan la interacción con proveedores, clientes y/o otros departamentos de la propia organización.

Recuerda . . .

Es imprescindible para el buen funcionamiento de la empresa el llevar a cabo un correcto plan de formación que proporcione la correcta adaptación del puesto de trabajo a nuevas tecnologías o procesos; esto redundará no solo en la satisfacción personal y profesional del trabajador, sino también en la propia organización.

6.6.1. Programas informáticos de seguimiento de mercancías para controlar: hora y lugar de entrega, incidencias y situaciones extraordinarias

El tamaño de la empresa es un factor fundamental para diseñar el programa informático que el almacén requiera.

Si la empresa es pequeña suele utilizarse un programa de gestión comercial global que incluye todas las operaciones desde contabilidad, facturación, almacén... Existe una enorme variedad en el mercado; se pueden adquirir ciertos programas con su licencia o incluso existen aplicaciones libres que pueden resultar útiles. Casi siempre se puede disponer de versión demo para obtener una idea que permita observar las aplicaciones y utilidades del programa. Algunos ejemplos de software en este sentido son los programas Facturaplus o Factusol.

Ejercicio

19. Realiza un cuadro explicativo de las diferentes tareas que puedes utilizar con Factusol. Utiliza este enlace para ello: http://www.sdelsol.com/es/factusol-especificaciones.php (Puede acceder al enlace en la carpeta de descargas correspondiente a este libro que se halla en www.marcombo.info).

20. Busca en la web otros programas similares. Coméntalos con tus compañeros.

Existen programas específicos de almacén, como Easy WMS que es un **software de gestión de almacenes (SGA)** que ofrece una extensa gama de funcionalidades que permiten trabajar de forma eficiente en cada una de las áreas y procesos del almacén. Se adapta al tamaño del almacén rentabilizando sus procesos y costes.

Con Easy WMS se podrá gestionar:

- Las recepciones de mercancía.
- Todas las tareas de almacenaje.
- El proceso de preparación de pedidos y expedición.

Ejercicio

21. Desde el siguiente enlace, descarga el programa Basic gratuito durante tres meses y lee su tutorial explicando las operaciones que puedes realizar: http://www.mecalux.es/software-almacen/software-gestion-almacenes#versiones (Puede acceder al enlace en la carpeta de descargas correspondiente a este libro que se halla en www.marcombo.info).

En grandes empresas existen programas específicos diseñados a medida para las mismas, adaptándose perfectamente a las operaciones que se realizan en sus almacenes.

En este ámbito el éxito de una organización depende de la calidad de la información y de la velocidad con que la misma puede ser compartida. También depende de cuán rápidamente el programa informático pueda responder y adaptarse a los cambios tecnológicos de la organización, siendo todos ellos factores a valorar en la selección.

Se utiliza también el denominado software ERP –iniciales de *Enterprise Resource Planning* o Planificación de Recursos de la Empresa–, que es una arquitectura de programa informático para empresas que facilita e integra la información entre diversas funciones como logística, finanzas y recursos humanos, compras, ventas... Los sistemas ERP ayudan a integrar los departamentos de una compañía.

Actualmente existen muchos sistemas ERP. La compañía SAP resalta en el mercado como líder a nivel internacional, que ofrece soluciones a medida para cada empresa, administrando e integrando su información y procesos internos, y conectándola también con sus clientes a través de internet. SAP es el ERP más adaptable y flexible del mercado. Asimismo, dispone de más de 10.000 tablas de bases de datos para contener todos los procesos de negocio tipo y sus posibles parametrizaciones.

Las pequeñas empresas pueden utilizar sistemas SAP adaptados con un coste competitivo. Por ejemplo, SAP Business One es un programa de gestión empresarial, accesible y fácil de usar, orientado a las pequeñas y medianas empresas. Este sistema integra todas las funciones empresariales básicas de toda la empresa, incluyendo, entre otras: gestión financiera, compras, ventas, distribución, gestión de atención al cliente, comercio electrónico y gestión de inventarios.

6.6.2. Nuevas tecnologías aplicadas a la automatización e informatización de los procesos o subprocesos del almacén

En anteriores temas se han mencionado los diferentes programas informáticos que pueden ayudar en la empresa a la hora de gestionar un almacén.

Como se comentaba existen programas generalistas, específicos y realizados a medida. Según el utilizado en la empresa se accede a diferentes utilidades, controlando en todo caso las mercancías, su entrega, etc.

Ya se han estudiado los códigos de barras convencionales; es interesante comentar las nuevas tecnologías con los códigos QR.

Un **código QR** (*Quick Response Barcode*) es una matriz de puntos que contiene información codificada en ella.

Es un tipo de código de barras bidimensional. A diferencia de un código de barras convencional (por ejemplo EAN-13, Código 3 de 9, UPC), la información está codificada dentro de un cuadrado, permitiendo almacenar gran cantidad de información alfanumérica.

El desarrollo inicial de los códigos QR tenía como objetivo principal su utilización en la industria de la automoción. Hoy día su uso se ha extendido a campañas de *marketing*, de publicidad...

Figura 6.19.
Ejemplo código QR.

En logística se usan para identificar las mercancías; controlar los artículos que son expedidos por la empresa; y por tanto se pueden dar de baja del *stock* almacenado, pasar a facturación, etc.

Un código QR permite almacenar hasta 7.089 caracteres numéricos, o un máximo de 4.296 caracteres alfanuméricos. Así, un código de este tipo tiene la capacidad suficiente para albergar la dirección de un sitio web, un texto, información de contacto, u otros tipos de datos. Asimismo, este tipo de códigos disponen de la capacidad de corrección de errores, lo que permite minimizar posibles problemas en su lectura.

Podemos ver los siguientes elementos en su estructura:

Los **cuadrados** de las esquinas son los puntos de referencia generales para el lector.

El **cuadrado más pequeño** (alineamiento) indica al escáner la posición correcta de toda la información.

Entre los **recuadros de posición** se enlazan puntos (negro-blanco) denominados "de sincronización", que refuerzan el orden de los datos y la correcta disposición de todos los elementos.

Otros elementos indican al dispositivo lector las características del mismo (grado de corrección de errores, etc.)

Recuerda . . .

En logística son presentes los códigos bidimensionales QR, en donde se almacena gran cantidad de información.

El **resto de elementos** son los que, coordinados y complementados con los elementos de control, resuelven y contienen la información.

Etiquetas inteligentes por radiofrecuencia

RFID es una tecnología de identificación y trazabilidad, que permite el control de productos en un almacén o en el punto de venta. Así cada producto está localizado y controlado.

La etiqueta RFID (suele ser adhesiva) incorpora una emisora muy pequeña que contiene los datos de identificación del objeto al que se encuentra adherido, generando una señal de radiofrecuencia. El lector RFID lee la información y la transforma en formato digital a la aplicación específica que utiliza RFID.

Un sistema RFID consta de los siguientes componentes:

- **Etiqueta RFID:** permite almacenar y enviar información a un lector a través de ondas de radio. Dichas etiquetas, coloquialmente suelen denominarse *tags* aunque también son conocidas como transpondedores.

  La etiqueta RFID está compuesta por una antena, un transductor radio y un microchip (no presente en las versiones de menor tamaño). La antena es la encargada de transmitir la información que identifica a la etiqueta.

  El transductor es el que convierte la información que transmite la antena y el chip posee una memoria interna para almacenar el número de identificación y, en algunos casos, datos adicionales. La capacidad de esta memoria depende del modelo. En el caso de *tags* sin chip, la información que se puede almacenar es bastante limitada (hasta 24 bits).

  Las etiquetas actualmente tienen precios muy bajos (apenas unos céntimos de euro) y dimensiones de hasta 0,4 mm^2, por lo que están preparadas para su integración en todo tipo de objetos.

Figura 6.20.
Identificación por Radiofrecuencia (RFID).

- **Lector de RFID o transceptor**: compuesto por una antena, un transceptor y un decodificador. Se encarga de recibir la información emitida por las etiquetas y transferirla al *middleware* o subsistema de procesamiento de datos. Las partes del lector son: antena, transceptor y decodificador.

- **Subsistema de procesamiento de datos o *middleware* RFID:** es un programa informático que reside en un servidor y que sirve de intermediario entre el lector y las aplicaciones empresariales. Se encarga de filtrar los datos que recibe del lector o red de lectores, de forma que a las aplicaciones *software* solo les llega información útil. Algunos programas se encargan de la gestión de la red de lectores.

- **Programadores RFID:** son los dispositivos que realizan la escritura de información sobre la etiqueta RFID, es decir, codifican la información en un microchip situado dentro de una etiqueta RFID. La programación de las etiquetas se realiza una única vez si las etiquetas son de solo lectura, o varias veces si son de lectura/escritura.

Ejercicio

22. Busca en el siguiente enlace los tipos de etiquetas que existen: http://www.agpd.es/portalwebAGPD/canaldocumentacion/publicaciones/common/Guias/Guia_RFID.pdf (Puede acceder al enlace en la carpeta de descargas correspondiente a este libro que se halla en www.marcombo.info).

23. Busca en el mismo documento los beneficios de la tecnología RFID.

24. Lee y comenta el siguiente artículo: http://www.abc.es/20101125/tecnologia/rww-diez-mejores-usos-rfid-201011251645.html

25. Analiza el siguiente enlace y explica los puntos de la cadena de suministro donde RFID aporta valor: http://www.dipolerfid.es/Soluciones/RFID-Cadena-Suministro.aspx (Puede acceder al enlace en la carpeta de descargas correspondiente a este libro que se halla en www.marcombo.info).

26. Resume el siguiente artículo: http://www.ecojoven.com/dos/03/RFID.html

Resumen

- La calidad es un concepto dinámico que ha ido evolucionando a lo largo del tiempo:
  - Control de calidad
  - Aseguramiento de la calidad
  - Gestión de la calidad
  - Calidad total/excelencia
- En la actualidad se aplica desde la filosofía de la calidad total/excelencia:
  - Busca la satisfacción del cliente. Va más allá de las características de un producto o servicio.
  - Implica hacer las cosas bien a la primera y siempre. Es una cuestión de actitud de todos y cada uno de los miembros de la organización.
  - Afecta a la totalidad de procesos que lo componen e Implica a todo el personal de la organización.
- Los sistemas de gestión de calidad se basan en estándares, utilizan herramientas para la mejora e indicadores para medir la eficacia y eficiencia de los mismos.
- El empresario debe garantizar la seguridad y salud de sus trabajadores a través de la formación y de la adopción de medidas necesarias.
- Para comprobar el desempeño del puesto se presentan varios métodos (de escala, de elección forzada, de comparación entre sujetos)... Todos pretenden mantener niveles de eficiencia y productividad en los departamentos de la empresa.
- La detección de necesidades de formación en la empresa es necesaria para poder llevar a cabo las actividades formativas que el personal reclama y necesita; redundando en todo caso en la calidad y excelencia profesional.
- Entre los puestos de trabajo más comunes dentro del almacén se encuentran: el jefe de logística, jefes de almacén, responsables de salidas y entradas de mercancías, personal administrativo, mozos de almacén...
- Las etiquetas RFID son un exponente de la tecnología de identificación y trazabilidad. Suelen ser adhesivas e incorporan una emisora pequeña que contiene los datos de identificación del objeto al que se encuentra adherido.

Test de evaluación

1. Entre los objetivos de la formación en la empresa se encuentran:
   a) Aportar conocimientos.
   b) Mejorar el rendimiento.
   c) Incrementar la polivalencia.
   d) Todas son correctas.

2. En las máquinas para elevación de cargas deberá figurar una indicación claramente visible de:
   a) Su carga nominal.
   b) Su peso.
   c) Su tara.
   d) Ninguna es correcta.

3. El principal riesgo laboral presente en almacén es:
   a) Incorrecta manipulación de cargas en estanterías.
   b) Riesgo eléctrico.
   c) Riesgo por bajas temperaturas.
   d) Ninguna es correcta.

4. Las herramientas para el control del trabajo en el almacén sirven para:
   a) Analizar problemas.
   b) Identificar causas.
   c) Tomar decisiones.
   d) Todas son correctas.

5. El método de incidentes críticos:
   a) Es un método centrado en el registro de acontecimientos críticos.
   b) Es un método con acento en la comparación entre sujetos.
   c) Es un método de investigación.
   d) Todas son correctas.

6. Los elementos de un plan de formación son:
   a) Objetivos.
   b) Acciones a desarrollar.
   c) Metodología.
   d) Todas son correctas.

7. Un código QR es:
   a) Un código de barras convencional.
   b) Es un código de barras bidimensional.
   c) Es un código tridimensional.
   d) Todas son correctas.

8. Un sistema RFID consta de:

a) Etiqueta RFID.

b) Lector de RFIF.

c) Subsistema de procesamiento de datos.

d) Todas son correctas.

9. Cuando evaluamos el desempeño de los individuos mediante frases descriptivas estamos ante:

a) El método de elección forzada.

b) El método de escala.

c) El método de incidentes críticos.

d) El método de acontecimientos notables.

10. Los planes de formación que se anticipan a las necesidades futuras de formación son:

a) Planes proactivos.

b) Planes reactivos.

c) Planes informales.

d) Planes formales.

Actividades

1. Busca en el REAL DECRETO 1215/1997, de 18 de julio, las obligaciones principales del empresario en prevención de riesgos laborales: http://www.insht.es/InshtWeb/Contenidos/Normativa/TextosLegales/RD/1997/PDFs/realdecretode18dejulioporelqueseestablecenlas.pdf (Puede acceder al enlace en la carpeta de descargas correspondiente a este libro que se halla en www.marcombo.info).

2. Realiza una tabla en la que se recojan las ventajas de impartir formación en pocas horas durante varios días frente a la posibilidad de impartir cursos intensivos.

3. ¿Quién debe financiar la formación en una empresa? Justifica tu respuesta.

4. ¿Es lo mismo la calidad especificada que la calidad percibida? ¿Cómo se mide la calidad?

5. Relaciona el ciclo de vida de un producto con el nivel de calidad.

6. Representa mediante un diagrama de Ishikawa una rotura de *stocks* de productos terminados en almacén. Analiza las causas.

7. Lee y comenta el contenido del siguiente enlace. ¿Lo consideras adecuado para la época actual? http://www.konectablog.com/promocion-interna-beneficios-para-la-empresa-y-el-empleado (Puede acceder al enlace en la carpeta de descargas correspondiente a este libro que se halla en www.marcombo.info).

8. Prueba desde el siguiente enlace a crear, al menos, dos códigos QR: http://www.codigos-qr.com/generador-de-codigos-qr (Puede acceder al enlace en la carpeta de descargas correspondiente a este libro que se halla en www.marcombo.info).

9. Resume el artículo contenido en este enlace y busca el significado de la evaluación en 360º: http://psicopediahoy.com/evaluacion-desempeno-360 (Puede acceder al enlace en la carpeta de descargas correspondiente a este libro que se halla en www.marcombo.info).

10. Realiza un organigrama de una empresa con un importante departamento de logística. Compara tu ejercicio con el resto de la clase.